21세기 사회주의

21세기 사회주의
라틴아메리카 신좌파 국가와 시민사회

엮은이 배리 케넌·피다 커비
옮긴이 정진상
디자인 김미영
펴낸이 송병섭
펴낸곳 삼천리
등 록 제312-2008-2호(2008년 1월 3일)
주 소 10570 경기도 고양시 덕양구 신원로2길 28-12 401호
전 화 02) 711-1197
팩 스 02) 6008-0436
이메일 bssong45@hanmail.net

1판 1쇄 2017년 5월 5일

값 19,000원
ISBN 978-89-94898-44-5 93300
한국어판 © 정진상 2017

21세기 사회주의

라틴아메리카 신좌파 국가와 시민사회

배리 캐넌 · 피다 커비 엮음
정진상 옮김

삼천리

차 례

서장 라틴아메리카의 '분홍 물결'

피다 커비, 배리 캐넌

베네수엘라의 사회학자 에드가르도 란데르는 우고 차베스 대통령 집권기 베네수엘라의 국가-시민사회 관계에 대한 통찰력 있는 관점을 제시했다. 이 관점은 라틴아메리카 신좌파 국가들의 국가-시민사회 관계를 분석하는 데 유용한 출발점이 된다. 그는 베네수엘라 시민사회에 끼친 차베스주의의 영향을 설명하면서 이렇게 말한다. "차베스의 권력 장악 과정에서 시작된 사회적 동원은 대부분의 사람들을 무관심에서 깨어나게 했다. 사람들은 스스로 국가의 주인이라고 느끼게 되었다. 이전에는 국가에 순종적이던 수백만 명이 자신의 견해를 피력하고자 한다. 그래서 그들은 공동체위원회(consejos comunales)와 물위원회, 의료와 교육정책을 논의하는 열린 공간에 참여하고 있다." 하지만 란데르는 베네수엘라의 정치과정이 "국가의 동원으로 촉발된 것이어서 국가에 크게 의존하고 있다"는 점에서 '심각한 정신분열증'에 빠져 있다고 덧붙였다. 한 예로, 그는 '새로운 정치과정의 시금석'인 공동체위원회가 대통령의 모든 제안을 심각하게 고려하는 경향이 있다고 지적했다. "공동체위원회에서 구성원들이 격렬한 토론을 벌이다가 TV를 켜고 논쟁 중인 문제에 관해 대통령이 내린 결정을 발표하는 것을 본다면 어떤 일이 일어날까? 자신들이 단지 단역배우에 불과하다고 느끼는 게 당연하지 않을까?"(Martins, 2010)

여러 문헌에서 널리 언급되고 있는 바에 따르면, 라틴아메리카 신좌파 정부는 민주주의를 심화시키고 있다는 점이 중요한 특징이다(Lievesley and Ludlam, 2009; Panizza, 2009). 예컨대, C. 로드리게스-가라비토 등(Rodríguez-Garavito et al., 2008: 30)은 "새로이 출현한 좌파 어젠다 전선은 지역 수준의 참여민주주의와 국가 수준의 대의민주주의를 결합한 형태다"라고 쓰고 있다. 그러나 G. 리베슬리가 지적한 것처럼, 좌파 정당들의 승리는 라틴아메리카에서 벌어지는 투쟁의 힘을 반영하고 있지만 다른 한편으로 긴장을 초래하기도 한다. 왜냐하면 투쟁의 결과로 등장한 정부들이 "그러한 투쟁을 가라앉히는 방편으로 투쟁에 '국가 형태'를 부여하고자 하기 때문이다"(Lievesley, 2009: 34). 란데르가 다루고 있는 베네수엘라의 사례는 이러한 긴장을 날카롭게 보여 준다. 그래서 리베슬리는 "위계적이지 않은 사회운동이 국가권력을 상대하는 것은 무척 어렵다"고 지적한다(Lievesley, 2009: 34).

이러한 점들은 이 책이 다루는 문제의 대략적인 맥락을 보여 준다. 이 책의 기본 관심은 신좌파 정부가 통치하는 나라들에서 국가와 시민사회의 관계가 어떻게 변화하고 있는지를 좀 더 완전한 그림으로 보여 주는 데 있다. 하지만 국가와 시민사회의 관계는 우리가 오늘날 지구화라고 부르는 세계경제 질서에 이 국가들이 어떻게 편입되어 있는가 하는 더 폭넓은 맥락 속에서 고려되어야 한다. 더군다나 라틴아메리카는 역사적으로 민주화 과정에 문제가 많은 지역이기 때문에, 국가-시민사회 관계는 민주화의 양상과 질에 중요한 영향을 미쳐 왔다. 따라서 이 책은 라틴아메리카 민주화에 관한 연구라고도 할 수 있다. 그래서 이 책 마지막 장에서는 각 장의 집필자들이 끌어낸 결론들을 이러한 민주화라는 더 큰 질문과 연결시킬 것이다.

서장에서는 두 가지 작업을 하고자 한다. 우선 이 책의 분석틀로서 상이한 변수들 간의 관계를 이해하는 나름대로의 방식을 제시할 것이다. 이 책이 라틴아메리카 민주화에 관한 문헌들에서 어떤 위치를 차지하는지를 밝힌 다음, 민주화가 국가와 시민사회의 관계에 어떤 의미를 지니는지 논의한다. 다음으로 지구화로 이론적 논의를 옮겨 그 의미를 살펴보고, 국가-시민사회 관계의 양상을 이해고자 할 때 왜 지구화를 반드시 고려해야 하는지 논의한다. 끝으로 라틴아메리카 신좌파의 등장에 대해 개괄적으로 논의한다. 그리고 나서 책 전체의 내용을 세 부분으로 나누어 소개한다.

라틴아메리카 민주화는 어디로 가고 있나?

라틴아메리카의 좌파와 중도좌파(이른바 '신좌파')의 등장에 관해서는 그동안 학문적 관심이 무척 높았다(Sader, 2011; Philip and Panizza, 2011; Weyland et al., 2010; Panizza, 2009; Lievesley and Ludlam, 2009; Rodríguez-Garavito et al., 2008; Castañeda and Morales, 2008; Stolowicz, 2008). 하지만 라틴아메리카 정치학 분석에서 강력한 영향력을 행사해 온 민주화 이론, 특히 이행 이론 내지 '이행론'

(transitology)의 틀 안에서 그러한 현상을 분석한 문헌이 거의 없다는 사실은 좀 놀랍다(Diamond et al., 1999; O'Donnell et al., 1986; Linz and Valenzeula, 1996; Mainwaring et al., 1992). 민주화와 탈민주화 과정 모두를 이해하기 위해서는 시민사회-국가 관계의 분석이 중요하다는 점을 강조하기 위해 여기에서는 이행 이론을 비판적으로 검토한다.

J. 그루겔은 민주화 이론의 유형을 근대화 이론, 역사사회학, 이행론 이렇게 세 가지로 구분하고, 그중에서 라틴아메리카에 가장 잘 들어맞는 이론은 이행론이라고 말한다(Grugel, 2002: 46). 민주화를 주요 행위자의 비용-편익 계산에 따라 만들어지는 하나의 과정으로 보는 '이행론'은 크게 두 가지 점에서 비판을 받아 왔다. 첫째, '이행'과 '민주화'라는 개념은 가정 자체가 처음부터 목적론적으로 설정되어 있으며(Whitehead, 2002: 5), 민주주의에 궁극적인 종점이 있다고 간주한다는 점에서 확연하게 제도주의와 선거주의 편향을 가지고 있다(Grugel, 2002:61). 둘째, '이행론자들'은 엘리트 협상과 민주주의의 절차적·제도적 과정에 지나치게 집중함으로써 민주화 과정의 다양한 결과를 설명하거나 이론가들이 개념을 확장하는 것을 어렵게 만드는 결과를 불러온다고 비판받는다. 오히려 민주화는 폭넓은 시야와 장기간 분석의 전망에서, 다시 말하면 민주화가 처음 시작된 고대 그리스 또는 계몽주의 이후부터 고찰될 필요가 있다. 민주화는 한 방향으로 진행되는 과정으로 보아서는 안 된다. 오히려 정치 체제들은 민주화 시기와 탈민주화 시기를 경험하며, 그것은 "민중 지배의 확장기와 축소기"에 대응한다. 따라서 '서구'의 확립된 '민주주의'이건 아니면 다른 곳의 '권위주의'이건 상관없이, 모든 정치체제가 드러내는 "민주주의적이거나 권위주의적인 특성은 그저 양적인 차이일 뿐이다."(Nef and Reiter, 2009: 3, 4). P. 바렛

등의 말을 반복하면, "민주주의를 최종 상태로 논의하는 것보다는 오히려 진행 중인 역동적 과정으로서 '민주화'에 대해 논의하는 편이 훨씬 더 적절할 것이다"(Barrett et al. 2008: 29).

그루겔은 엘리트 협상과 민주주의에 대한 절차적 정의에 초점을 맞추는 것을 극복하기 위해 지구화의 맥락에서 국가와 시민사회의 상호 관계에 주목해야 한다고 강조한다. 그의 주장에 따르면, 민주화가 이루어지려면 국가가 운영과 대표성 면에서 본질적인 전환을 겪어야 하며, 그렇게 함으로써 시민들에게 "더 나은 안전한 삶"을 보장할 수 있는 능력을 갖출 수 있다. 더욱이 국가의 이러한 전환을 촉진하기 위해서는 시민사회의 세력균형이 변화되어야 한다. 마지막으로 각국에서 일어나는 과정에 영향을 미치는 지구화에도 주목해야 한다(Grugel, 2002: 65-7). 그는 이러한 세 가지 요인 모두가 서로 다른 여러 나라 민주화 과정의 깊이와 질에 영향을 끼칠 것이라고 주장한다.

국가와 시민사회

이러한 맥락에서 국가를 이해하기 위해서는 두 가지 측면에 주목할 필요가 있다. 우선 국가를 보는 이론적 관점에 크게 두 가지가 있다. 먼저 국가를 중앙집권화된 통치 형태로 보는 주류 정치학의 관점에서는 국가를 이런저런 강제적·법적 제도를 가지고 물리력을 독점하며 일정한 영토 안에서 작동하는 것으로 간주한다(Sørensen, 2004: 14). 여기에서 국가가 민주적인지 그렇지 않은지는 필수 요소가 아니다. 하지만 라틴아메리카의 국가를 이해하는 데 더 적절한 관점은 정치경제학적 관점이다. 정치경제학적 관점은 "국가를 특정한 자본축적 형태와 그에 조응하는 정치체제"(Soederberg, 2005: 170)로 본다. 여기에서 정치체제란 국가가 자본축적을 돕기 위해 채택하는 제도적 특징들, 다시 말하면 국가가 발전을 성취하기 위해 자원을 창출하는 방식을 의미한다. 따라서 정치체제의 성격은 일차적으로 국가가 채택하는 특정한 자본축적 시스템에 좌우된다.

다음으로 시민사회에 대한 정의 문제이다. 이 문제에 관해서는 합의점을 찾기가 더 어렵다. 민주화를 다루는 여러 문헌에서 시민사회의 중요성을 강조하긴 하지만(Diamond et al., 1999; Putnam, 1993; Grugel, 2002), 시민사회 개념이 얼마나 논쟁적인 것인지에 관해 항상 자각되고 있는 것은 아니다. 시민사회 이론가들 사이에 적어도 네 가지 상이한 관점이 확인된다. 첫째, 자유주의자는 시민사회를 국가와 시장에서 분리한 다음, 시민사회가 국가에 대해서는 감시자 역할을 하고 시장에 대해서는 아무 문제없이 관계를 맺는 것으로 파악한다(Diamond, 1999). 둘째, 시민사회에 관한 '대안적' 네오그람시주의 관점에서는 시민사회를 불평등으로 인해 분열된 투쟁의 영역으로 보고 사회적 약자들에게 더 많은 이익이 돌아가도록 국가를 변화시켜야 한다고 주장한다(Howell and Pearce, 2001). 셋째, 어떤 논자들은 위의 두 관점이 폭력 조직, 테러 조직, 인종차별 단체나 외국인혐오 단체 같은 범죄 조직이나 비밀 조직을 가리키는 이른바 '비시민사회'(uncivil society)를 간과하고 있다고 주장한다(Keane, 2004). 라틴아메리카 지역이 비국가 행위자 가운데 범죄자나 폭력 행위자의 비율이 전 세계에서 가장 높기 때문에 이런 주장은 특히 공감을 얻고 있다. 마지막으로, 일부에서는 설명적 개념으로서 시민사회 개념의 타당성을 부정하거나(Carothers and Barndt,

1999), 또는 좀 더 마르크스주의적인 관점에서 시민사회와 국가의 분리(Fraser, 1993), 또는 국가 및 시장으로부터 시민사회의 분리(Wood, 2001) 자체에 의문을 제기한다. 예컨대 앨런 메익신스 우드는 국가를 억압자로 보고 시민사회를 해방자로 보는 자유주의적 이분법에 의문을 제기한다(Meiksins Wood, 1990).

냰시 프레이저(Nancy Fraser, 1993)가 제시한 '강한 공공성'(strong publics) 개념은 이 책의 목적에 특히 유용하다. '강한 공공성'이란 "강한 결사체적 역동성과 포용적·비판적 토론에 대한 헌신"이 그 주요한 특징인데, 이는 시민사회와 국가를 분리하여 시민사회에 "단순한 여론 형성과 감시자 역할"을 부여하는 '약한 공공성'이라는 자유주의적 개념과 구분된다(Howell and Pearce, 2001: 7). '강한 공공성'을 주장하는 논자들은 시민사회를 단순히 민주화의 맥락에서 고려하는 차원을 넘어, 시민사회가 시장과 맺고 있는 관계의 메커니즘을 고려하는 쪽으로 나아간다. 이러한 맥락에서 그들은 강한 공공성을 "해방의 영역, 경제적·사회적 관계의 대안을 상상하게 하는 영역, 이데올로기적 투쟁의 영역"(Howell and Pearce, 2001: 8)으로 간주한다. 이 책의 결론 부분에서는 라틴아메리카 신좌파 정부에서의 시민사회 형성이 어느 정도까지 '강한 공공성'의 등장으로 귀결되었는지를 평가할 것이다.

J. 피어스는 독립 이후 라틴아메리카 민주화 궤적에 관한 연구를 통해 시민사회가 발전되어 온 역사적 뿌리를 밝히는 데 도움을 주고 있다. 그는 라틴아메리카의 공화주의 정체성을 두 가지로 구분하는데, 하나는 개인의 자유에 대한 신념에 근거한 고전적인 자유주의적 공화주의이고 다른 하나는 '공공선'에 대한 신념에 바탕을 둔 루소주의적인 급진적 공화주의이다(Pearce, 2004). 이러한 두 가지 다른 형태의 공화주의 사이

에 벌어진 투쟁은 식민지 시기 이후 지금까지 라틴아메리카 지역에서 국가와 시민사회의 윤곽을 형성해 왔다. 19세기에는 엘리트 중심의 시민사회조직이었던 것이 20세기 초 포퓰리즘 시기 동안에는 민중 부문에 대한 위로부터의 포용이 이루어졌다. 1970년대에는 진보적 시민사회를 박멸하고자 했던 권위주의적 반혁명(counter-revolution)이 발생했고, 이어서 이러한 억압에 대한 반작용으로 사회운동이 부활했다. 그리고 1980년대에는 민주화 이행기에 하나의 개념으로 '시민사회'의 재탄생이 이어졌다. 각각의 시기에 국민국가들(그리고 개발협력 같은 원조를 통한 외국 국가들)은 특정 집단들을 다른 집단들보다 더 "현실적으로 존재하는 시민사회"로 선호했다고 할 수 있다. 이처럼 주어진 정치체제에 따라 지배적인 이데올로기, 권력 배열, 계급 부문, 정치적 맥락에 따라 시민사회의 개념과 구성이 달리 형성된다. 따라서 '시민사회'는 확립된 상태로 변함없는 특성을 지닌 고정된 실체가 아니라 일종의 '빈 기표'(empty signifier)인 셈이다.

사회 세력들은 시민사회를 자기 방식대로 정의하고 장악하기 위해 투쟁한다. 현실적으로 존재하는 '시민사회'는 이러한 상이한 사회적·정치적·제도적 힘들 사이의 투쟁을 통해 변증법적으로 형성된다. 한 차원 더 나아가 강조되어야 할 점은, 이러한 설명이 주목하는 국가-시민사회 관계는 서로 상대방을 구성하는 데 기여하는 변증법적인 관계라는 점이다. 피어스의 설명은 라틴아메리카의 국가가 어떻게 시기에 따라 서로 다른 형태의 시민사회를 형성할 수 있었는지에 대한 사례들에 주목하게 한다. 하지만 시민사회에서 벌어지는 투쟁 또한 시기마다 서로 다른 방식으로 국가를 형성하는 데 기여했다는 점을 간과해서는 안 된다.

무엇보다 라틴아메리카의 현재 시점에서 중요하다. E. 실바가 신자유주의에 맞선 라틴아메리카의 시민사회 운동을 상세히 설명하면서 설득력 있게 제시한 것과 같이, 신좌파 정부는 어느 정도 시민사회 투쟁의 결과물이다(Silva, 2009). 그러나 앞에서 제시한 란데르의 통찰처럼, 신좌파 정부가 권력을 얻게 된 것은 시민사회와 관계를 맺는 독특한 방식을 발전시켜 나갔기 때문이다. 이 책의 중요한 목적은 이러한 방식이 무엇인지, 그리고 무엇이 이 지역에서 민주주의의 질을 향상시키는 결과로 이어졌는지 자세히 알아보는 것이다. 그러므로 누가 국가를 지배하는지를 설명하거나 또는 누가 시민사회를 구성하는지, 그리고 현재 존재하는 시민사회 내부 힘의 상관관계가 국가와 그 행위에 어떤 영향을 끼치는지를 분석하는 것뿐만 아니라, 국가와 시민사회가 모두 현재 진행 중인 역동적 과정에서 어떻게 서로를 구성하고 있는지에 주목하는 것 또한 필수적이라고 결론을 내린다. 더 나아가 우리는 국가-시민사회 관계 형성을 규정하는 어떤 특징을 정확하게 평가하려면 지구화의 맥락 속에서 이러한 발견들을 조명해야 한다고 생각한다.

지구화된 세계와 발전

이 글에서 '지구화'라는 용어는 경제, 사회, 정치, 문화, 통신 등 다양한 영역에서(물론 이러한 여러 과정에 불균등성이 있지만) 초국가적 상호 연계가 강화되는 과정을 가리킨다. 이 용어를 사용한다고 해서 지구화 자체가 어떤 행위자를 가지고 있다는 것은 아니다. 오히려 지구화란 경험적 연구를 통해서만 행위자가 확인될 수 있는 그러한 변동 과정을 표현하기 위해 사용된다(Kirby, 2006: 4장 참조).

지구화가 국가의 종말로 귀결되는 것이 아니라 지구화가 불러오는 압력, 기회, 제약들 때문에 국가가 변화하고 있다는 데 어떤 합의가 이루어지고 있다. G. 쇠렌센이 요약한 것처럼, "국가의 패배'나 '국가의 승리' 같은 대결 구도에 갇히는 것보다 더 그럴듯한 관점이 있는데, 그것은 '국가 전환'이라는 개념으로서 양 방향으로의 변화에 모두 개방적이다" (Sørensen, 2004: 22). 지구화가 국가의 행동반경을 제약한다는 과장된 주장과 관련해서 라틴아메리카는 최근 몇 년 동안 각별히 흥미로운 시험대가 되어 왔다. 라틴아메리카에서는 신자유주의(때로는 지구화)에 수사적으로 매우 비판적인 권력이 정권을 잡았으며, 여러 정부들은 탈신자유주의 패러다임 또는 발전 모델로 나아가는 데 헌신하겠다고 표명하고 있다. 라틴아메리카의 신좌파 정부가 어느 정도까지 신자유주의와 단절하고 탈신자유주의로 나아갈 수 있는지를 둘러싼 논쟁이 계속되고 있다(Grugel and Riggirozzi, 2012; Weyland et al., 2010). 하지만 세계 경제의 상황에서 몇몇 핵심적 요인이 라틴아메리카 정부들의 성공에 유리하다는 점은 널리 인정되고 있다. 대개는 중국이 부상하여 이 지역의 자연자원을 게걸스럽게 먹어 치워 온 데 따른 것이다. P. 킹스톤은 이렇게 설명하고 있다.

2008~2009년 위기 동안에도 중국이 연평균 성장률 9퍼센트를 기록하면서, 그곳에 상품을 수출하는 라틴아메리카는 호황을 누렸다. 브라질은 최근 들어 역사상 처음으로 무역수지 흑자를 기록했다. 중국은 아르헨티나, 브라질, 칠레, 코스타리카, 페루 같은 나라에서 금세 1~2위 수출 시장이 되었다. 라틴아메리카 일차상품들에 대한 중국의 식욕으로 이 지역의 성장률이 올라갔으며, 중국이 변함없이 상품 소비자 구실을

함으로써 라틴아메리카는 최악의 위기를 피할 수 있었다(Kingstone, 2011:110).

하지만 이런 유리한 상황 탓에 사람들은 라틴아메리카 지역이 경제의 생산 기반을 전환하는 데 실패했다는 사실을 제대로 보지 못하고 있다. R. 파인베르크는 "라틴아메리카가 절대 지표에서 진전이 있었음을 부인할 수 없지만, 세계적인 경쟁력 경주에서는 그 기반을 잃어 가고 있다"(Feinberg, 2008: 155)는 점을 상기시킨다. 게다가 "라틴아메리카 경제는 낮은 노동생산성, 낮은 제도적 능력과 상품 수출에 대한 의존"(Panizza, 2009: 224)이라는 특징이 여전하다. 이와 관련해 라틴아메리카는 첨단 기술 분야에서 살아남기 위해 자신의 기술을 사용할 수 없었기 때문이었다고 A. 암스덴은 설명한다. "경제성장은 호황과 침체를 되풀이했지만, 평균적으로 라틴아메리카는 북반구의 선도자 미국을 좇아 자유화 경로를 따랐기 때문에 소득과 고용, 역내 무역, 기술에서 성장은 정체되어 왔다"(Amsden, 2007: 147; 증거 자료는 Urquidi, 2005 참조).

더욱이 라틴아메리카에게 중국의 역할은 양날의 검이다. 왜냐하면 중국의 저비용 제조 수출품은 미국 같은 시장에서뿐 아니라 라틴아메리카 자체 시장에서도 유사한 상품들을 대체하고 있기 때문이다. 이 대목에서 우리는 신좌파 정부가 직면한 커다란 도전 가운데 하나를 보게 된다. 즉 현대적 경제 부문에서 고임금 일자리를 창출하기 위해 경제생산성을 향상시킬 수 있는 기반을 어떻게 마련할 것인가 하는 도전이다. 브라질을 제외하면 나머지 신좌파 정부들이 첨단 기술 발전으로 나아갈 만한 기반을 마련했다는 증거는 거의 없으며, E. 파우스가 주장하듯이 외부 환경도 그런 노력에 그다지 우호적이지 않다(Paus, 2009).

이러한 상황 탓에 라틴아메리카 경제의 지속적인 성공을 위해서는 자원 채굴 부문의 중요성이 커진다. 그리고 여러 학자들이 인정하듯이 (Weyland et al., 2010 참조), 나라마다 자연자원의 토대가 서로 다르기 때문에 세계경제 환경에서 정책을 펼 수 있는 전략적 공간이 저마다 달라진다. 각국은 저마다 다 독특하지만(라틴아메리카 좌파의 복합성과 모호성에 관해서는 Orjuela, 2007 참조), 크게 두 집단으로 분류할 수 있다. 한편에는 칠레, 브라질, 우루과이가 있고 다른 한편에는 베네수엘라, 볼리비아, 에콰도르가 있으며, 아르헨티나는 이 둘 사이 어딘가에 위치한다. 이러한 분류는 J. 카스타녜다(Castañeda, 2006)의 '좋은 좌파'와 '나쁜 좌파'라는 아주 논쟁적인 구분과 일치하는 것으로 보지만, 여기에서는 그렇게 규범적으로 구분하려는 의도는 없다.

칠레와 우루과이, 브라질의 사례를 살펴보면, 이 나라들은 석유와 천연가스에서 확실한 비교우위가 있는 두 번째 집단과는 달리 그러한 비교우위가 없다는 점이 특징이다. 따라서 이들 국가가 세계시장으로 편입되는 정도는 시장(투자자, 구매자)의 유리함을 유지하고 해외 시장에 일차상품을 대규모로 판매할 수 있는 경쟁력을 창출하는 데 달려 있다(다만, 브라질은 내수시장의 규모가 크기 때문에 이 점이 우선시되지 않는다).

그러나 베네수엘라와 볼리비아, 에콰도르는 매장되어 있는 석유와 천연가스에 대한 국제 수요 덕택에 취할 수 있는 전략적 공간이 전반적으로 크기 때문에 훨씬 더 개입주의 국가 형태를 띨 수 있었다. 차베스가 처음 집권했을 때, 개입주의 국가로 전환하는 데 중요한 역할을 한 것은 차베스의 석유 정책이었다는 점을 기억할 필요가 있다. 차베스는 이전 칼데라 정부에서 시행한 석유산업의 지속적인 자유화(궁극적으로는 민영화를 노린 것이었다고 볼 수 있다)를 뒤엎고, OPEC(석유수출국기구)의 생산량 조절이라는 적극적인 국제 외교를 통해 석유 가격을 인상함으로써 석유 수익을 크게 증대시킬 수 있는 토대를 마련했고, 이를 통해 광범위한 사회 프로그램 자금을 마련할 수 있었다. 이는 국가-시민사회 관계를 설명할 때 부존자원과 그에 따른 시장에서의 권력이 가지는 의미를 잘 보여 준다.

마지막으로, 아르헨티나 사례는 이러한 단순한 유형화와는 어느 정도 거리가 있다. 앞의 세 나라에 견주어 부존자원은 대단하지 않지만, 아르헨티나는 이들 세 나라와 비슷한 방식으로 국가의 권위를 시장보다 우위에 내세우려는 의지를 보여 왔다. 그루겔과 리기로치는 이렇게 설명하고 있다. "국가의 이러한 새로운 역할은 의심의 여지없이 정책적 수렴이라는 전 세계적 경향에 대한 가정에 도전하는 것이며, 지구화와 세계시장에 대한 극단적인 해석에 바탕을 둔 신고전학파 경제학의 승리에 문제를 제기하는 것이다"(Grugel and Riggirozzi, 2007: 100).

신좌파의 등장

1998년 이후 라틴아메리카에 몰아친 좌파와 중도좌파 정부의 물결은 신자유주의 프로젝트로 겪게 된 난관이라는 맥락에서 파악할 필요가 있다. 성장은 흔들렸으며 거리로 뛰쳐나온 시민사회의 도전은 점점 더 거세져 결국 에콰도르와 볼리비아, 아르헨티나, 페루에서 대통령을 갈아치웠다. 몇몇 국가(특히 페루, 베네수엘라, 에콰도르, 볼리비아)에서 지배적이던 정당의 영향력이 약화되고 정치제체 바깥에 있던 후보자들의 호소력이 점점 커진 것은 그러한 과정에서 나타난 특징이었다. 그 가운데 가장 대표적인 인물이 1998년 처음으로 베네수엘라 대통령에 선출된 우고 차베스였다. A. 베나벤테와 J. 하라케마다에 따르면, 당시에는 "라틴아메리카에서 실행 가능한 제도적 해결책을 찾기가 힘들었고, 이는 통치 능력의 심각한 위기"로 두려움이 표현되었다(Benavente and Jaraquemada, 2002: 7). 시민사회 운동의 힘이 커지는 동안 국가는 성장과 사회적 평등을 가져다주지 못하는 신자유주의 프로젝트를 방어하는 일이 점점 더 어렵게 되었다는 점을 깨닫고 있었다. 하지만 2002년까지는 이러한 신좌파 정부의 물결이 국가-시민사회의 상호작용이 가져온 새로운 국면의 결과라는 사실을 인식한 사람은 거의 없었다. 차베스는 외로이 목소리를 내었으며, 2002년 4월 무렵에는 자신에 맞선 쿠데타가 확실해질 정도로 몹시 취약한 것으로 보였다.

신좌파는 2002년 10월 브라질에서 룰라 대통령이 당선되면서 본격적으로 등장했다. F. 파니차에 따르면, 룰라의 당선은 "브라질 정치의 급진적 전환이라는 이미지를 만들어 냈다. 지난 1970년 칠레에서 달성한 인민연합(Unidad Popular)의 승리에 견줄 만한 사건이었다"(Panizza, 2009: 211). 룰라의 당선은 지역 정치의 중요한 상징적 변화를 의미했다. 아마도 가장 큰 특징은, 지난 15~20년 동안 지배적이었지만 이제 신뢰를 상실한 신자유주의 프로젝트를 뛰어넘은 것이었다. 비록 신자유주의를 대체할 것이 무엇인지 분명하지는 않았지만 말이다. 룰라가 당선되고 10년 뒤 10개국 이상에서 신좌파 대통령과 정당이 지배하는 새로운 국면이 열렸다(하지만 2009년 후반 칠레 선거에서 우파의 승리가 이러한 국면의 종말을 의미할지는 두고 보아야 한다). 라틴아메리카를 휩쓴 신좌파 정부 물결의 목록은 [표 1]과 같다.

이러한 이질적인 집단들을 하나로 묶은 것은, 신자유주의에 대한 매

표 1 라틴아메리카의 '신좌파'(1998~2011년)

집권 연도	국가	대통령	재선거	대통령
1999	베네수엘라	우고 차베스	2002, 2006	우고 차베스
2000	칠레	리카르도 라고스	2006	미첼레 바첼레트(~2010년)
2003	브라질	룰라 다 실바	2007, 2011	지우마 호세프
2003	아르헨티나	네스토르 키르치네르	2007, 2011	크리스티나 페르난데스
2005	우루과이	타바레 바스케스	2010	호세 무히카
2006	볼리비아	에보 모랄레스	2009	에보 모랄레스
2006	니카라과	다니엘 오르테가	2011	다니엘 오르테가
2007	에콰도르	라파엘 코레아	2009	라파엘 코레아
2008	파라과이	페르난도 루고		
2008	과테말라	알바로 콜롬		
2009	엘살바도르	마우리시오 푸네스		
2011	페루	오얀타 우말라		

우 비판적인 담론과 적극적으로 지원되는 사회 프로그램을 통해 빈민들의 생활수준을 향상시키겠다는 약속이었다. 하지만 실제로 사용된 메커니즘(전혀 급진적이지 않았으며 대부분 이전 정부의 프로그램을 계승한 것이었다)보다 더 중요한 것은 국가권력을 장악한 좌파 지도자들의 상징성이었다. 이는 시민사회와 국가가 공동 투쟁하는 과정에서 서로를 동맹자로 보는 새로운 관계를 만들어 낸 것이다. 이러한 궤적에서는 시민사회 운동에 중요한 역할을 부여하는 것이 온당하다. 왜냐하면 시민사회 운동은 신자유주의 프로젝트에 비판적인 담론을 생산하면서 거기에 도전하는 운동을 조직했으며, 국가권력을 승리로 이끈 지도적 인물들까지 대거 배출했기 때문이다. 하지만 이러한 시민사회 운동 자체만으로는 충분치 않았다. 그래서 우리는 신자유주의 프로젝트가 점차 약화되는 구조적·담론적 조건과 시민사회 운동이 상호작용해 왔다는 점

을 설명할 것이다. 그러한 상호작용은 신좌파의 성공에 유리한 조건을 창출하는 데 기여했다.

하지만 좌파가 국가권력을 장악함으로써 시민사회-국가 관계에 새로운 국면이 열렸다는 점이 중요하다. 여기에는 두 가지 측면이 있다. 첫 번째 측면은 파니차가 민주주의의 지속 가능성과 질적 수준을 결합하고자 했던 좌파들이 직면한 복잡한 딜레마를 설명하면서 주목했던 부분으로, "과거에 민주주의의 붕괴를 가져온 극단적인 양극화를 피하면서 동시에 민중 부문의 권리 신장을 위한 정치적 공간을 창출할 수 있도록 갈등과 순응 간의 균형"이 필요하다는 것이다(Panizza, 2009: 198). 두 번째 측면은, 그럼에도 신좌파 정부는 더욱 급진적인 민주화 프로젝트에 헌신함으로써 민중의 요구에 더 많은 관심을 보이고 이를 통해 더 적극적인 시민들과 관계를 맺고 있다(앞에서 살펴본 베네수엘라의 사례를 통해 알 수 있다). 상대적으로 취약한 국가와 동원된 시민을 특징으로 하는 라틴아메리카 여러 나라에서 그것은 이루어 내야 하는 팽팽한 균형 잡기가 될 것이다.

이 책의 구성

이 책에서 우리는 라틴아메리카 전역에 걸쳐 신좌파 정부가 통치한 국가들에서 나타난 폭넓은 문제들을 경험적으로 상세히 검토할 것이다. 이 책은 크게 3부로 이루어져 있다. 1부는 베네수엘라, 아르헨티나, 중앙아메리카, 에콰도르, 브라질, 칠레에 관한 사례 연구이다. 국가-시민사회 관계의 다양한 측면과 이들 나라가 세계경제로 편입되면서 나타난 문제들에 관해 살펴본다. 2부에서는 자원채취 산업이 라틴아메리카의 경제성장과 발전에 중요하다는 전제 아래, 그것이 이 지역 여러 나라의 국가-시민사회 관계에 끼친 영향에 대해 살펴본다. 3부에서는 새로운 방식의 참여적 국가-시민사회 관계가 국제적 수준에서 촉진되어 온 방식에 초점을 맞춘다. 마지막 장에서는 '강한 공공성'의 발달을 촉진하고 제한하는 요인들은 무엇이며, 이러한 것들이 어느 정도까지 민주화를 심화시킬 수 있는지에 대해 결론을 이끌어 낼 것이다.

1부는 베네수엘라에서 국가-시민사회 관계를 변화시킨 저변의 이유에 관한 분석으로 시작한다. 베네수엘라는 국가-시민사회 관계에서 가장 급진적인 신좌파 정부라고 할 수 있다. T. 무어는 이른바 '혁명적 민주주의'라고 부르는 차베스 정부의 계획을 설명하고 있다. 베네수엘라 국내뿐 아니라 '우리 아메리카 민중을 위한 볼리바르동맹'(ALBA, '볼리바르동맹'으로 줄임)과, 볼리바르동맹이 중요한 역할을 한 민중무역협정(TCP, People's Trade Agreement)을 통해 라틴아메리카 지역 차원에서 개괄한다. 이 장에서는 베네수엘라 '혁명적 민주주의'의 본질과 근거를 설명하는 것으로 글의 범위를 제한하고 있으며, 사회정책의 성공을 암시하는 빈곤과 불평등에 관한 몇 가지 자료를 제시하는 것 말고는 혁명적 민주주의를 경험적으로 검토하지는 않는다.

네스토르 키르치네르(2003~2007) 치하의 아르헨티나 사례를 다루는 2장에서 C. 와일드는, 키르치네르 행정부가 자본축적의 새로운 모델을 발전시키면서 생겨난 국가-시장 관계의 근본적인 변화를 개괄한다. 이 장에는 국가와 민중 간 새로운 형태의 사회계약에 대한 논의도 포함되어 있는데, 여기에는 과거 아르헨티나 페론주의의 요소들을 반복하는 측면도 있지만 오늘날 지구화의 도전에 대응하는 과정에 형성된 새로운 특징도 담겨 있다.

3장에서 B. 캐넌과 M. 흄은 중앙아메리카 지역을 다루고 있다. 이 지역은 라틴아메리카 신좌파에 관한 문헌들이 쏟아져 나오는 가운데에도 그동안 별로 주목하지 않은 곳이다. 필자들은 엘살바도르와 니카라과, 온두라스가 세계경제에 지나치게 의존적으로 편입되어 있다는 맥락에서 이 나라들의 좌파 성향 정부가 국가-시민사회 관계에 끼친 영향을 검토하고, 최근 몇 십 년 전에 비로소 형식적 민주주의 구조가 출현한 민주주의의 결과들을 평가하고 있다.

4장에서 C. 데 라 토레는, 과거 에콰도르에서 국가-시민사회 관계를 형성한 조합주의(corporatism)의 역사적 형태라는 맥락 속에서 라파엘 코레아 좌파 정부와 일부 시민사회 부문 사이에 점점 커져 가는 갈등을 개괄한다. 정부의 조치로 인해 점점 커진 에콰도르 시민사회 내부의 분열을 생생하게 묘사하고 있는데, 이는 국가-시민사회 관계가 서로를 구성하면서 끊임없이 변화하는 영역이라는 점을 잘 보여 준다.

5장에서 B. 로이볼트와 W. 호마오, J. 베커, A. 노비는 브라질의 이른바 '참여예산제'를 비판적으로 검토하는 데 논의의 초점을 맞추고 있다. 참여예산제는 신좌파의 등장과 관련이 있으며 아마도 좀 더 참여적인 시민사회 형태를 발전시키기 위한 가장 전형적인 메커니즘이라고 할 수 있을 것이다. 검토 대상은 잘 알려져 있는 포르투알레그레와, 주목은 덜 받았지만 더 최근의 사례인 오자스쿠 시의 사례이다. 일반적으로 많이 사용되는 하버마스식 접근과는 구분되는 '전략적·관계적 접근'을 통해 정치사회와 시민사회의 관계에 초점을 맞추고 있으며, 신좌파 정당들이 시민사회와는 구분되는 자신들만의 이해관계를 발전시키기 위해 참여예산제를 촉진해 나간 방식을 설명한다.

마지막으로 6장에서 R. 하라 레예스는 1980년대 중반 이후 칠레에 처음으로 출현하여 서로 경쟁하는 시민사회를 검토하고 있다. 이러한 시민사회의 출현은 민주주의 이행 과정에서 국가가 시민사회를 지배하고 편입하던 국가-시민사회 관계와의 결별이라고 주장한다. 특히 2006년 학생 시위를 해결하기 위해 바첼레트 정부가 이용한 참여 메커니즘에 주목한다. 최근 학생 시위는 우파 피녜라 정부에 도전하기 위해 더 강력한 세력으로 다시 등장했다.

　2부에서는 관심을 돌려서 자원채취 산업이 국가-시민사회 관계에 어떤 영향을 끼쳤는지, 그리하여 지구화와 결합한 요인들이 어떻게 국가-시민사회 관계를 형성할 수 있는지를 설명한다. 7장에서 B. 호겐붐은 탄화수소(석유와 가스)와 광산업에 대한 신좌파의 정책을 검토한다. 그는 그러한 산업이 대규모로 확대된 사회 프로그램에 필요한 자금을 조달하는 데 얼마나 핵심적인 요소인지를 설명한다. 자원채취 산업이 시민사회의 여러 부문에 이득을 주었지만 자원채취 지역에 인접한 지역 공동체는 종종 고통을 받고 계속 저항했다는 점을 강조하면서, 이것이 국가-사회 관계에 어떤 영향을 끼쳤는지 질문을 던지고 있다.

　8장에서 A. 실링바카플로르와 D. 볼라스는, 2005년부터 신좌파가 통치한 볼리비아와 2011년까지 신자유주의 정부가 통치한 페루를 대비시키면서, 두 나라가 자원 채취와 지역 공동체 및 환경보호 사이에 긴장을 다루어 온 상이한 방식을 보여 준다. 이 장은 페루의 새로운 좌파 대통령 오얀타 우말라의 등장과 함께 변화가 나타날 것이라고 전망하면서 글을 마무리하고 있다. 9장에서는 매우 다른 사례로 칠레의 광산업을 다루고 있다. J. T. 넴 싱은 구리 광산 노동자들의 권리라는 관점과 광산업이 어떻게 지배되고 있는가 하는 측면에서 중도좌파 '연립정부'

(Concertación government), 특히 신좌파 대통령 리카르도 라고스와 미첼레 바첼레트가 재임한 기간(2001~2010)의 칠레 민주화를 평가함으로써 신좌파 정부에서 민주화의 범위에 대해 질문을 던지고 있다.

3부는 국내 요인과 국제적 요인의 상호작용을 검토한다. 10장에서 S. 헌트는, 세계은행(World Bank)이 주도한 빈곤감축 전략(PRS, Poverty Reduction Strategy)을 주제로 니카라과와 온두라스, 볼리비아의 부채 감축을 위한 '과다부채빈국계획'(HIPC initiative)에서 시민사회 참여의 새로운 형태를 제도화하고자 했던 시도들의 운명을 추적하고 있다. 헌트는 참여가 외부에서 부과된 조건들을 통해 성취될 수 없으며, 빈곤 감축과 참여에 대한 위로부터의 대응으로는 지속 가능한 사회변혁과 국가-시민사회 관계의 민주화를 향한 복잡한 정치과정을 대체할 수 없다고 결론짓는다. 11장에서 J. 브리세뇨 루이스는 신좌파가 라틴아메리카에서 지역 통합 과정의 성격을 어떻게 변화시켰는지를 보여 준다. 그는 메르코수르(Mercosur, 남아메리카공동시장)의 사례를 통해 사회적 관점의 등장과 시민사회의 참여 가능성을 추적하고 있다.

이 책에 실린 글들은 좀 더 참여적인 국가-시민사회 관계를 만들고자 하는 다양한 시도를 풍부한 근거와 함께 보여 주고 있을 뿐 아니라, 그런 과정에 나타나는 몇몇 한계도 제시하고 있다. 대부분 지구화의 맥락에 관해 분명하게 언급하고 있으며, 국가와 시민사회가 상호작용하는 방식과 관련하여 지구화가 실질적으로 미치는 영향에 관한 사례들을 제시하고 있다. 이러한 역동적인 과정이 이 지역 신좌파 정부의 민주화 전망에 어떤 영향을 주게 될지 분명한 결론을 제시하는 경우는 드물지만, 서장에서 제기한 핵심 문제에 관한 잠정적 결론을 이끌어 내기에 충분한 증거는 제시되고 있다. 마지막에 그러한 결론을 내린다.

1부

국가와 시민사회의 관계

1장 베네수엘라의 도전[1]

토머스 무어

이 장에서는 베네수엘라 정부가 제창한 '주인공으로 참여하는 혁명적 민주주의'(protagonistic revolutionary democracy)라는 개념을 중심으로 '우리 아메리카 민중을 위한 볼리바르동맹-민중무역협정'(ALBA-TCP)을 통해 베네수엘라와 '라틴아메리카와 카리브'(LAC, Latin America and the Caribbean)에서 나타나는 국가-사회 복합체(state-society complex)의 변화를 분석한다. 나는 혁명적 민주주의가 현재 구상 중인 '21세기 사회주의'의 핵심적인 기초라고 생각한다. 국가-사회 관계가 가부장적이고 권위적인 정치권력 구조에 의해 통제된 '현실 사회주의'와 대조적으로, '21세기 사회주의'는 다원주의적 대의민주주의에 (마르크스주의적) 직접민주주의와 (C. B. 맥퍼슨의) 참여민주주의를 결합한 것이다(Gill, 2008: 26). 베네수엘라의 석유 지정학을 중심으로 직접민주주의와 참여민주주의(이 둘은 혁명적 민주주의의 본질이다)의 지역화를 설명하면서, 지구화된 신자유주의의 제도와 실천에 대한 확실한 대안인 'ALBA-TCP'가 자본주의의 세계적 위기라는 맥락에서 LAC의 정치적·경제적 지형을 어떻게 변화시켰는지 보여 줄 것이다. 이러한 과정에서 LAC 정치의 민주화를 촉진하는 대항 헤게모니 통치 체제가 다층적인 규모에서 구성되고 있다.[2]

혁명적 민주주의와 21세기 사회주의

'베네수엘라볼리바르공화국 국가경제사회발전계획요강'(2007~2013)은 '주인공으로 참여하는 혁명적 민주주의' 항목에서 "공적 공간과 사적 공간은 서로 분리된 것이 아니라 상호보완적인 것으로서, 자유주의 이데올로기와는 배치된다"고 본다(RBV, 2007: 17). 국가와 사회가 떼려야 뗄 수 없이 연결되어 있다는 이 개념은, 전근대 시기에 '시민사회'를 '정치사회'와 동의어로 사용하던 방식에 바탕을 두고 있다. 또한 그러한 개념은 마르크스가, 공과 사의 구분은 "공동체적 자치의 형태에서는 극복되어야 할 것"이라고 비판한 것에 기초하고 있다(Femia, 2001: 137). 마르크스가 보기에 '인간 해방'을 위해서는 '정치권력'이 '사회적 힘'과 분리되어 있다는 개념을 해체할 필요가 있었다(Marx, 1967: 241).

이에 따라 볼리바르혁명은 '조직된 사회'와 '혁명 중인 국가'(state-in-revolution)라고 내가 부르는 것 사이의 변증법적 상호작용을 통해 '공동체 국가'를 건설하고자 한다. '혁명 중인 국가'라는 개념은 혁명을, 대중에 기초하고 끝없는 '국가와 사회구조의 근본적 전환'으로 이해하는 것이다(Stahler-Sholk, 2001). 또한 그것은 '사회 권력 질서의 의미심장한 재편성'과 관련되어 있다(Walker, 1985: 27). 따라서 '혁명 중인 국가'란 국가권력을 해방적으로 활성화시키는 것을 의미한다. 국가가 민중 계급의 조직을 촉진하고 나라 안팎에서 진보 세력에 의해 국가권력이 재편성화되는 것을 말한다. 이것은 도린 매시가 제시한 '권력 기하학'(power geometries)이라는 개념의 논리를 따르는 것이다. 볼리바르 정부는 권력의 불평등한 지리학이 있다는 사실을 지적하기 위해 의식적으로 이 개념을 사용한다(RBV, 2007). 즉, 권력은 사회적 상호작용 과정이라는 관계를 통해서 행사되며 권력 공간은 권력관계를 통해 구성된다는 것이다. 권력은 결코 사라지지 않을 것이므로, 진보 정치의 목표는 불평등하고 비민주적인 권력 기하학의 존재와 중요성을, 해방적 정치 행동을 위한 전제조건으로서 인식하는 것이다(Massey, 2009).

다음으로 '시민사회'에 대한 부르주아 자유주의의 개념에 상반되는 볼리바르혁명의 개념인 '조직된 사회'는 시민사회가 역사적으로 자유주의적 개인주의 및 자본주의적 시장사회와 연관되어 있다는 개념에 도전한다. '조직된 사회'는 대중에 기초한 조직으로서, 반(비)자본주의적 사회관계나 공간을 형성하는 과정에서 나타나는 평의회나 사회운동을 통한 집단적 권력 행사를 통해 구성된다(Muhr, 2008a: 29; RBV, 2010a; 2010b). 그래서 '조직된 사회'는 경제와 정치의 분리를 가져온 부르주아적 '해방'과 자유주의적 개인주의가 '폐기한' 시민사회의 정치적·집단적 성격을 되살리고자 한다(Marx, 1967). 그러나 공공 영역(국가)이 다국적·초국적기업들(MNCs/TNCs), 국제 비정부기구 조직들(INGOs)과 같은 강력한 사적 행위자와 불가분하게 얽혀 있는 세계적 통치 체제로 표현되고 있는 지구화로 인해, 역설적이게도 자유주의적 국가-사회 구분과 국가에 대한 제약 내지 평형추로서 독립적인 시민사회라는 개념은 경험적 근거가 줄어들었다. 따라서 지금 시민사회 개념은 실질적인 가치보다는 분석적·상징적 가치가 더 크기 때문에 시민사회보다는 국가-사회 복합체를 말하는 것이 더 유용하다(Cox, 1981; Cutler, 1997; Gill, 2008).

베네수엘라의 볼리바르 정부는, 민중의 참여를 투표로 환원시키는 것은 "자신들을 가난하게 만드는 소외된 사회관계에 대항하는 민중의 직접행동의 가능성을 부인하는 것"이라고 생각한다(MINCI, 2007a: 19). 따라서 국가가 주도한 20세기 '현실 사회주의'에 대한 비판적 분석을 통해 도출된 직접민주주의와 새로운 형태의 참여는 종속 관계(잉여가치의 생산, 이윤 극대화, 상품화, 노동 분업)로부터 노동을 해방시키고, 정치적 소외를 극복하고, 소비주의적 소외와 지식 독점을 극복할 수 있는 민중과 국가 사이의 새로운 관계를 구축함으로써 정치사회를 시민사회 속으로 재흡수하기 위한 해방 프로젝트의 핵심이 된다(Lanz Rodriguez, 2006; RBV, 2007: 24, Harvey, 2006: 1-38). 21세기 사회주의는 넓은 개념으로는 '현존하는 사회'의 집합적 전환을 의미하며, 더 구체적으로 말하면 "자본주의 체제와 사유재산 체제에 대한 엄중한 비판"이라고 할 수 있다. 그것은 "노동계급의 필요에 부응하는 정의로운 질서를 확립하기 위한 물질적 기초로서 …… 생산과 분배의 집단적 구조화"로 이어져야 한다(Giordani, 2009: 21). 평의회 정치 조직을 비롯한 여러 단위나 기관(예컨대, 수자원기술위원회, 도시토지위원회, 보건위원회) 같은 조직된 공동체를 핵심으로 하여, 베네수엘라 법률은 직접민주주의가 실행될 수 있는 구조적 조건을 제공하는 다섯 가지 소유 형태를 설정하고 있다.

① 사적 소유, ② 공적 소유(국가기관을 통한 소유), ③ 집단 소유(다가족 토지 소유권처럼 공동으로 이용하기 위해 사회적 또는 개인적으로 소유),

표 2 볼리바르 권력의 배분

공권력		민중권력	
영역 배분	기능적 배분	영토 배분	기능적 배분
국가권력 [연방] 주 권력 기초지자체 권력	입법 권력 행정 권력 사법 권력 시민 권력 선거 권력	중부 지역 중서부 서부 동부 평원 남부 공동체위원회 코뮌 공동체 도시 공동체 집합체 체제 (공동체 연합, 공동체 연맹 등)	정치, 경제, 사회, 문화, 환경, 그리고 아래와 같은 여러 사회발전 영역에서의 공동체 자치 * 공공정책 계획 * 공동체 경제 * 사회 통제 * 농촌 소도시 계획 및 관리 * 공동체 정의 * 특별 공동체 사법권

출처 : Muhr(2011a: 110)에서 재구성

④ 혼합 소유(자원 이용이나 국익을 위한 활동을 집행하기 위해 공적·집단적·사적 부문 사이에 만들어지는 소유), ⑤ 양도할 수 없는 사회적 소유(미래 세대를 포함한 민중의 집합적 소유). 이 양도할 수 없는 사회적 소유는 '공동체 직접 사회적 소유 기업'의 형태일 수도 있고 '공동체 간접 사회적 소유 기업'의 형태일 수도 있다. 전자는 국가가 공동체나 코뮌, 도시에 맡기는 공동체적 소유이며, 후자는 전략적 이유로 국가가 공동체의 이름으로 운영하지만 '민중권력' 층위들로 점진적으로 이전할 가능성도 있는 공동체적 소유이다(Muhr, 2011a: 100).

[표 2]에서 보는 바와 같이, 민중권력은 공권력과 공존하면서 베네수엘라 국가권력의 한 축을 이루고 있다. 영역 범주로 보면 공권력은 이른바 '국가권력'(national power, 국가 정부 수준), '주 권력'(state power, 주 정부 수준), '기초지자체 권력'(municipal power, 기초지자체 정부 또는 시 정부 수준)으로 구분된다. 이러한 권력 배분은 식민지 국가 구조에 뿌리

를 두고 있으며 기능적으로는 몽테스키외의 삼권분립, 즉 권력을 사법부, 입법부, 행정부로 나누는 고전적 자유민주주의에 바탕을 두고 있다. 그러나 여기에 시몬 볼리바르 철학에서 나온 두 가지 형태의 권력이 동등한 지위로 추가된다. 하나는 '선거 권력'(electoral power)으로 국가선거위원회에 의해 행사되며, 다른 하나는 '시민권력'(citizen power)으로 시민의 권리를 감독하는 옴부즈맨, 국가기관의 공공 회계를 다루는 감사원, 그리고 검찰에 의해 행사된다(자세한 내용은 Muhr, 2008a: 148-51 와 Muhr, 2011a: 111-12 참조). 여기서 중요한 점은 민중권력은 대의민주주주의(위임된 권력)의 개념에서 말하는 선거권이나 선거와 무관하게 직접민주주의를 통한 정책 결정, 즉 '조직된 사회'(구성하는 권력)에 의한 직접적인 권력 행사로 통치된다는 것이다.

또한 [표 2]를 보면 민중권력의 영역 배분은 자유주의적인 부르주아 식민지 국가의 유산과 그 정치적 영역 분할(수도권 지역, 연방의 주, 기초지자체)을 지정학적으로 재구조화함으로써 '공동체 국가'를 지향하고 있다는 점을 알 수 있다. 이에 따라 공동체 국가는 사회적 권력관계의 혁명적 구현체로서 '민중권력 층위들'의 체계를 의미한다(RBV, 2010d). 이러한 민중권력에서 '기초적인 세포'로서 '사회주의적 코뮌'은 조직된 공동체, 즉 공동체위원회와 코뮌, 사회적 생산 조직(내생적 발전 중핵, 공동체 직접 사회적 소유 기업, 공동체 간접 사회적 소유 기업, 협동조합, 가족 생산 단위), 그리고 사회운동들로 구성된다.

오늘날 민중권력은 1999년 볼리바르헌법의 규범과 기준들보다 훨씬 더 공식화되어, 민중권력 기본법과 공동체 경제 시스템, 공공 계획과 민중 계획, 코뮌에 이르기까지 민중권력의 기능적 차원을 조정하는 관련 기본법에 따라 법적으로 강화되었다. 이러한 법들을 통해 두 가지 권력 형태 사이에 동등한 법적 지위가 확립되었다. 실제로 공권력(내각을 비롯한 공식 국가기구)은 민중권력(정치적, 사회·생산적 층위의 권력)의 조력자가 되어야 한다(RBV, 2010c: 법률 23~30조). 그러나 공권력은 국가권력에 관련되고 민중권력은 조직된 사회 권력에 관련되기 때문에, 민중권력 기본법은 철학적 의미에서 보면 국가-사회라는 존재론적 이원성을 극복하지 못하고 있다(RBV, 2010c: 법률 26조). 게다가 민중권력 층위들은 새로운 구조에 참여하기 위해 국가기관(각 부처)에 등록해야 하고 (RBV, 2010b) 승인권을 사회 내부가 아니라 국가가 보유하고 있기 때문에(Massey, 2009) 이원성이 더욱 강화된다. 하지만 사회의 재정치화가 이루어짐에 따라 공권력과 민중권력은 새로 출현한 국가권력 구조의 양대 기둥으로서 둘 사이의 경계가 모호해졌다. 위임된 권력과 구성하는 권력 사이의 구조적 모순이 필연적으로 갈등하는 동시에 협력하는 관계를 만들어 내기 때문에, 나는 이러한 관계를 이행 과정에서 나타나는 변증법적 관계로 이해해야 한다고 주장한 바 있다(Muhr, 2008a: 266; Muhr, 2011a: 85, 168-210).

이 장의 첫머리에서 지적한 것처럼, 나는 '주인공으로 참여하는 혁명적 민주주의'를 21세기 사회주의를 정의하는 토대라고 본다. 혁명적 민주주의에는 간접민주주의와 직접민주주의, 참여민주주의가 공존한다. 하지만 직접민주주의와 참여민주주의 개념은 보통 서로 융합되어 있다. 그래서 평론가나 학자들, 베네수엘라 정부를 포함한 정치인들 사이에서는 '직접 참여민주주의'와 같은 식으로 일관성이 없거나 상호 대체가능한 것으로 사용된다(예컨대, Avritzer and Santos, 2003; Dieterich, 2005; Ellner, 2010b; Hilmer, 2010: 47; RBV, 2007: 17~18조). 따라서 나는 직접민주주의와 참여민주주의에 관한 이론을 검토함으로써 이 두 가지 민주주의가 서로 구별되는 혁명적 민주주의의 하위 개념이라는 점을 보여 주고자 한다. ALBA-TCP를 통한 지역화에 관해 논의하기 전에 먼저 베네수엘라에서 나타나는 이 두 가지 민주주의 모델이 작동하는 메커니즘을 살펴보자.

직접민주주의는 노동자 통제와 지역 공동체 통제라는 '한 쌍의 주제' (Benello and Roussopoulos, 1972: 4), 즉 생산수단에 대한 사회적 통제와 평의회로 표현되는 지역 정치조직으로 구성된다. 파리코뮌의 경험을 통해 도출된 직접민주주의는 기층(직장, 지역 공동체)에서 직접 선출된 위원회(단체, 공동체)와 그보다 높은 수준의 대표자들(지구, 도시, 전국)로 구성된 피라미드형 공동체 구조로서, 자유주의 국가를 대체하는 것이었다(Marx, 1942[1871]: 498-501). 앞에서 살펴본 바와 같이, 이는 본질적으로 공동체 국가의 개념을 구체화한 것이다. 그리하여 볼리바르 정부의 국가발전계획(2007~2013)은 직접민주주의를 "스스로 국가를 운영할" 수 있는 민중 주권과 결합시키고 있다. 민중이 권력을 위임할 수는 있지만, 주권을 위임하지는 않는다는 것이다(RBV, 2007: 17, 19).

베네수엘라에서 창출된 주요한 직접민주주의의 메커니즘은 네 가지다. 첫째로 '국민소환 투표'(recall referendum)에 따라 선출직 공무원은 누구라도 임기가 절반이 지나면 소환될 수 있다. 둘째로 민중의 공동입법 형태로서 '사회적 길거리의회 제도'(social street parliamentarism)가 있다. 이것은 민중이 스스로 자신들을 지배할 법을 만든다는 루소의 '자치정부' 개념을 따를 뿐 아니라 사법과 입법 기능에 시민이 직접 참여한다는 고대 철학의 정신을 계승하는 것이다(Held, 2006: 45-6). 셋째 국가기관 또는 이웃하는 지역 공동체와 연결하는 자율적인 민중권력으로 '공동체위원회'(communal councils)가 있는데, 2011년 기준으로 약 31,000개가 존재한다(RBV, 2009). 넷째는 공동체위원회와 관련되어 있는 '공동체 직접 사회적 소유 기업'이 있다(Muhr, 2011a: 116-22).

하지만 (대의민주주의와 마찬가지로) 직접민주주의를 실행하기 위해서는 참여민주주의를 촉진하는 데 필수적인 정치·경제·사회·문화적 조건이 필요하다. 여기서 나는 참여민주주의를 "자기 발전에 대한 동등한 권리"로부터 나오는 민중의 사회·정치·경제·문화적 참여와 주도성으로 이해하는 C. B. 맥퍼슨의 견해를 따른다. 맥퍼슨은 자유민주주의의 주요한 변형으로 '방어적 민주주의'(protective democracy)와 '발전적 민주주의'(developmental democracy)를 구분한다. 이 두 유형은 인간에 관한 모순적인 개념을 담고 있다. 방어적 민주주의에서는 사회가 "경쟁하고 상충하는 이기적인 소비자 내지 전유자의 집합"으로 이해되는 반면에, 발전적 민주주의에서는 사회가 "인간 존재에 대해 더 고상하고 더 사회의식적인 성취"를 목표로 참여가 이루어지는 '공동체'가 되어야 한다고 본다(Macpherson, 1977: 51, 79; Held, 2006: 70-95). 또한 맥퍼슨은 사회심리학적인 것과 정치경제적인 것(직접민주주의)을 분리하고, 참여민주주의의 두 가지 상호 의존적인 조건을 정의한다.

첫 번째 조건은 '대중들의 의식(또는 무의식) 변화'로서, 개인주의적 소비자 정체성이 자신들의 능력을 행사하거나 발전시키는 정체성으로 변화되어야 한다. 그러한 변화로 집단정신이 형성되면 공동체 의식이 조성될 수 있을 것이다. 두 번째 조건은 사회적·경제적 불평등이 실질적으로 감소하는 것이다(Macpherson, 1977: 99-100). 민주주의의 실행과 관련하여 '시민의 완전한 발전'을 위해서는 소득과 부의 재분배(RBV, 2001: 8)와 물질적·정신적 기본 욕구의 충족(RBV, 2007: 24)을 통해 '집단적 복지'를 확대하는 것이 필요하다는 볼리바르 정부의 기본 전제에 표현된 것이 바로 이러한 메시지이다. 이러한 전제는 또한 'ALBA-TCP 공동성명'에 들어 있는 열두 가지 기본 원리 가운데 핵심이다. 'ALBA-TCP 공동성명'은 2004년 설립 당시 쿠바와 베네수엘라가 서명한 것으로, "사회적 불평등을 해소하고 삶의 질을 증진하며, 자신의 운명을 스스로 개척하고자 하는 민중의 효과적인 참여를 촉진하는 모든 것을 포괄하는 과정으로 구상되었다"고 선언하고 있다(ALBA, 2004).

베네수엘라에서 참여민주주의의 제도화는 사회·정치·경제·문화 영역에서, 보편적으로 접근 가능한 30가지가 넘는 필수적인 '미션들'(misiones)로 구성되어 있다. 이러한 미션들은 개인적 기여와 상관없이 사회적 임금으로서 사회적 생산물을 분배하는 기본 메커니즘이다. 가장 기본적인 아이덴티다드 미션(Misión Identidad, 신분증 미션)은 과거에 선거권이 없던 사람들에게 법적 시민권(신분증)을 제공하는 것을 말하는데, 2007년까지 5백만 명이 넘는 사람들이 혜택을 받았다. 메르칼 미션(Misión Mercal, 시장 미션)을 통해서는 보조금이 붙은 식료품이 분배된다. 바리오 아덴트로(Barrio Adentro, 이웃공동체 속으로), 밀라그로(Milagro, 기적), 손리사(Sonrisa, 미소) 미션을 통해서는 치과 진료를 포함한 포괄적인 무상 의료 서비스가 이루어진다. (노숙자나 에이즈 감염자처럼) 사회에서 가장 심하게 배제된 사람들은 네그라 이폴리타 미션(Misión Negra Hipólita, 흑인 여성)의 이동보호센터를 통해 지원을 받는다. 여성의 권리는 마드레스 델 바리오 미션(Misión Madres del Barrio, 이웃공동체 어머니들)을 통해 전달되며, 빈곤 아동은 무시카 미션(Misión Música, 음악 미션)을 통해 무료로 음악 교육을 받는다. 환경정책은 아르볼 미션(Misión Arbol, 나무 미션, 산림 녹화)과 레볼루시온 에네르헤티카 미션(Misión Revolución Energética, 에너지 혁명 미션, 에너지 절약과 대안

기술)을 통해 실현된다. 그리고 모든 형태의 교육은 로빈슨 Ⅰ·Ⅱ·Ⅲ, 리바스, 체 게바라와 수크레(Robinson Ⅰ·Ⅱ·Ⅲ, Ribas, Che Guevara and Sucre) 미션을 통해 실시된다(Muhr, 2011a: 123-7).

이러한 미션들은 의식과 사회적 평등, 민주적 참여에 필수적인 '상호 증대하는 변화'를 촉진하고자 한다(Macpherson, 1977: 100-101). 전통적인 원조 복지나 보상적 복지제도(사회민주주의)와는 대조적으로, 이러한 미션들은 단기적 빈곤완화 정책을 장기적 구조 변화와 결합시킨다. '혁명 중인 국가'의 새로운 제도화라는 표현에서 보듯이, 이러한 미션들은 '공동 책임'이라는 특징을 띠는 것으로 국가-사회 관계를 재정의하는 토대가 된다(D'Elia, 2006: 194). 여기에서 '공동 책임'이란 전통적인 국가기구의 개입 여부와 관계없이 국가와 민중 모두가 헌법과 법률을 준수할 책임을 공유하는 것을 의미한다. "위임된 권력과 구성하는 권력의 결합"(MINCI, 2007b: 7, 12)으로 정의되는 이러한 미션들은 사회적 평등과 해방된 개인적(긍정적인 자기 이미지)·집단적 정체성을 목표로, 정치경제(직접민주주의), 제도(국가 및 제도의 역할에 대한 인식 변화), 문화(가치, 정체성, 태도의 변화)를 바꾸어 내기 위해(Muhr, 2011a: 125), 지금까지 배제된 가난한 사람들이 주도적으로 참여하여 자신이 처한 조건을 뒤집어엎는 과정이다(D'Elia, 2006: 212, 217).

이러한 미션들 덕분에 민중의 권능이 강화된 모습은 '현장'(in situ), 즉 민중의 지역 공동체에서 가장 쉽게 찾아볼 수 있지만, 맥퍼슨이 말하는 참여와 동원, 주도성을 위한 조건들의 변화, 다시 말하면 민중의 역량을 완전히 발전시키기 위한 불평등의 감소(Macpherson, 1977: 114)는 다음과 같은 경험적 자료에서도 포착된다. 2002년부터 2008년까지 빈곤층은 48.6퍼센트에서 27.6퍼센트로 감소했으며, 극빈층은

22.2퍼센트에서 9.9퍼센트로 감소했다(CEPAL, 2010b: 13). 역사적으로 누적된 소득 불평등을 지니계수로 나타내면 1999년의 0.498에서 2008년에는 0.412로 감소했는데, 이는 LAC 국가들 가운데 가장 낮은 수치이다(CEPAL, 2010c: 70).[3] 그리고 고등교육 등록자 비율은 1999년 28퍼센트에서 2008년 79퍼센트로 상승했는데, 이는 LAC에서 쿠바 다음으로 높은 수치이며 전 세계에서는 8번째로 높은 수치이다(Unesco Institute for Statistics, 2010).

이제 ALBA-TCP를 통한 혁명적 민주주의의 지역화에 관해 살펴보도록 하자. 여기에서는 국가와 시민사회의 상호 구성이 지역적·지구적 수준에서 권력 구조를 재구성함으로써 국가의 범위를 뛰어넘는 현재진행형의 역동적인 과정임을 보여 주고자 한다. 베네수엘라의 석유 지정학을 중심으로, LAC의 정치경제적 지형이 전환된 방식과 그로 인해 초국가적으로 조직된 사회가 구축된 점에 관심이 집중될 것이다. 하지만 이러한 과정은 역사적 구조 속에서 전개되기 때문에 지구화라는 맥락이 부과하는 제약들에 관해서도 관심을 기울일 것이다.

ALBA-TCP와 LAC 정치경제의 전환

ALBA-TCP는 2004년 쿠바와 베네수엘라에 의해 결성된 이래 지금까지 앤티가바부다, 볼리비아, 도미니카, 에콰도르, 니카라과, 세인트빈센트그레나딘이 회원국으로 가입했다. 아이티, 파라과이, 그레나다, 도미니카공화국을 비롯한 몇몇 나라는 참관국이다. 이 블록의 구성을 보면 초기 참여국이 전략적 부문에서 생산에 기초한 부가가치 경제로 구조를 전환하고자 하는 저발전 국가들을 끌어들였음을 알 수 있다. "국가적·지역적 주권 행사라는 동일한 전망을 공유하는 국가들 사이의" 지정학적 프로젝트(ALBA, 2008)인 ALBA-TCP를 지배하는 원칙은 연대, 협력, 상보성, 상호성, 지속 가능성으로서 그것은 시장 교환과는 확연하게 구분되는 원칙이다(자세한 것은 Muhr, 2010 참조). 국제적 불균형이 있다는 사실이 분명하게 인식되기 때문에, '협력적 우위'(cooperative advantage)가 정통적인 (지역적) 비교우위를 대체함으로써 신국제경제질서(New International Economic Order) 개념에 새로운 활력을 불어넣는다. 신자유주의적 지구화와 그로 인해 제한된 공간들(예컨대 '세계 도시들') 사이에서 극대화된 자본주의적 생산 경쟁과는 대조적으로, 혁명적 민주주의는 불균등 발전이라는 역사적 지형의 균형을 잡기 위해 새로운 권력 기하학으로 국가–사회 복합체의 사회적 공간을 가로질러 경제적·정치적 권력의 재구성을 추구한다(Massey, 2009). 최근 '공동개발 경제구역'을 구성하고자 하는 혼합경제의 논리에서 주요한 공격 대상은 사적 소유 자체가 아니라 지구적 (독과점) 자본의 권력이다. 새롭게 출현한 ALBA-TCP의 지역적 공간은 지역 기업뿐 아니라 두 나라 간, 다국 간 초국적기업들을 통해서, 그리고 국가와 비국가 행위자 내지 세력들 사이의 통합 메커니즘을 통해서 만들어졌다. 이렇게 해서 ALBA-TCP는 법적 지역(8개국 구성원 간의 블록)을 넘어서 사실상 지역(LAC 전체), 그리고 그 너머(지구 전체)로 영향력이 확장되었다(자세한 것은 Muhr, 2008a, 2008b, 2011a 참조).

이러한 방식으로 ALBA-TCP는 대의민주주의 제도들이 직접민주주의 제도화와 더불어 공존하는 다차원적인 대항 헤게모니적 통치 체제를 구축했다. 대통령위원회, 하위 (정치·사회·경제) 각료위원회, 각종 위원회와 실무 그룹들, 그리고 LAC의 조직된 사회들을 통합하는 사회운동협의회 등이 그러한 것들이다. 사회운동협의회는 대통령위원회와 직접 대화하며, 국가가 공식적으로 주도하는 부분과 지역 행위자들 사이의 중재자로 간주될 수 있다. 그 전략적 타당성은 ALBA-TCP 회원국들 안팎의 조직된 사회들을 통합하는 ALBA-TCP 회원국들이 "투쟁을 지구화하기 위해" 국가 헌장을 만든 것에서 확인할 수 있다(ALBA-TCP. 2009). 여기에서 중요하게 지적되어야 할 점은 '혁명 중인 국가'라는 개념이 ALBA-TCP 회원국들, 특히 볼리비아와 에콰도르, 니카라과에도 적용될 수 있다는 점이다. 이들 국가에서도 이러한 과정과 정책들이 반드시 균일한 것은 아니지만 베네수엘라와 유사한 방식으로 권력 구조가 재구성되고 있다. 그래서 각 나라에서는 직접민주주의의 구성과 관련하여 다양한 용어와 전략들이 사용된다.

예컨대, 볼리비아 2009년 헌법은 '조직된 시민사회'와 직접 또는 위임된 형태로 행사되는 '민중 주권'을 언급하고 있다(República de Bolivia, 2009: 법률 7조, 241조). 에콰도르 2008년 헌법은 '시민권력'과 "민중 주권의 표현으로서 모든 형태의 사회적 조직"을 통한 '사회적 통제'를 규정하고 있다(República de Ecuador, 2008: 법률 95조, 96조). 1987년 산디니스타 혁명 때 제정된 니카라과 헌법에는 정치권력이 민중이 '대표자들'을 통하거나 '직접' 행사되며, '직접' 행사는 '위원회들'과 '시민권력 내각'에 의해 수행된다고 규정되어 있다(República de Nicaragua, 2007: 2조). 요약 하면, ALBA-TCP 영역 안팎에서 민중권력의 층위들은 사회운동협의회로 조직되는데, 이는 일종의 규모의 정치로서 권력을 지방 수준에서 지역적·지구적 수준으로 상승시키는 데 기여한다.

다른 연구에서 나는 ALBA-TCP의 열 가지 개발협력 및 통합의 차원들과 그 제도화에 대한 윤곽을 제시한 바 있다(Muhr, 2011b). 문화, 교육과 지식, 에너지, 환경, 금융, 산업과 무역, 법률, 군사, 정치 이데올로기, 사회적 인도주의가 그것들이다. 2007년 이후에는 시몬 볼리바르의 '거대 조국'(Patria Grande) 개념에 근거하여 두 나라 또는 여러 나라 사이에 '거대국가 기업'(empresas grannacionales-GNEs, 지역적 생산과 분배 네트워크), '거대국가 프로젝트'(proyectos grannacionales-GNPs, 실행 프로그램), '거대국가 연구소'(institutos grannacionales-GNIs, 연구센터)가 만들어졌다. GNE, GNP, GNI는 민간 기업과 조직을 통합할 수도 있다는 점에서 자본주의의 다국적·초국적기업(MNC/TNC)에 맞선 대항 헤게모니적 대응이다. ALBA-TCP의 다양한 차원과 제도들은 발전 패러다임에 필수불가결한 요소들로서 서로 보완적이다.

이런 점을 가장 잘 보여 주는 것은 아마도 사회적 인도주의와 에너지 안보 차원을 결합한 페트로아메리카(Petroamérica) 에너지 통합정책(석유·가스·재생에너지)일 것이다. 페트로아메리카는 페트로수르(Petrosur), 페트로안디나(Petroandina), 페트로카리브(Petrocaribe)라는 세 하위 지역 블록으로 구성되어 있다(Muhr, 2008a). 페트로아메리카는 석유의 정치로서, 광범위한 메커니즘을 통해 베네수엘라의 물질적 역량(석유 자원)을 재분배하고 있다. 이런 메커니즘에는 특히, 장기 저금리 금융 구조, 현물과 서비스 형태의 지불 가능성, 사회기반시설이 미흡한 나라들에서 참여가 국가 기업에만 제한됨으로써 가치 사슬을 따라 생기는 중간 단계를 제거하는 일 등이 있다. 세계시장 가격에 연동하여 회원국 석유 대금의 70퍼센트까지는 양국 또는 지역의 구조수렴 기금으로 전용된다. 예컨대, 2005년에 18개 회원국으로 결성된 페트로카리브의 경우를 보면, 2009년 6월까지 공급된 69억 달러의 석유 가운데 14억 달러는 상대에게 지급된 유형의 자산이었고 29억 달러는 지급이 연기되어 공동발전 기금으로 적립되었다(Ramírez, 2009).

참여민주주의가 다양한 메커니즘을 통해 LAC 전역에 걸쳐 촉진되었다. 첫째로, 베네수엘라의 미션들이 지역 전체로 확산되었다. 특히 쿠바의 "나는 할 수 있어"(Yo Sí Puedo) 문자해득운동 방법이 LAC에서 '국제 로빈슨 미션'(Misión Robinson International)으로 국제화 내지 초국가화되어, 2009년까지 20개국이 넘는 LAC 국가에서 380만 명에 달하는 문맹자들에게 혜택을 주었다. 또한 쿠바와 베네수엘라는 '밀라그로 미션'(Misión Milagro, 기적)을 통해 2005년에서 2011년 초까지 33개 LAC 국가들의 가난한 사람들 190만 명에게 무료로 안과 수술을 해주었다. 둘째로, 앞서 언급한 양국 또는 지역구조 수렴 및 발전 기금은 직접적으로 국가-사회 복합체의 재구성에 기여한다. 예컨대, ALBA-TCP 카리브 기금은 2010년까지 중앙아메리카와 카리브 12개국에서 85개의 사회적 프로젝트와 사회적 생산 발전 프로젝트에 1억7천900만 달러를 지원했으며, 이를 통해 2008년까지 약 1,540만 명이나 되는 가난한 사람들이 혜택을 받았다. 니카라과에서는 협동조합인 국립농촌은행(Caja Rural Nacional, Caruna)이 소생산자들과 협동조합들에게 저금리 소액 대출을 제공하는데, 이를 통해 첫해에만 57개 생산적 농촌협동조합의 5만 명이 혜택을 받았다(Muhr, 2010). 셋째로, 거대국가 프로젝트(GNPs)와 거대국가 기업(GNEs)은 각각 가장 적합한 인간 안보 영역에서 작동한다. 예를 들어 식품(ALBA-Foods), 콩(Soya), 의약품(ALBAMed), 농업(ALBAFarma) 부문의 GNE와, 건강(ALBA-Health), 문화(ALBA Cultural), 교육(ALBA-Education), 문해(Literacy)와 '문해 이후'(Post-literacy) 같은 프로젝트에 걸쳐 있다. 문해와 '문해 이후'

GNP를 통해 ALBA-TCP의 세 회원국(볼리비아, 에콰도르, 니카라과)은 2008~2009년에 국제 기준에 따른 문맹 단계에서 벗어났음을 선언했으며, 동시에 새롭게 출현한 ALBA-TCP 교육 공간에서 '문해 이후' 교육과 기초교육 분야도 보편화되고 있다.

서장에서 언급하고 있듯이, '개입주의 국가'를 촉진한 '전략 공간'은 차베스가 이끈 OPEC의 전략 강화(그리고 지난 10년 동안 세계시장에서 유가의 지속적인 상승)를 통해 만들어졌다. 금융(산업) 발전을 위해 농업 생산성의 증대에 크게 의존한 농민 사회라는 맥락에서 일어난 대부분의 사회주의혁명과는 대조적으로, 베네수엘라는 국가를 넘어선 구조적 변환에 부존자원이 동원된 사례로 중요한 연구 대상이다. 세계시장에 계속 참여하는 것을 모순적인 것으로 이해해서는 안 되며, 베네수엘라 같은 나라들이 지구적 공동 세계로 견고하게 통합되어 있기 때문에 행동에 일정한 틀을 부과하는 구속이 표현된 것이라고 보아야 한다(Cox, 1981). 달리 말하면, 세계시장이라는 지배적인 역사적 구조가 재생산되고 있지만, 동시에 그것은 대안적인 세력 구도(경쟁적인 구조)가 다차원적인 진지전을 통해 출현함에 따라 저항을 받고 있는 것이다(Muhr, 2008a; 2008b; 2011a).

이러한 점은 예컨대 LAC에서 무역과 개발협력의 지형이 재구성되기 시작되었다는 데서 분명하게 드러난다. ALBA-TCP 내부(8개 회원국 블록)에서 무역 수출액이 2000~2004년(ALBA 이전) 50억 달러에서 2005~2009년에는 90억 달러가 됨에 따라, ALBA-TCP 회원국으로부터 베네수엘라의 수입은 2006년에서 2009년 사이에 90.7퍼센트 상승했다. 흥미롭게도 ALBA-TCP의 중요한 상품은 서비스를 비롯하여 농업 관련 일차 생산물과 기술 수준이 낮은 생산물(식품, 음료)인 반면, 연료와 윤활유는 흔히 생각되는 것보다는 지배적이지 않은 것으로 나타났다(식품, 농산물, 가축은 2005~2009년 사이에 높은 성장률을 기록했다. Aponte-García, 2011). 하지만 상품 유형과 관련한 구조적 제약에도 불구하고, 그리고 ALBA-TCP 회원국으로부터 베네수엘라의 수입이 2010년 상반기 국가 총수입의 4.9퍼센트에 불과함에도 불구하고(Aponte-García, 2011)[4], GNE가 공고해지고 지역 산업이 창출됨에 따라 글로벌 금융·경제 위기의 맥락에서도 위에서 언급한 경향은 강화될 것 같다. 니카라과의 사례는 이러한 점을 잘 보여 주고 있다. 니카라과에서 베네수엘라로의 수출은 210만 달러(2006년)에서 1억1천920만 달러(2009년)로 증가했으며, 베네수엘라로부터 수입은 같은 기간 동안 2억2천90만 달러에서 5억8천660만 달러로 증가했다. 또 2008년과 2009년 사이에 니카라과의 전 세계 수출은 6.6퍼센트 내지 37.5퍼센트 감소한 반면, 베네수엘라로 수출은 300퍼센트 가까이 증가했다.[5]

무역 규모의 절대치로만 보면 상대적으로 작은 규모이지만(2010년 미국으로 수출이 5억660만 달러인 것과 비교해서 베네수엘라로의 수출은 2억490만 달러), 이러한 방향 전환은 베네수엘라와 ALBA-TCP와 공식적인 개발협력의 관계 속에서 평가되어야 한다. 이 개발협력은 2010년에는 5억 달러 규모로 니카라과 재정 수입의 41.9퍼센트를 차지했다(BCN, 2011b). 이러한 협력 관계는 무상의료와 기초교육의 새로운 제도화는 물론 식료품 보조, 주택, 여성을 위한 생산적 신용 시스템, 길거리 아이들을 위한 재활 프로그램 등에 영향을 끼쳤다.

국가-사회 관계의 변증법

니카라과 사례는 LAC 안에서 무역과 원조, 투자 지형 전환이, ALBA-TCP를 통한 혁명적 민주주의의 구성 과정과 상호 연관되어 있다는 점을 잘 보여 준다. 이는 지구화된 세계에서 민주화 과정과 관련하여 다음과 같은 의미를 담고 있다. 첫째, 사회운동협의회는 다차원적 통치 체제를 통해 직접민주주의의 실행 구조를 제공한다. 둘째, 참여민주주의가 촉진된다는 것은 불평등이 감소되고 인간 발전과 민중의 주도권이 커진다는 것을 의미한다. 셋째, 지역적 생산과 무역 체인을 통한 사회주의적 지향(사회적·국가적·사적 소유)으로 생산 조직을 민주화하는 것은 새로운 사회 세력을 만들어 내며, 이러한 사회 세력은 거꾸로 국가-사회 복합체의 재구조화를 추동한다. 국가 구조의 변화가 보편화되면 그러한 변화는 세계 질서에 영향을 준다(Cox, 1981: 100). 자본주의 국가들과 자본주의의 사적 행위자들이 주도하는 패권적인 지구화·지역화 과정과는 달리, 그리고 비록 볼리바르혁명이 '이중 권력' 상황을 완전히 극복하지 못하여 공식적인 대표자와 민중권력이 '단순한 병행' 또는 '병렬'(Poulantzas, 2000[1978]: 264) 상태라고 할지라도, 나는 이행 과정에서 '혁명 중인 국가'와 조직된 사회가 새로운 것(사회주의)을 구성하는 과정에서 하나가 다른 하나를 내부화하는 방식으로 변증법적으로 상호 연관되어 가고 있다고 주장했다. 그렇다고 갈등이 없다는 것은 물론 아니다. 국가와 사회적 행위자들은 둘 다 힘 있는 개인들과 지배 정당, 반혁명 세력과 제약들(개인적 권력, 이기적 이해관계, 부패, 소비주의 등)에 의해 편입되거나 억압될 수 있기 때문이다.

하지만 이런 점들은 여기에서 주된 관심 사항이 아니다. 이 책의 서장에서 제기한 두 가지 핵심 쟁점으로 돌아가 보자. 잠재적으로 '민주주의의 붕괴'를 초래하는 '극단적 양극화'에 대한 파니차의 우려와 관련하여 나는 이것이 주로 민주적 규칙을 고집하는 반혁명 부문의 문제라고 주장하고 싶다. 베네수엘라(2002), 아이티(2004), 온두라스(2009), 에콰도르(2010)에서 미국이 선동하거나 지원한 엘리트와 기업가들에 일으킨 일련의 쿠데타는 그러한 점을 다른 방식으로 보여 주는 것이다. LAC 사회는 수백 년 동안 사회문화적으로 양극화되어 왔으며, 지난 10년이 넘는 탈신자유주의 시기 동안 그러한 양극화는 (재)정치화되었다. 결국, 양극화가 계급사회의 본질은 아니라 할지라도 그 결과인 것은 분명하다. 이런 점에서, "국가에 의해 촉발"되었지만 "국가에 강하게 의존하는 동원"의 "심각한 정신분열증"이라는 란데르의 개념은 설득력이 부족하다. 베네수엘라 유형의 혁신적이고 해방적인 국가 행위(자신의 변환을 위해 동원하는 '혁명 중인 국가')를 과연 란데르가 암묵적으로 도출하고 있는 "국가는 곧 악이고 사회는 곧 선"이라는 등식에 대입할 수 있을까? 아마도 이 글에서 제시한 바와 같이 국가-사회 관계는 변증법적인 방식으로 더 잘 설명될 수 있을 것이다. 즉, 그것은 사회주의적 국가-사회 복합체를 구성하는 과정에서 정치권력과 사회 권력의 분리를 해소하기 위해, 하나가 다른 하나를 구성하고 변화시키는 관계이다.

---

1) 이 장은 영국 경제사회조사위원회의 지원을 받은 학제간 박사과정 및 박사후 연구 프로그램의 일환으로 쓴 것이다(ESRC, PTA-030-2003-00417, PTA-026-27-1902). 2005년부터 2010년까지 베네수엘라와 니카라과, 엘살바도르에서 마이클

부라보이의 성찰적 과학 모델과 사례확장 방법을 채택하여 16개월 동안 민족지 현장 연구를 실시했다. 연구 자료는 참여 관찰을 통해서뿐 아니라 내용 분석과 비판적 담론 분석에서 얻었다: 각국의 국가발전계획, 400건이 넘는 ALBA-TCP 관련 문서 (2000~2011년, 선언문, 각서, 합의문, 조약, 협약, 법률, 정책 문건, 법규), 그리고 67 명의 반구조화된 개방형 질문의 면접(관료, 책임자, 법률고문, 학자, 시민사회 및 조직 활동가). 이러한 작업은 대항 헤게모니 지구화 이론을 확장하고자 한 것이다. 이론적·방법론적 세부 내용에 관해서는 Muhr(2008a, 2011a)를 참고하라. 에스파냐어로 된 원문은 내가 직접 번역했다.

2) 공간적인 '규모'(scale)라는 개념은 정치적·경제적 행위자들이 지방, 국가, 지역, 지구와 같은 정치지리학적 규모의 거버넌스에서, 자신들의 행동과 정치적 프로젝트를 어떻게 조직하고, 구성하고, 동원하는지를 실감 나게 보여 주기 위해 사용했다 (Gregory et al., 2009: 665). 그람시의 헤게모니 개념에 따르면, 한 사회집단의 지배적 힘은 하위 집단들이 적극적으로 동의하는 경제적·지적·정치적·도덕적 리더십으로 표현되며, 강제는 규율 방법으로 특별한 경우에만 사용된다(Gramsci, 1971: 12, 57-8). 나는 특정한 세계질서의 산물이면서 동시에 형성자인 힘들(물질적 능력과 관념, 제도)의 변증법적 상호작용을 통해 헤게모니가 구성되고 재구성된다는 콕스의 주장을 지지한다. 대항 헤게모니는 규범의 전환, 즉 "지배적인 헤게모니를 대체할 수 있고, 그래서 새로운 상식을 제공할 수 있는 새로운 이해 및 실천"과 관련되어 있다(Santos and Rodríguez-Garavito, 2005: 18).

3) 2009년 브라질, 칠레(흔히 신자유주의의 성공적인 모델로 언급된다), 콜롬비아의 지니계수는 각각 0.576, 0.564, 0.578이다(CEPAL, 2010c, 70).

4) 다른 나라로부터의 수입과 비교하면 미국 28%, 중국 11%, 브라질 10%, 콜롬비아 6%, 멕시코 4%였다(Aponte García, 2011).

5) 미국 수출은 6.6퍼센트 감소했다. 중앙아메리카 무역 상대국으로의 수출은 9.9퍼센트, 유럽은 16.7퍼센트, 아시아는 37.5퍼센트, '세계 나머지 국가들'로의 수출은 21.1 퍼센트 감소했다. 반면, 베네수엘라로의 수출은 296.7퍼센트 증가했다(BCN, 2010: 102).

2장 위기 이후의 아르헨티나

크리스토퍼 와일드

아르헨티나의 2001년 위기는 극심한 경제적·사회적 혼란을 불러왔다. 국가 부채의 불이행 선언이 이루어지고 고정환율제도(태환법)가 붕괴되었으며 페소화의 평가절하가 뒤따랐다. 위기의 충격으로 경제적 생산이 극심하게 위축되고, 빈곤과 궁핍화가 심해져 사회적 결과 또한 파국적이었다. 어마어마한 경제적 위기와 사회적 결과에 직면한 아르헨티나 인들은 위기의 원인을 찾기 위해 국내 정치를 재평가하지 않으면 안 되었다. 위기 이후에 들어선 네스토르 키르치네르 정부(2003~2007)는 위기의 원인을 규명함으로써 새로운 자본축적 모델을 추구했다. 새롭게 등장한 모델은 국가-시장 관계의 근본적인 변화를 포함하는 것이었다 (Wylde, 2010), 그에 따라 국가와 민중 사이에 새로운 형태의 사회계약이 작동하게 되었다. 그러한 사회계약의 형성에는 2001~2002년 정치 위기뿐만 아니라 지구화의 영향력도 작용했다. 이 글에서는 키르치네르 통치 기간 동안 아르헨티나에서 사회와 국가의 관계가 어떻게 변화해

51

왔으며, 그러한 관계가 지구화하는 자본과 어떤 관계를 맺게 되었는지를 개괄적으로 살펴보고자 한다.

이 책의 분석틀은 시민사회의 구성과 구조가 "어떤 정치체제에서 지배적인 이데올로기와 권력 구조, 계급 부문들, 정치적 맥락에 의해 형성된다"고 하는 관점에 기초하고 있다(Cannon and Hume, 2012). 그리고 이러한 요인들에 대한 지구화의 영향도 중요하게 고려할 필요가 있다. 따라서 시민사회의 기초와 시민사회와 국가의 관계를 형성하는 제도적 구조의 (재)구성 과정을 이해하는 데 역사적 맥락은 기본적인 요인이다. 더욱이 이 책 서장에서 언급했듯이 국가와 시민사회는 서로를 구성한다. '분홍 물결'(pink tide)의 맥락에서 라틴아메리카 전역에서 출현한 좌파 또는 중도좌파 정권들은 1990년대와 21세기 전환기 동안 시민사회의 다양한 부문들이 제기한, 신자유주의에 대한 수많은 비판을 흡수했다. 아르헨티나의 경우에는 다면적인 2001~2002년 위기로 인해 신자유주의의 정당성이 붕괴된 것이 분명했다. 이는 강한 공공성의 발흥이라고 할 수 있는 피케테로스(piqueteros, 실업자운동)에서부터 이웃공동체회의(asambleas barriales)에 이르기까지 시민사회 활동가들의 넘치는 활력으로 표현되었다.

이 장의 주요 주제는 국가와 시민사회가 서로 (재)구성한다는 서장의 주장과 일맥상통한다. 위기 이후 키르치네르 정권이 이러한 많은 비판들을 받아들여 국가-사회 관계 속으로 광범위하게 흡수함으로써 국가를 재구성할 수 있었다는 것이다. 말하자면 2003년에는 아르헨티나에서 시민사회 운동이 하향곡선을 그리기 시작했지만, 시민운동의 이념들 가운데 많은 것들이 제1기 키르치네르 정부의 사회계약 재협상에 흡수됨으로써 국가의 핵심적인 교의가 되었다. 이러한 사실은 민주화 과정에 뚜렷한 영향을 끼쳤다. 서장에서 언급했듯이, 민주화 과정은 '이행' 과정에서 국가와 시민사회 사이에 이루어지는 상호작용을 통해 가장 잘 드러난다(Grugel, 2002). 위기 이후 아르헨티나의 맥락에서 이 과정은 급진적 사회운동의 몇몇 핵심 교의가 국가 정책으로 흡수되는 것으로 나타났다. (네오그람시주의의 용어로) 다시 말하면, 대항 헤게모니의 이념들이 페론주의 국가로 흡수된 것이다.

자본축적의 역사적 형태들

페론주의

페론주의의 등장은 아르헨티나 역사에 매우 중요한 영향을 끼쳤다. 페론 재임 기간의 '수입대체 산업화'(ISI, Import Substitution Industrialization) 경제정책은 초기에 인상적인 성장을 기록했으며, 노동자의 권리를 옹호하는 관대한 법 제정과 결합하면서 폭넓은 인기를 누렸다. 동시에 그러한 정책은 노동계급 내부의 급진적인 경쟁 상대들의 영향력을 약화시키는 구실을 했다. 예컨대, 후안 페론은 노동조합 가입 노동자 수를 큰 폭으로 증가시켰으며, 1930년에 설립된 노동자총연맹(CGT, Confederatión General de Trabajo)이 강력하고 영향력 있는 기구로 발전하도록 도왔다. 이러한 노동정책은 조직 노동자와 미조직 노동자 모두에게서 페론에 대한 지지를 이끌어냈으며, 노동조합 지도자들은 미래의 조직적 전망이 페론의 정치적 생존에 달려 있다고 생각하게 되었다(Di Tella, 1983: 9). 따라서 D. 제임스가 설명하듯이 "[…] 노동에 관한 페론 시대의 주요한 유산은 노동계급을 국민적 정치 공동체로 통합시켜 시민적·정치적 지위를 인정한 것이었다"(James, 1988: 12).

따라서 페론주의의 기본적인 정치적 매력은 시민권 개념을 좀 더 넓은 맥락에서, 궁극적으로는 사회적 맥락에서 다시 정의할 수 있다는 데 있다(James, 1988: 15). 페론의 담론은 자유주의의 타당성을 부정했다. 왜냐하면 국가와 정치를 시민사회와 분리시키는 자유주의는 역사적 개인주의와 실증주의에 바탕을 두고 있기 때문이다. 시민권은 개인적 권리나 정치사회 내부의 관계라는 측면이 아니라 시민사회의 경제적·사회적 측면에서 다시 정의되었다(James, 1988: 17). 다시 말하면 시민사회와 정치사회는 총체적으로 페론주의적 의지로 환원될 수 있었다 (Acha, 2004). 이는 사회적 목표와 사회복지의 전반적 향상이 하나의 전체로서 강조되었음을 의미한다. 개인적 부의 추구는 부와 권력의 엄청난 불평등을 불러옴으로써 사회적 목표에 해를 끼치기 때문이다. 따라서 시민권은 개인적 부의 추구라기보다는 사회적 형평성과 관련된 것이었다.

노동조합과 같은 제도를 기반으로 한 도시 노동계급과, 정부의 수입 대체 산업화 정책으로 이득을 본 민족 부르주아 부문들과의 연계를 통해 사회는 점점 더 국가와 통합되었다. 정부가 정권 유지를 위해 노동자들에게 일정한 지분을 줌으로써 도시 노동자들의 이해관계가 처음으로 국가에 반영되었다. 이는 이후 아르헨티나 역사에서 국가-사회 관계에 중요한 영향을 미쳤으며 지금도 마찬가지이다. 첫째, 페론주의 정당은 아르헨티나 정치에서 여전히 지배 정당이다. 실제로 키르치네르의 '승리를 위한 전선'(Frente para la victoria)은 정의사회당(PJ, Partido Justicialista)의 현대적 분파이다. 게다가 정부는 노동자의 관점을 대변해야 하며 국가는 이를 촉진하기 위한 제도적 전달자라는 생각도 여전히 남아 있다. 따라서 도시 노동계급에게 국가 안에서 일정한 지분을 주는 페론주의의 이념 또한 여전히 남아 오늘날의 아르헨티나 정치에 스며들어 있다.

메넴주의

1983년에 아르헨티나는 민주주의를 회복했으나 독재 시절에 시작된 경제 위기가 해결되지는 않았다. 알폰신 치하의 초인플레이션은 카를로스 메넴이 등장하는 무대를 제공했다. 메넴은 급진적인 신자유주의적 개혁 의제를 채택하여 아르헨티나 경제를 근본적으로 바꾸어 놓았다. 뿐만 아니라 국가의 경제 개입, 지구화된 경제에서 아르헨티나의 위치, 이에 따른 국가-사회 관계도 바꾸어 놓았다. 그는 페론주의적 공약을 내걸고 당선되었음에도 불구하고, 1989년에 권력을 잡자마자 '갑작스럽게' 신자유주의 프로그램을 도입했다(Stokes, 2001). 메넴은 경제에서 우파와 노동계급 사이의 강력한 동맹을 만들었는데, 그러한 동맹은 경제 위기라는 개념을 중심으로 한 담론을 강조함으로써 형성된 것이었다. 만연해 있던 초인플레이션과 만성적 불안정 덕분에 메넴은 비상시기에는 비상한 방법이 필요하다고 이들 집단들을 설득할 수 있었다(Tedesco, 2002: 474-5; Grugel and Riggirozzi, 2007: 90; Chudnovsky, 2007: 65). 실제로 메넴은 민주주의 사회의 안정을 위해 가장 중요한 수단은 경제적 안정이라고 하면서 "정치는 경제에 우선권을 부여해야 한다"고 주장했다(Tedesco, 2002: 478). 따라서 그가 정치를 다룬 방식은 경제적 목표를 성취하기 위한 것이었다.

아르헨티나, 더 넓게는 라틴아메리카에 도입된 신자유주의 의제에는 네 가지 특징이 있었다(Munck, 2003: 53). 첫째로 주요 상품을 수출하는 무역 자유화, 둘째로 사유화와 정부 역할의 축소, 셋째로 인건비를 줄이기 위해 '유연성'을 도입하는 노동 개혁, 넷째로 국가 간 자본 이동의 자유화를 포함하는 금융 자유화와, 국제 자본시장으로의 더 활발한 통합을 장려하기 위한 국내 은행의 규제 완화가 그런 것들이다.

경제적 측면에서 규제 완화, 자유화, 사유화와 더불어 정치적 측면에서 탈중심화와 탈제도화가 진행되었다(Tedesco, 2002: 472; Grugel and Riggirozzi, 2007: 91; Rock, 2002: 65). 탈중심화는 연방정부의 역할을 전환하여 보건, 교육, 복지와 같은 영역에 대한 책임을 지방정부로 넘겨주는 형태로 나타났다(Grugel and Riggirozzi, 2007: 65). 탈제도화는 G. 오도넬(O'Donnell, 1994: 55-69)의 '위임민주주의'(delegative democracy) 또는 L. 테데스코(Tedesco, 2002: 474)의 '비공식성의 정치'라는 형태로 나타났다. 위임민주주의는 아르헨티나 체제에서 책임성이 수직적 성격을 가지고 있다는 점과 관련되어 있다. 위임민주주의는 대통령과 유권자의 직접적 연결로 나타나며, 이는 아르헨티나가 전통적으로 앞에서 이끄는 카리스마 강한 독재자를 선호하는 데 뿌리를 두고 있다. 또한 위임민주주의는 흔히 대통령령을 통해 입법화하고 통치하는 리더십 형태를 띠는 이유가 되기도 한다. 이는 다양한 제도적 장치들에 기초하는 보다 더 수평적인 형태의 책임성과 대조적이다. 비공식성의 정치는 개인적 유대 관계를 통해 구축된 동맹(예를 들어 '분헤 이 보르네' Bunge y Borne, 아르헨티나의 독점 기업—옮긴이) 계획과 같은 정치의 개인화를 포함하며, 이러한 개인화의 결과로 의사 결정에서 공식적인 절차 기구들이 배제됨으로써 탈제도화가 일어난다. 게다가 여기에는 기존 제도들에 대한 어느 정도의 경멸과 분명한 무시가 존재했다. 그러한 경멸과 무시는 메넴이 자신의 급진적 프로그램에 방해가 되는 잠재적 장애를 제거하기 위해 최고법원을 확대하는 과정에서 보인 족벌주의 행태를 통해 가장 잘 드러났다(Tedesco, 2002: 474).

아르헨티나 항쟁과 탱고 위기

아르헨티나 위기로 인해 정치과정에 대한 대중의 무관심이 극도로 커졌을 뿐 아니라 그에 대한 충성도 또한 매우 저조해졌다. 그것은 대체로 사회경제적 위기가 정치과정에 대한 극심한 회의주의를 불러오는 "정치에 대한 침식 효과"(Sanchez, 2005: 461) 때문이었다. 반대 시위가 고조되었을 때 페르난도 데 라 루아 대통령은 '카사로사다'(대통령궁)에서 대통령 전용 헬기를 타고 도망쳤다. 에두아르도 두알데 대통령이 등장하기 전 며칠 동안 몇 명의 대통령이 연이어 바뀌는 권력 공백 상태가 이어져 위기 고조기에 정권이 무능하고 마비되었다는 인상을 주었다. 이러한 사태는 2001년 위기의 시기에 정치의 붕괴라는 인식을 심기에 충분했다. 그러나 어쨌든 민주주의는 살아남았는데, 그것은 군사 쿠데타와 독재라는 아르헨티나의 최근 역사를 고려하면 그래도 민주주의가 1970년대보다 강해졌다는 증거로 볼 수 있다. 그럼에도 불구하고 그러한 독특한 사태 전개는 아르헨티나에 심대한 정치적 영향을 끼쳤다.

애너 디너스틴은 2001년 12월 19~20일 '항쟁'(El Argentinazo)이 아르헨티나의 정치적 실천 방식에 근본적인 변화를 가져왔다고 주장한다(Dinerstein, 2002: 7). 디너스틴에 따르면 아르헨티나 자본주의적 사회관계에서 과거와 현재의 변화가 '교차하는 지점'으로 아르헨티나 항쟁을 이해할 때 그 정치적 중요성을 가장 잘 알 수 있다. 다시 말하면, 아르헨티나에서 특정한 형태의 자본주의 축적 전략(1976년 독재 체제 출범 때 시작되고 물가안정 정책이 특징이었다)이 붕괴함으로써 정치과정에 대한 충성도가 현저히 낮아지는 결과가 초래되었다. 정치과정에 대한 충성도의 하락으로 인해 저항이 결집되고 확장되어 여러 운동들이 출현했다. 거기에는 공장 점거, 실업자운동, 물물교환 클럽, 이웃공동체회의 같은 형태의 저항운동들이 있었다(Dinerstein, 2002: 8).

위기로 실업자가 된 노동자들의 공장 점거는 2001~2002년에 절정에 달했는데, 1만 명이 넘는 노동자가 1천 곳이 넘는 폐쇄된 기업을 가동했다(Petras and Veltmeyer, 2009: 78). 실업자운동은 '피케테로스'라는 행동 집단을 형성했는데, 이들은 공장 폐쇄로 점거할 공장이 없어지자 거리로 나와 피켓을 들었다. 이것은 상품 유통을 마비시킨다는 동일한 목적을 달성하는 데 기여했다(Petras and Veltmeyer, 2009: 69). 대규모 민중 집회를 통해 의사 결정이 이루어졌으며 정당들로부터 독립되어 조직이 이루어졌다. 페소화가 평가절하된데다가 화폐 유동성이 극심하게 제한되고 실질임금이 하락함으로써 생활수준을 낮춰야 하는 압력이 커지면서, 물물교환 클럽인 '트루에케'(Trueque)가 다차원적 상호 교환 클럽으로 광범위하게 효과적으로 작동했다(Pearson, 2003: 214, 217). 전국 곳곳에서 이웃공동체회의(asamleas barriales)가 열렸는데, 심지어 중간계급이 거주하는 교외 지역에서도 예금 인출을 요구하는 회의가 열리기도 했다(Petras and Veltmeyer, 2009: 69).

'항쟁'은 이처럼 다양한 혁신적 저항운동과 새로운 형태의 민주적 참여를 통해 아르헨티나의 정치적 실천 방식을 근본적으로 전환하는 정치적 공간을 열었다고 디너스틴은 결론을 내린다(Bonnet, 2002; Altamira, 2002 참조). 그의 분석에 따르면, '부에노스아이레스 전투'는 '부정의 정치,' 즉 저항자들이 "모든 것을 쓸어 버려!"(Que se vayan todos)라는 구호에 기초하여 부정하는 권력을 표현했다. 그는 몇 가지

이유에서 그것을 아르헨티나 정치의 전환이라고 보았다(Dinerstein, 2002: 24). 첫째, 그것은 '민주주의의 패러디'를 거부하고, 아르헨티나에서 민주주의가 공고화되었다는 생각에 의문을 던졌다. 둘째, 그것은 '코랄리토'(corralito)[1]나 인플레이션, 외채, 금융투기, 평가절하, 자본도피, 실업, 빈곤, 부패, IMF 개입 같은 형태로 나타난 자본의 폭력성을 거부했다. 셋째, 그것은 자본주의적 생산관계의 권력을 제도화하는 장치인 법의 억압적 성격에 의문을 표시했다. 넷째, 피케테로스나 이웃공동체회의 같은 대안적 형태들이 등장한 것에 힘입어 그것은 노동과 자본을 중재하는 기존의 구조에 도전했다(Dinerstein, 2002: 25-7).

L. 테데스코에 따르면, 위기에 대한 대응으로 출현한 '저항 정치'의 형태들은 책임성 있는 수평적 기구들이 존재하지 않았기 때문에 나타난 결과였다. 그것은 아르헨티나 정치가 전통적으로 강력한 대통령에 의한 사적인 정치라는 수직적 책임성에 의존한 때문이었다(Tedesco, 2002: 481). 따라서 위기는 신자유주의 사고방식과 국가-사회 분리에 기초한 메넴주의 모델에 대한 근본적인 거부를 표현했다. 페론주의 시대 이후 시민권이 일련의 사회적·경제적 권리와 연계되어 온 아르헨티나 같은 나라에서는 심각한 빈곤과 사회적 배제가 누적된 가운데 발생하는 위기는 정치에 광범위한 영향을 미칠 수 있다(Grugel and Riggirozzi, 2007: 94). 새로운 사회계층 전체가 1990년대 신자유주의 구조조정을 통해서, 그리고 위기 자체가 불러온 사태로 비참해져 있었다. 이러한 '신빈곤층'이 정치화되어 목소리를 높였으며, 수적으로도 심각한 수준이었다(Grugel and Riggirozzi, 2007: 94).

아르헨티나에서 책임성 있는 수평적 기구들을 만들고자 한 새로운 저항 정치의 전망은 실현되지 않았다. 키르치네르가 집권한 첫 해 말쯤 그러한 저항운동들은 대부분 간신히 버티다가 결국은 완전히 사라져 버렸다. 공장점거 운동은 거의 끝났고, 피케테로스 운동은 키르치네르를 지지하는 분파들로 분열되었으며, 물물교환 클럽은 위조와 추문을 조장하는 사회적 흐름이 급증하면서 기반이 약해졌고, 이웃공동체회의는 말만 무성한 곳으로 타락했으며 중간계급이 은행 계좌 동결 해제 후 예금을 찾을 수 있게 되면서 참여자 수가 곤두박질쳤다. 이러한 변화가 나타난 것은 무엇 때문일까? 나는 키르치네르가 그러한 운동들의 많은 부분을 편입한 새로운 사회계약을 교묘하게 구축한 데 그 원인이 있다고 생각한다. 키르치네르는 그러한 운동들의 관심사를 정부 정책으로 통합하고 개혁을 통해 원래의 불만들을 제거하였으며, 새로운 정책을 채택하거나 더 직접적으로는 후견주의라는 형태로 새로운 사회 부문들을 키르치네르 권력의 사회적 기초로 편입시켰다. 다음 절에서는 아르헨티나 사회 계약에서 나타난 이러한 변화들을 살펴보자.

키르치네르 정부 하의 국가-사회 관계

아르헨티나의 새로운 사회계약에 이러한 새로운 요소들이 포함된 것은 직접적으로는, 2001~2002년 위기의 결과로 형성된 시민사회 운동이 분출한 신자유주의에 대한 비판 가운데 많은 부분을 국가가 흡수한 결과였다. 그 결과는 키르치네르주의였는데, 그루겔과 리기로치는 이를 '신개발주의'(Neodesarrollismo)라고 불렀다(Grugel and Riggirozzi, 2007: 87). 이 독특한 형태의 정치경제는 페론주의나 메넴주의와는 사뭇 다르다. 키르치네르 권력의 노동계급 기반은 국내 영역과 연관된 여러 요인들로부터 나왔다.

키르치네르의 정책은 아르헨티나 사회에 수많은 승리자들을 창출했는데, 여기에는 도시 노동계급도 포함될 수 있었다. 위기를 맞아 절정에 달했던 빈곤은 고용이 크게 늘어남으로써 감소했다. 더욱이 아르헨티나에서 제조업, 특히 수출 제조업과 농공업의 확대를 촉진하는 거시경제적 환경이 만들어졌을 뿐 아니라 빈곤 완화를 위한 특별 프로그램과 사회보장 프로그램이 실시됨으로써 노동계급 가운데에서 정부의 동맹자들이 자연스럽게 창출되었다. 게다가 조직 노동자와 키르치네르 정부 사이에는 노동조합이라는 형태의 연결 통로가 존재했기 때문에 국가-사회 관계에 대한 좀 더 통합적인 관점이 촉진되었다. 이러한 정책들은 피케테로스나 '공장복원운동'(fábricas recuperados)과 관련되었던 시민사회의 요소들을 재구성하여 다시 국가와 매개되는 전통적 제도들로 복귀시키는 데 기여했다.

마리스텔라 스밤파는 '후견주의'(clientelism)와 '편입'(co-optation)이 이루어진 것은 구질서와의 연속성을 드러내는 것이라고 주장한다(Maristella Svampa, 2008: 83). 키르치네르가 주로 대통령령을 수단으로 통치한다든지, 부에노스아이레스 광역시의 핵심 이웃공동체들에 보조금과 현물을 지급한다든지, 복지 지원금 배분에 피케테로스와 노동조합을 이용한다든지 하는 것들은 모두 오랜 페론주의 정치와 다를 바 없는 후견주의 행태를 드러내는 것이다. 그러나 키르치네르의 국가-사회 관계를 단순히 페론주의로 정의하면, 키르치네르의 페론주의라는 특정 브랜드와 과거 아르헨티나의 페론주의 사이의 중요한 차이를 포착할 수 없게 된다. 말로는 포퓰리즘 수사를 풍부하게 구사했지만 그 이면에 실질적인 알맹이는 거의 없었다. 따라서 그는 민영화에 연루된 기업가 집단을 조롱하는 것을 좋아했지만, 다른 한편에서는 신중한 금융통화 정책을 고수했을 뿐 아니라 실질임금 하락 문제에 대처하는 데에도 실패했다(Gerchunoff and Aguirre, 2004: 2; Beccaria et al., 2007). 그가 취한 특별한 혼합 형태의 정책은 하나의 사회경제적 동맹을 형성했는데, 전체적으로 보면 전통적 형태의 페론주의 사회계약과는 질적으로 달랐다.

실제로 그러한 사회경제적 동맹은 1990년대에 나타난 활동가들을 일부 포함하고 있으며, 이 때문에 메넴주의의 특징도 다소 공유하고 있다. 중간계급 부문이 이 동맹에 들어온 것은, 키르치네르의 거시경제 안정화 정책과 소비자 신용의 확대로 소비 호황이 조성되었기 때문이다. 그래서 중간계급이 경제적으로 안정되고 소비가 다시 살아나게 되자 이웃공동체회의를 떠남에 따라 이러한 정책은 이웃공동체회의를 약화시켰다. 게다가 거시경제의 안정과 소비자 신용의 자극, 그리고 지역 기업을 겨냥한 산업 정책은 소비 수요와 지역 부르주아지를 자극함으로써 물물교환 시스템에 대한 의존을 감소시켰다.

이제 나는 페론이나 메넴이 실행한 발전 모델과 키르치네르주의 사이의 주요한 차이점을 검토함으로써 키르치네르주의가 아르헨티나에서 독특한 형태의 발전 모델 사례라고 주장할 것이다. 키르치네르주의는 위기 이후의 정치적 맥락에서, 권력 구조와 계급 부문들로 구성되는 역사적 구성체의 '구부려 주조하기'(bending and moulding, Panizza, 2005)를 대표하는 일련의 국가-사회 관계를 기반으로 하고 있는데, 이 모든 것은 현재의 지구화라는 요청에 의해 형성된 것이다. 이러한 '구부려 주조하기'는 2001~2002년 위기에서 출현한 시민사회의 요소들을 국가가 중재해서 전통적인 정치·경제 제도들로 재통합함으로써 위기 이후의 새로운 사회계약을 구축하는 데 기여했다.

키르치네르주의와 페론주의의 가장 중요한 차이는 시민권과 사회복지를 연계시키는 성격이 달랐다는 점이다. 그루겔과 리기로치가 요약했듯이 "페론주의는 아르헨티나의 시민권이라는 용어를 '푸에블로'(민중)라는 개념을 확립함으로써 변화시켰다. 민중의 범주에는 조직 노동자와 도시 빈민, 중하층 계급들이 경제적·사회적으로 포섭되는 정치적 행위자로서 포함되었다"(Grugel and Riggirozzi, 2007: 88). 키르치네르는 민중이라는 의미를 떠올리는 수사를 사용하기는 했지만, 그의 말은 구체적인 행동으로 뒷받침되지 않았다. 예컨대, 그는 가족계획(Plan Familias)이나 노동계획(Planes Trabajar) 같은 프로그램을 중심으로 복지에 접근했지만, 계획 자체가 특정한 사회집단을 대상으로 했을 뿐 포괄적인 복지를 의도한 것은 아니었다. 보편적으로 적용된 프로그램의 하나로 두알데 전임 대통령 때부터 실시된 실직가장지원계획(Plan Jefes y Jefas de Hogar)은 새로운 신청자를 받지 않음으로써 2003년부터 2007년까지 의도적으로 위축시켰다. 보편적 복지 혜택은 키르치네르가 아르헨티나 대중과 맺은 사회계약이 아니었기에 이 정권의 우선 고려 사항이 아니었다. 이러한 점은 페론과 그 이후의 개발주의 정부들 시기의 페론주의가 취한 정책들과 대조적이다. 페론주의와는 달리 성장을 통해 얻은 이익을 노동계급에게 되돌려 주려는 체계적인 노력이 없었으며, 시민권을 보편적 사회복지와 등치시키는 (수사가 아닌) 어떤 실질적인 조치도 없었다.

둘째로 키르치네르는 과거 페론주의의 조합주의와는 근본적으로 다른 완전히 새로운 조합주의적 관계를 구축할 수 있었다. 에치멘디와 콜리어는 키르치네르의 독특한 접근 방법을 '분절된 신조합주의'

표 3 아르헨티나에서 일어난 파업(2000~2005년)

	파업 수	노동조합이 주도(%)	노동조합이 주도하지 않음(%)
2000년	227	58	41
2001년	252	52	48
2002년	301	39	61
2003년	303	42	58
2004년	268	56	44
2005년	344	77	23

출처: Etchemendy and Collier(2007)

(segmented neocoporatism)라고 불렀다. 그것은 "독점적인 노동조합과 기업가 단체 및 정부가 인플레이션 목표, 부문별 임금협상, 최저임금 등을 조정함으로써 중요한 소수 노동자들에게만 적용된 최상층 협상"으로 정의된다(Etchemendy and Collier, 2007: 366). 페론주의에서는 노동조합(조직 노동자)과 정부의 관계가 상당 부분 '하향식'이었던 반면에, 키르치네르주의의 특징은 노동조합이 국가뿐만 아니라 점점 더 분열된 정당 체제로부터 더 큰 자율성을 가지고 있다는 점이다(Etchemendy and Collier, 2007: 365, 381). 이로 인해 정부와 벌이는 협상에 영향력을 행사하기 위해 노동쟁의에 참여하는 노동조합의 수가 상당히 증가했는데, 이는 종종 정부 관료의 기대에 어긋나는 것이었다(Etchemendy and Collier, 2007: 381). [표 3]에서 보는 바와 같이 아르헨티나의 파업 횟수는 메넴 집권 시기 수준을 넘고 있으며, 페론의 처음 두 번 집권 시기 수준을 확실하게 능가하고 있다.

또한 노동조합이 주도하지 않는 파업이 키르치네르 재임 기간과 2001년 위기 이후 눈에 띄게 감소하였는데, 이는 '아르헨티나 항쟁' 이후 저항 정치를 다시 제도화한 키르치네르의 능력을 반영하는 것이다.

앞에서 살펴본 대안적 형태의 저항들이 상당 부분 쇠퇴한 데에도 일부 원인이 있었다. 피케테로스 운동은 좌파 반대파로 떨어져 나간 소수를 제외하고는 정부 지지로 편입되었다. 대신에 노동자총연맹(CGT)과 아르헨티나노동자연맹(CTA, Confederación de Trabajadores Argentina) 같은 좀 더 전통적인 조직인 상급 단체들에서 저항이 나타났다. 따라서 국가가 만들어 준 공간 바깥에서 저항을 선택했던 시민사회의 요소들은 다시 제도적 구조 속으로 끌려 들어갔다. 시민사회 요소들이 국가가 중재하는 전통적 구조 안으로 재통합되는 흐름이 촉진된 것이다.

세 번째 차이점은 노사정 3자 중에서도 정부와 기업가 집단 사이의 관계에 차이가 있다. 노사정 협상에서 "기업가의 진정한 참여" (Etchemendy and Collier, 2007: 382)는 키르치네르주의에 보이는 뚜렷한 특징 가운데 하나다. 아르헨티나 역사에서 노사정 협상에 기업가 집단이 진정으로 참여한 경우는 드문 일이었으나 키르치네르 정부에서는 좀 더 체계적인 참여가 이루어졌다. 앞에서 언급한 것처럼 분절된 신조합주의 모델이 제도화되었기 때문이다. 사실 이러한 요인은 키르치네르주의라는 복잡한 퍼즐의 마지막 조각이라고 볼 수 있다. 인플레이션 억제의 필요성, 특히 아르헨티나 인플레이션에서 전통적으로 중요한 추동력이었던 임금 인상을 억제할 필요성 때문에 조직 노동 및 국내 기업과의 체계적 협상과 협약은 키르치네르식 경제 발전의 중요한 목표였다.

키르치네르주의는 메넴주의의 요소들을 상당 부분 공유하고 있기도 하지만, 위에서 살펴본 페론주의와의 차이처럼 몇 가지 중요한 점에서 메넴주의와 차이가 있다. 메넴주의와 키르치네르주의 사이의 첫 번째 차이는 인플레이션 통제에 대한 강조점이 달랐다는 점이다. 메넴 시기에는 태환 시스템이 인플레이션 기대 심리를 잡기 위해 사용되었으

표 4 정부와 노동조합이 맺은 협약의 수(1991~2006년)

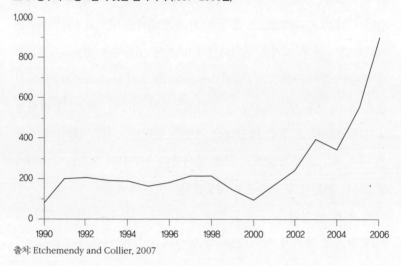

출처: Etchemendy and Collier, 2007

며 이와 더불어 효율성 향상이라는 명분으로 자유화와 민영화 정책도 함께 추진되었다. 이에 따라 국가가 시민사회로부터 분리됨으로써 메넴 시기에는 페론주의 정당과 노동계급 사이의 결합이 침식되는 결과가 초래되었다. 이에 반해 키르치네르는 좀 더 민족주의적·국가주의적 발전에 기반을 둔 관계를 구축했다(Grugel and Riggirozzi, 2007: 89; Barbeito and Goldberg, 2003). 발전을 촉진하기 위해 거시경제 안정화 정책을 추진하는 한편, 농산물 수출에 대한 전통적 의존에서 벗어나 제한적이지만 다변화하는 방식으로 수출 산업을 장려하는 경제성장 정책이 추진되었다. 따라서 국가가 경제성장의 책임을 떠맡았으며(Grugel and Riggirozzi, 2007: 97), 그 과정에서 '안정적이고 경쟁적인 실질환율'(SCRER)[2] 정책과 수출 정책을 추진했을 뿐 아니라 국내 경제에 대한 신뢰성을 높이기 위해 외환 보유고를 늘렸다(Grugel and Riggirozzi, 2007: 97-8). 이러한 정책은 필연적으로 국가와 시민사회 요소 사이의 좀 더 중첩된 관계를 포함하고 있었다. 국가와 시민사회 모두 경제 발전을 촉진하는 데 중요한 역할을 했으며, 경제 발전은 이 둘을 결합시키는 접착제였다.

이러한 발전 담론과 잇따른 국가-사회 관계의 재구성은 앞에서 살펴본 (신)조합주의적 구조에도 반영되어 있다. 키르치네르 정부와 조직 노동운동의 관계나 행태는 메넴 시절과는 다르며, 메넴주의에서보다 더 많은 협력과 협약을 가능하게 했다([표 4] 참조; Etchemendy and Collier, 2007: 381). 이는 결과적으로 노사정 관계에서의 차이로 나타났다. 키르치네르주의에서 존재한 기업가 집단과 조직 노동자 사이의 진정한 협력과 협상은 메넴 시기에는 정부가 노동조합과 맺었던 관계의 성격 때문에 존재하지 않았다. 따라서 키르치네르주의에서 나타난 분절된 신조합주의는 아르헨티나 역사에서 새로운 방식이라고 할 수 있다.

지구화와 키르치네르주의

아르헨티나와 국제 자본의 관계는 키르치네르 정권 아래에서 근본적으로 바뀌었다. 우선, 불이행 채무의 재조정 협상에서 키르치네르가 IMF를 비롯한 채권자들에게 강경한 태도를 보임으로써 아르헨티나는 국제 자본시장에서 고립되었다. 채무 재조정 과정에서 취한 의미심장한 단절은 아르헨티나가 부채를 감당할 수 있는 수준으로 신중하게 끌어내리려는 노력이었으며 나아가 아르헨티나 경제사에서 부채라는 구조적 성격을 청산하려는 시도였다. 또한 페론주의와 메넴주의 모두 아르헨티나의 채무 부담을 크게 증가시켰던 점에 비추어 보면 그것은 확실하게 키르치네르주의의 독특한 측면이었다. 더욱이 아르헨티나가 IMF에 빚지고 있던 미지급액 98억 달러 전부를 조기 상환했는데, 이는 페론의 첫 번째 집권 말기부터 아르헨티나의 국가-국제 관계를 형성한 요인으로 작용해 온 IMF의 영향력이 아르헨티나에서 거의 사라졌음을 의미한다. 하지만 키르치네르는 국제사회와 완전히 단절하기 않을 만큼은 신중했다. 그는 국제 채권자들과의 협상에서 강경한 태도를 취했음에도 불구하고 불이행 채무의 채권자 대부분과 재조정 합의를 이루어 냈다.

IMF 같은 국제기구와의 관계에서 아르헨티나 경제를 강화하고자 하는 의지는 라틴아메리카 다른 나라들과의 관계를 발전시키고자 하는 의지와 맞물려 있었다(Grugel and Riggirozzi, 2007: 99). 그것은 한편으로 라틴아메리카의 더 큰 경제적 독립을 구축하고자 하는 욕구라는 밀어내는 요인이 작용한데다가 아마도 더 중요하게는 베네수엘라 정부가 국제 자본시장에서 고립된 아르헨티나의 채권을 구매해야 할 필요성이라는 끌어당기는 요인이 작용한 결과였다. 이러한 사정으로 아르헨티나는 메르코수르(남아메리카공동시장)를 통해 베네수엘라와 브라질, 칠레, 볼리비아와 긴밀한 관계를 추구했으며(Tussie and Heidrich, 2007)[3] 2005년 4월에는 지역 에너지 시장에도 참여했다(Grugel and Riggirozzi, 2007: 99). 하지만 이러한 정책에 몇몇 주요한 도전을 안기는 사태가 벌어지기도 했다. 2007년 겨울, 에너지 부족 시기 동안 칠레로 가스 수출을 중단한 사건과 제지 공장 사건[4]은 긴장을 불러일으켜, 지역 관계를 개선하려는 키르치네르의 의지에 손상을 입혔다.

마지막으로 살펴볼 점은 외국인 투자와 초국적기업 같은 외국 기업과의 관계이다. 키르치네르는 아르헨티나 국내에 투자하고자 하는 외국 기업은 기꺼이 환영했지만, 아르헨티나에서 이익을 얻으려고 하는 다국적기업들에게는 적대적이었다.[5] 이러한 접근 방식은 페론주의와 관련된 좀 더 전통적인 정책과는 달랐는데, 페론주의는 국내 경제에서 활동하는 모든 다국적기업의 행위를 잠재적으로 해로운 것으로 보았기 때문이다. 키르치네르의 이러한 접근은 금융 부문에도 반영되었다. 그는 소비 호황 촉진을 위해 개인 신용을 확대하려고 하는 자신의 계획에 부합하는 한 금융 부문과 연계를 유지했고, 특히 은행에 대해서는 어떠한 적대감도 없었지만,[6] 메넴 시기에 경험했던 것처럼 행정부 관료를 통한 국가와의 제도적 연계를 통해서 적극적으로 이익을 추구하지는 않았다.

강한 공공성으로 가는가?

국가를 통제하는 여러 힘을 평가하는 것이 중요한데, 국가 정치경제의 기초를 형성하는 것은 대체로 시민사회 구성, 그리고 시민사회와 국가의 상호 구성이 사회계약을 형성하는 방식이라는 것이 이 책의 주장이다(서장 참조). 더욱이 그러한 점은 오늘날의 지구화 맥락 속에서 평가되어야 하는데, 지구화 자체는 지구적 시민사회의 힘들에 의해 형성되며 사회 구조 내부의 헤게모니 시스템과 사상 및 사회 세력들의 상호 관계가 작용한 결과이다. 지배적인 지구화 이데올로기는 신자유주의인데, 그것은 국내 정치경제의 자본축적 방식에 "가능한 것의 한계"(Santizo, 2006)를 규정하는 자본축적의 형태이며 그 속에서 국가-시민사회의 관계를 이해하는 방식이다.

이러한 분석틀을 키르치네르 재임 기간의 아르헨티나에 적용하면 '강한 공공성'이라는 맥락에서 생각해 볼 수 있는 중요한 점들이 드러난다. 2001~2002년 위기에 출현한 급진적이고 실험적인 형태의 저항들은 대부분 사라졌거나(공장복원 운동이나 이웃공동체회의) 대부분 국가에 의해 편입되었다(피케테로스 운동). 그래서 새로운 급진적 형태의 정치가 등장했다는 디너스틴의 주장은 시기상조였던 것으로 밝혀졌다(Dinerstein, 2002). 그럼에도 이 글에서는 2001~2002년 위기가 그러한 저항운동의 사상들을 국가 정책으로 폭넓게 흡수하려고 했기 때문에 아르헨티나의 사회계약에 중요하면서도 지속적인 변화를 가져왔음을 보여 주고자 했다. 키르치네르와 그가 속한 '승리를 위한 전선'을 지지하는 사회적 기반이 변하고 시민사회 운동이 압력을 행사한 결과로 국가-사회 관계가 변화되었다. 국가와 상호작용하는 행위자나 단체가 변했을 뿐 아니라 그들이 국가와 상호작용하는 방식도 변화되었다. 그리하여 노사정 3자 간에 조합주의적 관계의 재협상은 노동과 국가의 관계, 그리고 국가 정책에 대한 "기업가들의 진정한 참여"라는 측면에서 '분절된 신조합주의'를 촉진했다. 이것은 민족주의·국가주의 발전 원리를 중심으로 하는 합의에 기초해서 만들어졌으며, 이러한 합의에는 도시 노동계급, 중간계급, 민족 부르주아지, 일부 농업 과두 엘리트 분파가 핵심을 형성했다.

페론주의에 강한 뿌리를 둔 정치경제의 역사적 형태들이 이러한 의제를 형성하는 데 기여한 것은 분명하다. 또한 가난에 대처하기 위한 사회안전망을 만드는 사회계약에는 메넴주의에서 나온 신자유주의의 요소들이 섞여 들어갔다. 나아가 신자유주의적 지구화도 국제무역과 같은 전달 메커니즘을 통해 영향력을 행사하면서 이러한 의제를 형성했다. 하지만 키르치네르는 전통적으로 아르헨티나 국내 정치경제에 국제 자본이 행사한 영향력을 완화시키기 위해 노력했다. 전체적으로 보

면 포퓰리즘과 신자유주의 요소가 결합하여 키르치네르 정권의 아르
헨티나에서 신개발주의(neodesarrollismo)라고 불린 새로운 형태의 정
치경제를 만들어 내었다(Grugel and Riggirozzi, 2007; Grugel, 2009).
아르헨티나 발전에서 나타난 독특한 사례인 키르치네르주의는 위기 이
후 강한 공공성이라는 정치적 맥락에서 권력 구조와 계급 부문들로 구
성되는 역사적 구성체의 "구부려 주조하기"(Panizza, 2005)를 대표하는
일련의 국가-사회 관계를 기반으로 하고 있는데, 이 모든 것은 현재의
지구화라는 요청에 의해 형성된 것이다. 이러한 과정은 위기 이후 아르
헨티나의 민주화가 한 방향으로만 진행된 것이 아니라는 것을 보여 준
다. 당시에 출현했던 급진적인 일부 사회적 의제들은 거의 사라진 반면,
다른 일부 의제들은 주류 정부 정책으로 흡수됨으로써 지속되었다. 이
러한 사실은 이 책의 서장에서 검토했듯이 민주화가 "최종 상태가 아니
라 오히려 진행형의 역동적 과정"(Barrett et al. 2008: 29)이라는 주장을
뒷받침하는 것이다.

---

1) 이 의미심장한 명칭은 2001년 12월 1일, 경제장관 도밍고 카발로가 시행한 규제정
   책에 붙여진 것이다. 그 정책으로 인해 모든 아르헨티나 시민들의 은행 인출 한도는
   한 주에 250달러로 제한되었다(에스파냐어로 '코랄리토'는 울타리 또는 작은 뜰을
   말한다―옮긴이).
2) 이러한 '안정적이고 경쟁적인 실질환율'(SCRER, Stable and Competitive Real
   Exchange Rate) 정책은 실제로 미국 달러화에 대한 환율을 2.8~3.1페소로 유
   지하고 이를 통한 실질환율(RER)의 꾸준한 가치 하락을 의미했다(Damill et al.,
   2007: 27).

3) 2007년 6월 5일, 부에노스아이레스에서 라틴아메리카사회과학연구소(FLACSO)의 다이애나 투시에와 인터뷰한 내용.

4) 라플라타 강 유역의 제지 공장 건설을 둘러싸고 벌어진 아르헨티나와 우루과이 사이에 벌어진 분쟁.

5) 2007년 4월 10일, 부에노스아이레스에서 라틴아메리카사회과학연구소 연구원 파블로 하이드리히와 인터뷰한 내용.

6) 2007년 5월 17일, 부에노스아이레스에서 아르헨티나 은행산업 전문가와 인터뷰한 내용.

3장 엘살바도르, 온두라스, 니카라과[1]

배리 캐넌, 모 흄

　'분홍 물결'을 다루는 대부분의 문헌들이 가장 유명한 좌파 정부들이 등장한 남아메리카에 관심을 집중해 온 것은 이해할 만하다. 하지만 중앙아메리카 지역은 1980년대 혁명적 좌파의 격렬한 활동 중심지였으며, 이로 인해 냉전 상황에서 우익들의 잔인한 역공세를 불러일으켜 엄청난 계급 갈등이 나타난 곳이었음에도 불구하고 거의 주목받지 못했다. 니카라과에 관한 D. 클로즈(Close, 2009)의 연구와 마우리시오 푸네스 대통령 이전의 엘살바도르에 관한 N. 디아스(Díaz, 2008)의 연구는 예외에 속한다. 게다가 니카라과에서 혁명적 산디니스타민족해방전선(FSLN)의 다니엘 오르테가 당선(2007년), 엘살바도르에서 예전에 파라분도마르티민족해방전선(FMLN, Faribundo Martí Froont for National Liberation)의 좌익 게릴라 활동에 참여했던 마우리시오 푸네스의 당선(2009년), 그리고 과테말라에서 사회민주주의자인 알바로 콜롬의 집권(2008~2012년) 등을 고려하면 중앙아메리카 또한 라틴아메리카 지역을 휩쓴 '분홍 물결'에서 제외될 수 없다는 사실을 알 수 있다. 더욱이 민주화와 탈민주화 과정이라는 맥락에서 광범한 '분홍 물결' 정치에 대한 반발을 이해하고자 할 때, 2009년 온두라스에서 좌파 성향의 마누엘 셀라야에 반대하여 발생한 쿠데타는 중앙아메리카 지역이 갖고 있는 중요성을 잘 보여 준다.

이 장은 '분홍 물결' 문헌에서 나타나는 이러한 공백을 메우기 위한 것으로, 엘살바도르와 온두라스, 니카라과 세 나라에 관한 사례 연구에 바탕을 두고 있다. 서장에서 제시한 분석 틀을 사용하여, 우리는 중앙아메리카의 정치에서 역사적으로 지속되어 온 심각한 구조적 불평등이 중요한 요소로 남아 있으며 이를 둘러싼 투쟁이 종종 비생산적인 인물 중심 정치나 당파 정치로 빠졌다고 주장할 것이다. 이러한 결론은 특히 지구화된 신자유주의 사회경제 구조라는 현재적 맥락에서 국가와 시민사회 및 시장 사이의 경계가 불분명해지고 있으며, 그로 인해 민주화 과정도 영향을 받는다는 점에 관해 좀 더 폭넓은 질문을 제기한다. 따라서 이러한 방식으로 좌파 주도의 라틴아메리카에서 중앙아메리카를 분석하는 것이 여전히 타당하고 중요하다는 점을 강조하고자 한다.

서장에서 커비와 캐넌은, 민주화 과정에서 시민사회의 역할과 관련하여 세 가지 핵심 요소를 제시한 바 있다. 첫째, 민주화는 단선적인 과정으로 간주되어서는 안 되며 민주화와 탈민주화 사이의 지속적이면서도 일상적인 투쟁이라고 보아야 한다. 둘째, 신자유주의 지구화라는 좀 더 광범위한 사회경제적·구조적 맥락 속에서 국가와 시민사회 및 시장 사이의 상호작용에 특히 주목하면서 민주화 과정을 파악할 필요가 있다. 마지막으로, 시민사회는 고정된 독립체로 간주되어서는 안 되며 오히려 특정한 역사적 국면에서 경쟁하는 사회 세력들 간의 투쟁을 통해 형성되는 것으로 보아야 한다. 이 장에서는 좌파가 지배하는 라틴아메리카의 현재 국면에서 민주화라는 잣대로 볼 때 중앙아메리카가 얼마나 잘해 나가고 있는지를 살펴보고자 한다.

민주화와 좌파 정부의 등장

중앙아메리카의 독립 후 자유주의적 개혁은 식민지 시대부터 내려온 전통적인 사회경제 구조를 청산하고 농산품을 중심으로 하는 수출 주도형 경제를 촉진하기 위해 국가를 변화시키고자 했다. 엘살바도르에서는 그러한 시도로 민족 부르주아지의 요구에 부응하는 강력한 제도들이 구축되어 통일된 민족 부르주아지의 발전이 이루어졌다. 니카라과와 온두라스의 경우에는 지역 엘리트들이 분열되고 국가가 약했던데다가 미국이 개입하는 사태가 벌어졌다. 이 때문에 세 나라는 서로 다른 정치체제를 발전시켰으며, 국가-사회 관계의 형태 또한 달랐다.

엘살바도르에서는 극심하게 양극화된 군사독재 체제가 발달했는데, 이 체제는 경제 엘리트와의 긴밀한 협력 관계를 바탕으로 통제된 선거를 실시했으며, 반대 세력을 통제하고 탄압하는 데 광범한 폭력을 행사하곤 했다. 니카라과와 온두라스의 경우에는 후견주의를 바탕으로 하는 전통적인 독재 정권이 발달했는데, 폭력 행사는 제한적이었지만 부패가 만연했다. 니카라과에서는 미국의 지지를 받은 소모사 가문이 국가를 지배한 반면에, 온두라스에서는 군부가 미국의 지지를 받아 국가를 지배했는데, 제도적인 지배라기보다는 개인적인 지배였다. 이들 나라의 시민사회는 부르주아 엘리트들에게 한정되어 있었으며, 가끔 노동조합이나 농민 단체에게 개혁의 제스처만 취했을 뿐이었다(Mahoney, 2001).

이러한 상황은 1970년대와 1980년대에 근본적으로 변했다. 니카라과에서는 1979년에 민중적이고 사회주의적이던 산디니스타 정부가 1932년 이래 권좌에 있던 소모사 가문을 몰아냈다. 그 후 미국이 지지하고 자금을 지원한 콘트라 반군과 오랫동안 전쟁을 치렀으며, 결국 산디니스타는 1990년 선거에서 미국이 지지하는 보수연합에게 권력을 빼앗기고 말았다. 엘살바도르에서는 1979년에 기존의 군사 관료주의 체제가 FMLN의 혁명 세력에 반대하는 전쟁을 추진하기 위해 비민주적 민간인 정권으로 교체되었는데, 이 정권은 군사적으로도 비군사적으로도 미국의 강력한 지지를 받았다. 마지막으로 온두라스에서는 1932년부터 권좌에 있던 독재 정권이 1982년에 통제된 방식으로 민간인 정당 지배 체제로 교체되었다. 하지만 온두라스는 여전히 미국의 엘살바도르와 니카라과 반혁명 운동의 기지로 사용되었으며, 이 때문에 1990년대까지 온두라스 정치에는 군부가 강력한 권력 기관으로 남아 있었다.

전쟁은 30만 명의 사망자와 200만 명의 난민을 발생시키는 등 중앙아메리카에 심각한 영향을 미쳤으며, 이전부터 취약했던 사회·경제적 기반을 무너뜨렸다. 마침내 1987년, '2차 에스키폴라스 협약'(Esquipulas II agreement)으로 평화를 향한 길이 열렸는데, 이 협약은 민주화 과정을 중심으로 국제사회가 착수한 것으로 중앙아메리카의 거대하고 복잡한 평화구축 전략이 시작되었음을 의미했다(Kurtenbach, 2007). 엘살바도르 전쟁은 공식적으로 1992년 1월 차풀테팩 평화협정(Chapultepec Peace Accords)으로 끝났으며, 니카라과 내전은 1990년 대통령 선거에서 FSLN이 패배하면서 종료되었다. 엄청난 국제적 개입에도 불구하고 귀결된 것은 선거주의를 넘어서지 못하는 '저강도 민주주의'였다(Torres-Rivas, 2007). 국가의 무능력과 파벌주의 탓에 불평등과 빈곤, 불의 같은 문제가 해결되지 못했기 때문에 일반 대중들은 '민주주의에 대한 환멸'로 고통을 겪었다(Cerdas-Cruz, 1993). 엘살바도르와 니카라과에서는 혁명운동이 해체되면서 강력한 시민사회조직들이 출현했지만 우익 정부의 정책 결정 과정에서 소외되어 위축되었으며, 니카라과의 경우에는 다니엘 오르테가 좌파 정부가 들어섰지만 다수는 계속해서 배제되었다.

이러한 상황으로 인해 세 나라 모두 국가의 능력을 위태롭게 할 정도로 범죄와 폭력 수준이 높았다. 엘살바도르와 온두라스의 살인율은 2008년에 각각 10만 명당 52명과 58명이었는데, 이는 라틴아메리카 평균인 10만 명당 25명(2006년)보다 훨씬 높았다. 반면, 니카라과는 2008년에 10만 명당 13명으로 살인율이 세 나라 가운데 가장 낮았다(PNUD, 2010: 68-69).[2] 이러한 살인 사건들 중 다수는 지역에서 일어나는 다른 범죄들과 마찬가지로 마약과 연관되어 있었는데, 중앙아메리카가 안데스산맥의 마약 생산국에서 북아메리카와 유럽의 소비국으로 마약을 운반하는 중요한 통로였기 때문이다. 이러한 수익성 높은 거래를 관리하기 위해 대규모의 경쟁적인 초국적 범죄 집단들이 번성했다. 이들은 금융 부문에서는 전국과 지역 차원에서 돈세탁을 용이하게 하는 부문에 개입하는 한편, 지역의 젊은 조직원들에게는 마약 배포와 같은 자잘한 일을 맡겼다.

하지만 이들에 대한 국가의 대처는 취약했다. 왜냐하면 국가 관료들은 민간경호와 무기를 공급하는 급성장하는 시장뿐 아니라 때로는 돈세탁이나 마약 같은 불법 행위에 경제적 이해관계를 갖고 있는 이 지역의 핵심적인 정치적 행위자들이었기 때문이다. 라틴아메리카 전역에는 전직 군인들이 민간경호 산업에서 중요한 역할을 해왔는데, 이로 인해 '비공식적 통제 메커니즘'이 유지될 수 있었다고 O. 아르게타는 주장한다(Argueta, 2010: 6). 과테말라와 파나마는 국가 관료들이 마약 범죄 집단에 깊이 결합되어 있음을 보여 주는 사례들이다(Pearce, 2010 참조). 2007년에 발생한 중앙아메리카 의회 소속의 엘살바도르 의원 세 명에 대한 살인 사건을 조사하는 과정에서 이들 모두가 마약 범죄 집단과 연계돼 있었던 것으로 드러났다(El Faro, 2010 참조). 그리하여 전통적으로 취약한 이 지역의 국가는 지구화로 인해 더 황폐화되어 그러한 범죄 활동이 늘어나는 원인이 되고 있으며, 거꾸로 그러한 범죄 활동으로 인해 국가가 더 약화되고 있다.

요약하자면 세 나라는 모두 성공적인 민주화의 필요조건인 '더 낫고 더 안전한 삶'을 시민들에게 제공할 만큼 충분한 변화를 겪지 못했다(Grugel, 2002: 67). 또한 시민사회의 권력 균형에서 어떠한 변화도 일어나지 않았다. 엘리트들이 여전히 국가기관을 지배하는 핵심적 위치에 있었으며 국가는 민중에 기반을 두는 것이 아니라 엘리트주의적인 '시민사회'에 유리하게 작용했다. 한편, 신자유주의적 구조조정의 형태로 나타난 지구화도 엘리트들에게 보다 더 유리하게 작용했다. 지구화는 엘리트들이 공공 자산의 민영화와 자유무역협정으로 이득을 보게 한 반면, 빈곤과 불평등을 고착시키거나 더 심화함으로써 하층계급이나 중산층에게 부정적인 영향을 끼쳤다(Kurtenbach, 2007: 21-2). 널리 퍼져 있는 범죄는 전국적 차원에서 정부를 뒤엎을 정도였으며 몇몇 지역에서는 지방정부를 갈아치우기도 했다. 따라서 최소한의 민주화조차도 선거에 기초한 형식주의를 넘어서지 못했을 뿐 아니라, '가난한 사람들'에게는 실질적인 이익을 거의 가져다주지 못했다. 좌파 또는 중도좌파 정부의 등장으로 이 세 나라에서는 과연 어떠한 권력 변화가 일어났을까? 이제 엘살바도르를 시작으로 각 나라의 사례를 차례로 살펴보자.

엘살바도르

엘살바도르의 민주화는 1989년부터 2009년까지 집권한 우익 정당 전국공화주의동맹(ARENA, Alianza Republicana Nacioalista)의 공격적인 신자유주의라는 상황 속에서 진행되었다. ARENA가 집권한 20년 동안 국가기관은 대체로 소수 특권층에게 이익을 제공할 뿐 아니라 정당의 목표와 밀접하게 연계되어 있는 것으로 여겨졌다(Wolf, 2009). 시민사회 또한 엘살바도르 경제사회개발재단(FUSADES)이나 전국민간기업협회(ANEP)처럼 자본의 이해관계에 수용될 수 있는 이념을 표방하는 몇몇 단체들로 한정되었다. FMLN 게릴라 운동에서 갈라져 나와 성장한 다른 시민사회조직들은 대부분 더 진보적인 의제를 내세웠기 때문에 시민사회에서 단호하게 배제되었다. 이러한 조직들은 FMLN과 늘 생각이 일치했던 건 아니지만 종종 연합하면서 비공식적인 반대파를 형성했다. 이처럼 국가가 공공서비스를 제공하기보다는 소수 특권층의 이익을 보호한다고 널리 인식되었기 때문에 취약한 국가, 정치적 배제와 양극화, 선거 권위주의라는 비난이 터져 나왔다(Wolf, 2009: 433).

FMLN 정부를 이끈 마우리시오 푸네스의 2009년 6월 1일 취임선서는 이러한 헤게모니에 대한 도전이었으며, 엘살바도르 민주주의의 형식과 내용을 진정한 '시험대'에 올리는 것이었다(Wood, 2001). 취임연설에서 푸네스는 국민통합 정부를 만들겠다고 약속했으며, 전통적인 정당 구분을 뛰어넘는 실용적인 노력을 기울여 왔다. 우리가 현장조사 면접과 관찰을 통해 발견한 사실은, 역사적으로 배제되어 온 시민사회 부문들이 정책 결정에 참여하게 되는 진보가 이루어졌다는 점이다. 하지만 이에 대한 정확한 평가가 이루어져야 한다. 국가 정책을 지도하기 위해 정부 수석 보좌관 알렉스 세고비아 카세레스가 이끄는 사회경제위원회가 설립되어 NGO와 민간 부문의 폭넓은 참여가 이루어졌다. 푸네스 정부는 중요한 엘리트 가문들을 후원자나 임명직에 포함시켰는데, 이는 FMLN 평당원들의 비판을 예상할 수 있는 조치였다. 이러한 전략의 목표는 엘살바도르의 전통적인 과두제에서 상대적으로 '진보적인' 요소들을 다원적이고 현대화된 정부에 포함시킴으로써 지역 엘리트들과 이들의 국제적 동맹자들을 완전히 소외시키지 않으면서 정책 선택의 공간을 확장하려고 한 것이었다.[3]

그리하여 시민사회가 기존에는 ARENA와 기업의 이해관계를 대변하는 NGO들로만 구성되었지만, 이제 전통적으로 FMLN과 연계되어 있는 NGO들과 전통적 과두제의 '진보적' 요소들을 모두 대변함으로써 훨씬 더 다원화되었다. 따라서 시민사회 내의 권력균형에 상당한 변화가 일어났다. 하지만 과거에 정책 결정 과정에서 완전히 배제되었던 시민사회 집단들이 약간의 기회를 가지게 되었음에도 불구하고, 사회경제위원회와 같은 새로운 구조가 정책 결정에 직접적인 영향을 크게 미치지는 못하고 있다.[4] 이러한 전략은 또한 FMLN 운동 내부에 균열을 초래하여, 푸네스 정부가 머뭇거리는 것으로 비치기도 하고 부르주아 엘리트와의 연계가 의심에 찬 눈총을 받기도 했다.

이러한 양극화는 또한 국가 구조에서 고질적인 과거의 행태, 즉 정당에 대한 충성도에 따라 국가 임명직이 좌우되는 행태를 강화시킨다. 엘살바도르 국가의 이러한 파벌적인 양극화는 역사적으로 시민사회와 정당 및 국가기관이 서로의 경계가 모호할 뿐 아니라 매우 배타적인 성격을 가지고 있다는 점을 보여 준다. 비록 정권이 바뀔 때마다 있었던 정부 관리들의 대규모 교체는 일어나지 않았지만, 역사적으로 FMLN와 연계됐던 몇몇 NGO 대표와과 학계 인사들이 새 정부에 임용되었다. 많은 국가기관들에서는 여전히 이전 ARENA 행정부에서 임명된 공무원들이 주도권을 잡고 있는데, 그 이유는 푸네스가 취임하기 한 달 전에 공무원들의 고용 안정을 보장하는 법이 도입되었기 때문이다. 이러한 조치는 ARENA가 변함없이 국가기구를 지배하고자 한 시도로 널리 인식되고 있다(Molina, 2009). 푸네스 정부는 집권 후 일부 정부기관들이 정권 교체 이전에 예산을 대부분 사용했다는 사실을 알게 되었다. 존재하지도 않은 수많은 '유령' 프로젝트에 국고 수백만 달러가 지불되었으며, 출근하지도 않고 봉급을 받은 '유령' 직원들도 널려 있었다.[5] 이것은 ARENA 행정부의 부패가 극에 달했으며, 효과적인 통치보다는 소수 특권층의 이익을 우선시한 정치 활동을 했다는 우리의 분석과 일치한다. 또한 정부 부처 내에서 과거 공무원들과 새로 임명된 공무원들 사이의 불협화음이 개혁을 방해하고 있다.

전임자들에게 미치는 효과는 인원 감축과 내분으로 나타나고 있다. ARENA와 ANEP, 상공회의소와 같은 전통적 우익 집단들은 범죄 폭력의 증가를 들먹이면서 푸네스 정부의 '무능한 통치'와 '무법 상태'를 비난했다(Mayen, 2010). 전직 대통령인 알프레도 크리스티아니 같은 ARENA의 핵심 인물은 자신들의 이익을 보호하기 위해 무엇이든 할 수 있다고 말함으로써 은근한 경고를 보냈다(Rojas Bonaños, 2010: 106; 엘살바도르 언론에 대한 논평은 Martínez Uribe, 2009 참조). 이것은 푸네스가 정책을 펼 수 있는 제한된 공간에 대한 위협일 뿐 아니라, 민주적 가치를 초월하여 자신들의 '자유의 체계'를 보호할 권리가 있다고 천명한 것이다(이 주제에 관해서는 온두라스 사례에서 더 자세하게 논의할 것이다). 그럼에도 우익의 입지는 선거 패배 이후 약해졌다. 2009년 말, 새로운 정당 거대국민통합동맹(GANA, Gran Allianza por la Unidad Nacional)이 결성되면서 입법의회에서 ARENA의 지위가 약해졌다. GANA는 ARENA에서 떨어져 나온 의회 대표 및 엘리트 후원자들로 만들어진 분파인데, 의회 안에서 급속하게 권력을 장악함으로써 우익의 분열을 가속화시켰다(Freeman, 2009).

국제적 수준에서도 연속성이 분명했다. 엘살바도르는 달러 중심의 경제 구조를 가진데다가 미국과 맺은 중앙아메리카자유무역협정(CAFTA)의 회원국이며, 이주자가 인구의 많은 부분을 차지하고 있어 고도로 지구화되어 있다. 이러한 지구화는 개혁의 가능성을 제한하는 요인으로 작용하는데, 왜냐하면 미국과 라틴아메리카 지역의 초국적 엘리트 집단의 반응에 대한 두려움이 있기 때문이다. 엘살바도르가 지역 차원에서 다른 '분홍 물결' 정부들과 맺은 관계를 통해서도 지구화의 영향을 살펴볼 수 있다. FMLN이 주도하는 많은 지방 정부들이 베네수엘라가 주도하는 볼리바르동맹(ALBA)과 무역 및 연대 협력 관계를 맺고 있음에도 불구하고 푸네스 자신은 베네수엘라와 거리를 유지해 왔다(이 책의 1장 참고). 또 브라질을 비롯한 라틴아메리카의 많은 국가들이 온두라스의 포르피리오 로보 정부의 합법성을 인정하지 않았지만 푸네스는 공식적인 지지를 표명했다.

이런 요인들은 엘살바도르의 민주화에 긍정적인 측면과 부정적인 측면이 있음을 보여 준다. 긍정적 측면으로는 기존에 배제되었던 시민사회 집단이 정책 결정 구조에 대거 포함됨으로써 보다 더 진보적이고 포섭적인 정책이 가능해져 앞으로 민주화 과정이 더 진전될 수 있다는 점이다. 부정적 측면으로는 시민사회와 (전국적·지역적 수준의) 국가기관 대다수가 정당 계열을 따라 양극화되는 유형이 지속되고 있고 시장 지향적 이데올로기와 미국이 압도적인 영향력을 행사하고 있어, 그러한 정책들의 민주화 잠재력이 심각하게 방해받고 있다는 점이다. 이러한 맥락에서 시민사회와 정당 및 국가 사이에 유동성이 있기 때문에 이들 간의 관계를 간단하게 자동적으로 분석할 수는 없다. 게다가 극소수 특권층 이익에 기초하여 만들어진 유산을 가진 국가가 강력한 정치적 영향력을 가지고 충성을 요구하고 있는 점도 작용하고 있다.

온두라스

온두라스는 '분홍 물결' 정치에 대한 폭력적인 반동이 일어났던 곳으로, 아마도 라틴아메리카 민주화의 가장 극적인 사례일 것이다. 2009년 6월, 마누엘 셀라야 대통령은 경제·정치 엘리트들이 주도한 쿠데타로 대통령직에서 쫓겨났다. 아메리카국가기구(OAS, Organization of American States)와 유럽연합(EU) 회원국, 수많은 온두라스 시민들을 포함한 많은 관찰자들에게 그것은 명백하게 쿠데타로 보였다(Páramo, 2010). 뉴스를 통해 소식을 알게 된 수많은 사람들은 테구시갈파의 대통령궁에 모여 충격과 실망감을 감추지 못했다. 국회의장인 로베르토 미첼레티가 사실상의 정부를 수립했다. 임시 정부의 공식 입장은 분명했다. 쿠데타는 일어나지 않았으며, 셀라야가 추방되고 '임시' 대통령 미첼레티로 교체된 것은 합헌적인 권력 승계라는 것이다. 민중의 저항은 잔인하게 진압되었으며, 사실상의 정권은 국제사회를 무시하면서 2010년 1월까지 권좌에 있었다. 2009년 11월에 예정대로 치러진 매우 의심스러운 선거 결과, 2010년 1월 27일에 국민당(National Party)의 포르피리오 '페페' 로보가 온두라스 대통령으로 취임했다. 이 과정을 제대로 이해하려면 논란이 많았던 셀라야 대통령 재임 기간을 추적해 볼 필요가 있다.

마누엘 셀라야(2005~2009년)는 경제·정치 엘리트 출신 과두제 대통령의 전형이었다. 온두라스의 경제·정치 엘리트들은 다른 이웃 국가들처럼 국가에서도 핵심적 역할을 하는 소수 가문들의 지배하에 있다. 예컨대, 1998년부터 2002년까지 대통령을 지낸 카를로스 플로레스 파쿠세는 쿠데타 정부의 주요한 지지자가 되었다. 카나우아티(Canahuati)라는 가문은 온두라스에서 발행되는 신문의 80퍼센트를 소유하고 있으며, 페라리(Ferrari) 가문은 5개의 방송국과 17개의 라디오방송국을 거느리는 텔레비센트로(Televicentro)라는 최대 방송그룹을 소유하고 있다(Torres Calderón, 2009).

그럼에도 셀라야는 임기 마지막 2년 동안에 이러한 전통을 깨고 민중적 기반을 갖고 있는 사회운동과 NGO를 정치에 참여시키고자 시도했다. 그러한 방향으로 취한 조치의 예로는 대통령궁에서 정기적으로 민중의회를 개최한다거나, 2009년에 최저임금을 40퍼센트 가량 올리는 등 경제 엘리트의 이익에 반하는 것으로 보이는 정책을 시행한 것을 들 수 있다(Cordero, 2009). 하지만 가장 큰 논란을 일으킨 제안은 헌법 개정을 위한 제헌의회 수립에 대한 의견을 묻는 국민투표를 2009년 11월 선거와 함께 실시하자는 것이었다. 이 제안은 온두라스 엘리트들에게는 너무 멀리 나아간 것이었으며, 셀라야가 베네수엘라의 차베스 대통령과 굳건한 동맹을 맺은 것처럼 보이게 했다. 국민투표 제안은 2009년 6월 28일 셀라야의 축출을 불러온 마지막 결정타였다.

쿠데타 이후, 온두라스 정부는 다시 분명하게 과두 권력에 복종하는 위치로 위축되었으며, '시민사회'는 두 개의 주요 진영으로 양극화되었다. 양극화된 진영을 단순히 셀라야 찬성파와 반대파로 구분한 온두라스 주류 언론의 보도와는 다르게,[6] 우리는 현지조사를 통해 실제로는 쿠데타 찬성파와 쿠데타 반대파가 있었다는 사실을 알 수 있었다. 쿠데타 반대파는 다시 두 집단으로 나뉘어졌는데, 하나는 원래부터 셀라야 대통령을 지지한 사람들이고 다른 하나는 반드시 셀라야를 지지하지는 않지만 헌법 질서로의 복귀를 지지한 사람들이었다. 쿠데타 반대파 집단의 사회적 토대는 자유당(Liberal Party)의 셀라야 지지자뿐 아니라, 원주민, 농민, 여성주의자, 진보적인 가톨릭 분파, 노동조합, 성소수자집단(LGBT: 레즈비언, 게이, 양성애자, 트랜스젠더) 등으로 구성되어 있다.

쿠데타 지지 세력에는 기업가 집단, 언론, 테구시갈파 대주교와 오스카르 안드레스 로드리게스 추기경을 비롯한 가톨릭 지도부, 두 주요 정당, 인권 옴부즈맨, 군대, 경찰, 그리고 결정적으로는 정부의 주요 기관들이 포함되어 있다. 군대와 경찰의 각별한 보호 하에 이루어진 대중매체 캠페인과 시위행진은 쿠데타 지지 집단을 국민통합이라는 신중한 담론의 틀에 위치지우고 '시민사회'의 진정한 목소리라고 주장하는 한편, 평화와 순수로 상징화하려는 시도로 스스로를 '화이트'라고 칭했다. 이것은 쿠데타 반대파에 대한 언론의 묘사와 극명한 대조를 이루었는데, 반대파에 대해서는 '폭도들'이나 '바람직하지 못한 자들'이 반복해서 언급되었다. 쿠데타 반대파는 '시민사회'라는 이름을 아예 거부하고 더 포괄적인 용어라고 생각한 민중저항국민전선(FNRP, National Popular Resistance Front)이라고 자칭했는데, 이는 수사적인 행동을 넘어서는 것이었다.

현지조사 연구에서 응답자들은 사회적 분열이 쿠데타의 결과가 아니라, 쿠데타를 계기로 나라 안팎으로 가시화되었을 뿐이라는 점을 강조했다. 그러한 균열은 나아가 민주주의에 대한 이데올로기적 관점의 차이와 겹쳐 있다. 쿠데타 찬성파는 민주주의를 엘리트의 이해관계에 도움을 주는 현재의 제도적 틀로 이해한다. 그들에게는 2009년 이후 사회운동에 대한 대규모 억압이 입증하는 것과 같이 질서가 인권보다 우선시된다.[7] 한 기업 대표는 이러한 '평화적인' 권력 교체는 실제로 "온두라스 민주주의를 위한 위대한 실험"이며 결코 쿠데타가 아니라고 주장했다.[8] 쿠데타 반대파는 국가에 관한 더 진보적인 개념을 가지고 FNRP의 중심 목표인 '새로운 사회협약'을 통해 보다 더 포괄적인 형태의 민주주의를 추구한다(Moreno, 2010b). 이처럼 온두라스의 시민사회는 크게 두 집단으로 나뉘어져 있는데, 하나는 현재의 로보 행정부를 인정하는 집단이고, 다른 하나는 FNRP에서 활동하고 새로운 사회협약을 요구하면서 로보 행정부를 거부하는 집단이다. 이러한 투쟁의 중심에는 '민주주의'를 구성하는 것은 무엇이며 누구의 필요에 민주주의가 부응하는가 하는 질문이 자리 잡고 있다.

또한 온두라스 사례는 지구화가 최근의 민주화 투쟁에 영향력을 행사하고 있다는 점을 생생하게 보여 준다. 셀라야가 집권한 온두라스는 2008년에 베네수엘라가 주도하는 ALBA에 회원국으로 가입했다. ALBA는 이 지역의 사회운동과 밀접한 관련을 맺고 자유무역협정과 같은 신자유주의적 국제 협력이라는 개념을 거부하고 있다. 많은 사람들은 쿠데타가 이러한 ALBA 계획의 진전을 분쇄하기 위한 전략이라고 본다. 많은 응답자들은 마이애미의 쿠바인들과 베네수엘라 우익뿐 아니라 미국 지배층 내의 보수적 분파도 쿠데타 음모자들을 도왔을 것이라는 혐의를 제기했다. 쿠데타에 관한 합의를 중재하는 데 미국이 깊이 개입한 점은 온두라스가 미국에 정치적·경제적으로 의존되어 있음을 보여 주었다. 셀라야가 권력 복귀에 실패한 점, 그가 온두라스로 영구 귀국하는 데 오랜 시간이 걸렸다는 점, 그리고 민주적 정당성과 국제적 정당성에 대한 의문에도 불구하고 로보 행정부의 권력이 계속 유지되고 있다는 점 등은 이러한 해석의 타당성을 뒷받침하고 있다(Moreno, 2010a).

이와 같이 온두라스에서 국가와 시민사회는 둘 다 경쟁하는 두 세력이 투쟁하는 장이라는 사실을 알 수 있다. 두 세력은 서로 다른 사회적 토대를 가지고 무엇이 민주주의와 민주화를 구성하는지에 대해 서로 다른 관점을 가지고 있으며, 그러한 분열이 국제적 수준, 특히 아메리카 대륙 수준에서 가장 뚜렷하게 반영되고 있다는 점도 알 수 있다. 이러한 갈등이 결국 민주화로 나아갈지 아니면 탈민주화로 귀결될지는 온두라스 내부의 경쟁하는 세력들의 투쟁의 결과와 이러한 투쟁에 영향을 미치는 국제적 맥락에 달려 있다. 콜롬비아의 카르타헤나에서 콜롬비아의 후안 마누엘 산토스 대통령과 베네수엘라의 우고 차베스 대통령이 중재한 협정으로 이루어진 2011년 5월 셀라야의 귀국이 이러한 결과들에 어떠한 영향을 미칠지는 계속 지켜볼 문제이다.

니카라과

1990년 FSLN(산디니스타)가 선거에서 패배한 이후 처음으로, 2007년 1월 다니엘 오르테가가 권력에 복귀함으로써 니카라과를 16년 동안 지배해 온 보수 체제가 끝났다. 오르테가가 다시 대통령으로 선출된 이후 정부는 선거 패배와 함께 해체되었던 산디니스타 혁명(1979~1990년)의 사회 진보를 회복하는 것이 목표라고 주장하는 가운데 니카라과는 심각한 양극화를 겪고 있다. 대치선의 한편에는 정부와 정부를 지지하는 사회 세력이 있고, 다른 한편에는 대부분 역사적으로 산디니즘(Sandinismo)과 연계돼 있던 유명한 NGO들과 언론, 그중에서도 특히 인쇄 매체, 그리고 야당들이 있다. 이러한 양극화는 다니엘 오르테가와 영부인 로사리오 무리요를 둘러싸고 일어나고 있다.

이러한 양극화는 또한 국가와 시민사회의 성격 및 역할과, 핵심적으로는 이 둘의 상호 관계에 대한 철학적·이념적 개념의 차이에 기초하고 있다. 정부는 신자유주의로 손상된 국가권력을 회복해야 하며, 이러한 회복의 핵심은 민중권력을 복원하고 국가-시민사회 관계에 다시 균형을 잡는 것이라고 주장한다. 오르테가 정부는 민중권력을 복원하기 위해 두 가지 주요한 수단을 강구하고 있는데, 하나는 민중 참여이고 다른 하나는 극빈층에 초점을 맞추는 사회 프로그램이다.

FSLN 정부가 민중 참여를 확립하기 위해 취하고 있는 주요 수단은 '시민권력 내각'으로 알려진 시민권력위원회(CPCs, Consejos de Poder Ciudadano)이다. CPCs는 이웃공동체를 기초로 하여 서비스에 대한 지역의 접근권을 향상시키는 것을 공식 목표로 내세우고 있다. 따라서 이런 개념으로 보면 시민사회는 국가에 직접 참여하는 사람들을 말한다.

민중권력 복원의 두 번째 요소인 사회 프로그램도 CPCs와 직접적으로 연결되어 있다. 왜냐하면 정부의 대표적인 프로젝트로서 지역 여성들에게 소규모 농사가 가능하도록 가축과 씨앗을 제공하는 '기아 종식'(Zero Hunger) 프로그램과 지역민들에게 소기업 창업을 할 수 있도록 소액융자를 해주는 '이윤 종식'(Zero Profit) 프로그램을 CPCs가 관리하고 있기 때문이다. CPCs는 지역 공동체와 함께 이러한 정부 프로젝트로부터 우선 혜택을 받아야 할 사람이 누구인지를 파악하는 일을 한다는 점에서 실제로 이웃공동체와 국가 사이의 연계 메커니즘으로 작동한다.

이러한 활동들은 좀 더 광범위한 지정학적 전략의 틀 속에서 이루어지고 있다. FSLN 정부는 이러한 정책 실험을 위한 더 확대된 공간을 확보하기 위해 새로운 국제적 행위자들과 동맹을 구축하는 한편, 니카라과에 대해 상당한 영향력을 행사하는 다른 주요 행위자들을 지나치게 소외시키지 않으려고 노력하고 있다. 니카라과는 베네수엘라가 주도하는 페트로카리브(Petrocaribe)와 볼리바르동맹에 가입했는데, 이를 통해 석유를 낮은 금리로 싼값에 구입할 수 있게 되었을 뿐만 아니라 개발 프로젝트에 필요한 상당한 액수의 자금 지원도 받을 수 있게 되었다. 이와 함께 니카라과는 러시아와도 긴밀한 관계를 맺고 상당수의 우선협상 거래를 성사시켰다. 한편, 오르테가 정부는 NGO와의 불화 때문에 핵심적인 기부자들을 소외시키게 되었음에도 불구하고, 심각한 채무를 안고 있는 나라로서 부채의 단기 상환을 보장해 주는 IMF와도 용의주도하게 신중한 관계를 유지해 왔다.

우리는 현지조사를 통해 전통적인 '시민사회,' 특히 역사적으로 FSLN과 연계돼 있었던 NGO들이 CPCs에 대해 노골적인 적대감까지는 아니라 하더라도 매우 회의적인 생각을 가지고 있다는 사실을 알 수 있었다. 산디니스타 혁명이 무너진 이후, 니카라과에서 NGO 부문은 '시민사회'를 강화하기 위한 국제협력기금의 지원을 받아 엄청나게 확장되었다. FSLN 정부가 수립되면서 국가와의 관계에서 내부자와 외부자 지위가 만들어짐으로써 기존에 NGO 공동체 안에 있었던 분열이 더욱 확대되었다. 오르테가와 영부인 로사리오 무리요는 '시민사회'(sociedad civil)를 에스파냐어의 유사한 발음으로 '사악한 사회'(sociedad sí vil)라고 비꼬아 부르면서 NGO들을 공격했다(Murillo, 2008). 또 NGO들은 라틴아메리카에 정치적으로 개입하는 데 관련되어 있는 미국 자금줄인 미국국제개발처(USAID)와 민주주의를 위한 국가기금(NED)과 연계되어 있다는 의심을 받아 왔다. 게다가 조사에 응한 정부 관료들은 NGO들이 정부와 달리 선출된 것이 아니기 때문에 그들이 주장하는 대표성에 의문을 제기했다.

이러한 비판들은 NGO와 관련하여 일반론적으로는 타당할지도 모르지만, 니카라과의 대립적인 정치의 맥락 속에서 고려되어야 한다. 2008년에 정부는 옥스팜(Oxfam GB)을 비롯한 국내 및 국제 NGO들을 돈세탁 혐의로 고발했다. 특히 여성주의 단체들이 정부의 주요한 비판 대상이 되었다. 현장 연구에서 드러난 바에 따르면, 많은 NGO 회원들, 특히 여성단체 회원들은 이러한 고발이 치료 목적의 낙태를 범죄화하는 것에 대해 반대 운동을 벌인 것과, 1990년대에 오르테가를 성추행으로 고소한 그의 의붓딸 소일라메리카 나르바에스를 지지한 것과 관련이 있다고 믿고 있다.[9] 또 이러한 NGO들에 대한 고발이 이루어진 이유는 의식이나 자원 측면에서 이러한 조직들이 FSLN이나 국가의 경쟁자로 여겨지고 있기 때문이라고 인식되고 있다.

이러한 사태는 NGO 부문 안에서 복잡한 반응을 불러일으켰다. 정부에 대해 격렬히 반대하는 집단도 있고, 정부와 갈등 관계에 들어가는 것은 주저하면서도 정부 행동을 거부하는 집단도 있으며, 일부 부문에서는 적극적으로 협력하는 집단도 있다. 하지만 가장 눈에 띄는 반응은 많은 NGO들이 결합하고 있는 첫 번째 집단으로, 이들은 언론의 지지를 받아 특히 CPCs를 정부 목표를 위한 수단이라고 지적하면서 정부를 소모사와 유사한 전체주의 정부라고 비난한다.[10] 이러한 비판은 CPCs가 성격상 분파적이고 배타적이어서 기존의 조직 모델들을 가로막고 교조적 메커니즘으로 작동하고 있다는 평가에 근거하고 있다. 즉, CPCs는 시민들의 사고와 행동의 자율성을 축소시키며, 점점 더 많은 사회적 공간들을 점유하여 사회적 재화에 대한 접근권에 대한 문지기 역할을 하는 것으로 비치고 있다.

CPCs에 대한 상이한 해석은 다니엘 오르테가가 이끄는 산디니스타 정부에 대한 양극화된 관점을 전형적으로 보여 준다. 정부는 이러한 정책들이 신자유주의에 도전하고 역사적인 혁명적 제도를 복원하기 위한 수단이라고 주장한다. 조사에 응한 비판적인 사람들은 오르테가가 기업가적 이해관계를 갖고 있고 자본을 포함해서 국제 금융기관과 지속적으로 협력하고 있기 때문에 정부 자체가 신자유주의적이라고 주장한다. 또 정부는 이러한 정책들을 사회와 국가 사이의 새로운 협약의 시작이라고 보는 반면에, 격렬하게 비판하는 사람들은 오르테가와 FSLN의 권력을 영속화하기 위한 전체주의적 프로젝트로 보고 있다. 정부는 양극화가 언론에 의해 조장되고 있고 주로 마나과 지역에 기반을 두고 있다고 주장하는 반면, 비판적인 많은 사람들은 양극화가 너무 심각하여 정치과정에 회복할 수 없는 손상을 입혔다고 우려한다.[11] 여론조사 결과는 양극화가 정부와 시민사회 양쪽 모두에 대한 니카라과 대중의 신뢰에 직접적으로 영향을 미치고 있음을 보여 준다. 따라서 현재 상황에서는 이러한 정반대의 상이한 전망들이 어떻게 서로 화해할 수 있을지, 그리고 정치 엘리트들과 시민사회 동맹자들에 대한 신뢰가 어떻게 강화될 수 있는지 판단하는 것은 쉬운 일이 아니다(La Tribuna, 2010).

민주화인가, 탈민주화인가

이 장의 주요 목표는 중앙아메리카 지역이 좌파로 전환한 상황에서 민주화 전망을 평가하는 것이었다. 일반적으로 말하면 고찰한 세 나라에서는 민주화가 진전될 가능성도 있지만 그 가능성이 가로막힐 위험도 있으며, 현재 성취한 민주화마저 뒤집어질 가능성도 있다는 주장을 경험적 증거들이 입증하고 있다. 이 장에서 발견한 증거들을 통해 이러한 주장을 뒷받침하는 네 가지 점을 지적할 수 있다.

첫째, 세 나라 모두에서 민주화의 진전과 역전이 있었다는 분명한 증거가 있다. 세 나라 모두 단순한 선거주의를 넘어서서 정책결정 과정에 민중의 참여가 증가하는 경험들을 보여 주었다. 하지만 각 나라에서 민중 참여는 종종 성공적이지 못하거나 제한적이었으며, 온두라스의 가장 두드러진 사례와 같이 민주주의가 역전될 가능성을 안고 있다. 또한 민주화와 탈민주화 과정은 일직선형으로 일어나는 것이 아니라 두 경향이 공존하고 있다는 점을 사례 연구는 보여 주고 있다.

둘째, 현지조사에서 뚜렷하게 나타난 것은 중앙아메리카의 민주화 투쟁에서 구조적 불평등이 여전히 핵심적인 문제라는 것이다. 하지만 불평등 문제는 취약한 국가와 분열된 엘리트, 외국의 간섭 같은 유산의 맥락 속에서 분석되어야 한다. 이러한 유산은 민주화 투쟁을 양극화시킬 뿐 아니라 민주화 가능성이 거의 없는 인물 중심 정치로 변질시킬 수 있다. 여기에서는 '시민사회'가 상황에 따라 달리 정의되는데, 왜냐하면 각 나라의 권력 배치는 시민사회의 상이한 특징들을 포함하기도 하고 배제하기도 하기 때문이다. 이것은 정치과정의 밀물과 썰물을 이해하는 데 핵심적이다. 누가 국가권력을 잡느냐 하는 것이 '실제로 존재하는' 시민사회에 누가 포함되는지를 결정하는 요인으로 작용하며, 시민사회에서 주도권을 가진 집단들은 또한 관련된 정치 분파가 국가를 지배할 권력을 얻는 것도 도울 수 있기 때문이다.

그래서 엘살바도르에서는 어떤 정당이 권력을 잡느냐에 따라 시민사회의 파벌적 연계가 정치 공간을 열거나 닫을 수 있었다. 온두라스에서는 쿠데타에 반대한 사회운동은 시민사회라는 이름을 거부한 반면, 국가는 FNRP에 속해 있는 사람들의 권한을 박탈하거나 억압하고 오직 교회와 기업 부문과 관련된 '공식적인' 시민사회조직만을 참여시켰다. 니카라과에서는 '시민사회 공간'을 둘러싼 다툼이 국가가 만든 CPCs와, 국가에서 배제되고 대통령 부부의 비난을 받은 NGO들 사이에 벌어졌다. 이 세 나라의 사례는 자본이 빈곤과 불평등에 영향을 미치는 상황에서 국가-시민사회 관계가 변증법적 성격을 가지고 있을 뿐만 아니라 공적인 이해관계가 소수 엘리트의 이른바 '자유'에 종속된다는 점을 보여 준다.

셋째, 이와 관련된 것으로 개혁의 수준과 급진적 성격, 그리고 민주주의의 진정한 의미와 연관된 문제가 있다. 세 나라 모두, 특히 온두라스에서 핵심적 과두제의 이해관계가 위태롭게 되면 나라 안팎의 경제 행위자들이 방해하겠다고 협박함으로써 민주화 정책들이 한계에 부닥친다. 달리 말하면, 시장의 이해관계는 국가의 행동을 제약하고 상이한 부문들이 '시민사회'의 자격을 얻는 데 커다란 부담으로 작용하여, 국가와 시장, 시민사회 사이의 경계에 존재하는 간극을 분명하게 드러내는 작용을 한다. 이러한 고찰은 나아가 이데올로기적으로는 약화됐지만 제도적으로는 유지되고 있는 신자유주의적 통치의 맥락 속에 있는 라틴아메리카 전역에서 현재의 좌파 프로젝트가 한계를 안고 있다는 점을 보여 준다.

마지막으로 이 장은 중앙아메리카를 국가-사회의 관점에서 연구하는 것이 유용하다는 점을 보여 준다. 왜냐하면 라틴아메리카에서 극단적인 과두 권력과 외부 간섭의 결합에 이렇게 심하게 노출되어 있는 지역은 거의 없기 때문이다. 과두 권력과 외부 간섭은 이데올로기적·경제적 양극화를 고조시킴으로써 이 나라들의 정치과정에 결정적인 영향을 주었다. 지금껏 살펴본 바와 같이 '분홍 물결'의 맥락에서 이러한 연구는 신자유주의와 지구화로 강화된 인물 중심 정치와 엘리트의 이해관계가 민주화 과정에 어떻게 부정적인 영향을 미치는지에 관한 가치 있는 자료를 제공할 수 있다.

---

1) 이 글은 이미 출간된 《민주화》(Democratization)에 실린 논문을 고치고 다듬은 글이다. 논문에서 발췌하여 다시 출간할 수 있도록 허락해 준 출판사에 감사드린다.

2) 니카라과의 상대적으로 낮은 살인율은 낮은 범죄 집단 조직원 수에도 반영되어 있는데, 이는 니카라과의 전통적인 사회경제 구조와 높은 사회 조직 수준, 그리고

공동체와 긴밀하게 결합되어 있는 경찰력 때문이다. 이 가운데 마지막 두 요인은 니카라과 혁명의 결과이다(PNUD, 2010: 113, Box 4.4).

3) 2010년 6월, 공무원 및 FMLN 활동가와 인터뷰한 내용.

4) 2010년 6월, 여성주의 NGO 대표인 산 살바도르와 인터뷰한 내용.

5) 공무원 두 사람과 인터뷰(2010년 1월)를 통해 그들이 정부 교체 전에 얼마나 "흥청망청 쓰도록" 장려했는지 알 수 있었다. 한 사례로, 어떤 응답자는 관심이 다른 곳에 있어서 운영 능력이 심각하게 약화된 어떤 기관에서는 문구 용품 구입에만 40만 달러를 지출했다고 주장했다.

6) 예컨대, BBC 기사 "질문과 답변: 온두라스의 정치적 위기" 참조. www.bbc.co.uk/news/world-latin-america-13559359(2011년 6월 9일 접속).

7) 앰네스티 인터내셔널(Amnesty International, 2009)과 아메리카대륙인권위원회(Inter American Commission on Human Rights)의 "Honduras, haman rights and the coup d'état"(2009년 12월), cidh.org/pdf%20 files/ HONDURAS2009ENG.pdf 참조. 로보 정부에 관한 기록은 "IACHR concerned about human rights violations in Honduras," www.cidh.org/Comunicados/English/2010/54-10eng .htm 참조, 2010년 9월 6일 접속. 인권 남용에 관한 최근 글은 온두라스 인권 단체의 정기간행물과 Informe sobre Derechos Humanos y Conflictividad en Centroamérica 2009-2010, fespad.org/sv/ documentos/informe-sobre-derechos-humanos-y-conflictivad-en-centroamerica-2009-2010.pdf 참조(2010년 9월 8일 접속).

8) 2010년 1월 22일, 기업가 산 페드로 술라와 인터뷰한 내용.

9) 2009년 8월, 여성 NGO 대표와 인터뷰한 내용; Kampwirth(2008)도 참조.

10) 2009년 9월, 마나과에서 NGO 대표와 인터뷰한 내용.

11) 2009년 8월, 마나과에서 언론 전문가와 인터뷰한 내용.

4장 에콰도르의 라파엘 코레아 정부[1]

카를로스 데 라 토레

2010년 9월 30일, 에콰도르는 아수라장이 되었다. 1천여 명의 에콰도르 국가 경찰과 일부 군 경찰이 전국 여러 도시에서 반란을 일으켰다. 파업 경찰들은 새로운 법률이 통과되어 자신들의 혜택이 부당하게 삭감될 거라고 불만을 토로하면서, 타이어에 불을 붙여 바리케이드를 치고 반정부 구호를 외치면서 자신들의 이익을 대변해 주지 않는 정부에 요구 사항을 제시했다. 반란에 가담한 경찰 시위대는 비록 전체 4만 2천 명이 넘는 경찰 가운데 일부에 불과했지만 그들은 잘 알고 있는 파괴적인 방법을 효과적으로 이용했다. 평소에 똑같은 전술을 사용하는 사회운동 시위대를 진압하는 책임을 맡고 있었기 때문이다.

봉기가 시작되고 오전 11시쯤, 라파엘 코레아 대통령은 키토 경찰청으로 갔다. 코레아는 자신의 카리스마로 파업 경찰들을 충분히 진정시킬 수 있을 거라고 생각하면서, 새 법률이 보장하는 혜택이 적절하다고 설득하여 파업을 종료시키려고 했다. 하지만 그러한 시도는 먹혀들지 않았다. 경찰과 가족들의 거센 야유로 코레아는 연설조차 할 수 없었으며, 급기야 신중하지 못하게도 이성을 잃고 말았다. 《뉴욕타임스》에 인용된 목격자는, 대통령이 "마치 방탄조끼를 입지 않았다는 걸 보여 주기라도 하듯이 넥타이를 풀고 셔츠를 열어젖혔다"고 말했다. 또 대통령이 "여러분들이 대통령을 죽이고 싶으면, 여기 있으니 어디 한번 죽여 보시오. 여러분들이 그처럼 용감하다면 죽이시오!"라고 말한 것으로 인용되었다(Romero, 2010).

코레아가 남성성에 호소하고 나서자 경찰들은 격분했다. 그들은 대통령이 자신들을 믿지도 존중하지도 않은 채 도발한다고 생각했다. 코레아는 경찰청을 떠나려고 했으나 최루가스를 뒤집어쓰고 주먹으로 얻어맞고는 같은 경찰청 건물의 병원에 억류되고 말았다. 대통령은 외부와 연락이 단절된 채 병원에서 통치를 이어 갔다. 몇몇 간호사와 의사들의 주장에 따르면, 대통령은 결코 납치된 것이 아니며 병원을 떠나고 싶어 하지 않았을 뿐이었다. 대통령을 폭행했던 화난 경찰들이 그 건물을 보호하고 있었기 때문에 이런 주장은 틀린 말이 아닌 것 같다. 코레아는 병원에 있는 동안 전화 인터뷰를 통해 "오늘 일어난 일은 실패한 쿠데타였다"라고 말했다(Correa, 2010a: 54). 그리고는 자신이 "대통령으로서가 아니면 시체로" 병원을 나설 것이라고 말하면서 다시 한 번 경찰에게 도발했다(Coba, 2010). 이윽고 밤 9시에 군대의 대통령 구출 작전이 시작되자, 에콰도르 국민들은 마치 TV 리얼리티 쇼를 보듯이 군대와 경찰이 병원에서 서로 총을 겨누는 모습을 지켜보았다.

거의 사망자가 없었던 이전의 에콰도르 쿠데타와는 달리 이 사건은 에콰도르 최근 역사상 가장 피비린내 나는 사건이었다. 이 사건으로 9명의 사망자가 발생했으며, 대통령 코레아와 외무부 장관 리카르도 파티뇨를 비롯하여 275명이 부상을 입었다. 코레아는 즉시 대통령궁으로 돌아와 발코니에서 수많은 지지자들이 보는 가운데 분노에 차 연설했다. "최루가스가 쏟아지는 가운데 하루 종일 납치되었으며 부어오른 무릎을 스물두 바늘이나 꿰매었지만 나는 결코 굴복하지 않았습니다. 나는 이 엄청나고 놀라운 공화국의 대통령이라는 사실에 자부심을 느끼며 이 자리를 떠납니다. 에콰도르 만세!"(Correa, 2010a: 68)

코레아 정부는 반란에 가담한 경찰들을 고발했다. 경찰은 구조조정 과정이 진행 중이었고 재정비 전까지 군대가 대신하여 국내 치안을 담당하고 있었다. 게다가 정부는 언론을 이용하여 경찰 파업이 코레아 정권을 전복시키기 위한 음모에서 나온 것이라고 주장했다. 코레아 정부의 주장에 따르면, 이 음모에는 전 대통령 루시오 구티에레스와 그의 '애국사회당'(전직 군인과 경찰 간부들이 당원에 다수 포함돼 있다), 여타 우파 정당들, '에콰도르원주민연맹'(CONAIE)을 비롯한 사회운동 조직들, '에콰도르 마르크스레닌주의공산당'(PCMLE) 같은 극좌파 정당과 그 선거연합인 '민주주의민중운동,' 원주민 정당 '파차쿠틱'(Pachakutik)의 분파들, 미국의 우익 세력, 프티부르주아 지식인들, 그리고 민간 소유의 언론 등이 연루되었다(Ministerio de Coorditación de la Política, 2010; Ministerio del Poder Popular, 2010; Paz y Miño Cepada, 2010). 코레아 정부는 이러한 사악한 세력들이 경찰들을 조종했다고 주장했다. 대통령의 표현에 따르면, 그들은 "나를 죽이려고 한 야만인의 무리"였다. 대통령은 더 나아가 경찰들이 자신들이 반대하는 법의 내용을 읽지도 이해하지도 못하는 무식한 사람들이라고 설명했다(Correa, 2010a: 63-4). 경찰의 요구를 지지했지만 쿠데타에는 반대한 CONAIE 같은 사회운동 조직의 지도자들에 대해서는 "그들의 태도와 주장은 순리를 거스르는 것이다. 도무지 이해할 수 없다"고 말했다(Correa, 2010a: 13).

정부의 공식 설명이 어느 정도는 옳다. 대통령을 구금하려던 시도가 있었고, 아마도 그러한 행동이 반란을 일으키려는 다른 세력을 자극할 수 있다는 점에서 쿠데타 시도라는 코레아의 주장은 옳다. 그러나 군대가 여전히 민주적으로 선출된 정부에 충성했다는 점에서 그것은 통상적인 의미의 쿠데타가 아니었다. 경찰이 받은 유일한 군대의 지원이라고는 키토공항을 잠시 폐쇄한 공군 일각에서 나왔을 뿐이었다. 경찰은 자신들의 특권을 남용하고 명령 체계를 따르지 않았으며, 대통령을 납치함으로써 선거 민주주의에 반하는 음모를 꾸몄다. 무장을 하고 치안을 책임지고 있던 경찰은 자신들이 그저 평범한 집단이 아니라는 사실을 망각했다. 이런 식의 쿠데타 설명이 안고 있는 주요한 문제는, 정부가 작성한 쿠데타 음모 세력의 목록이 점점 커져 국내와 미국의 우익 세력뿐 아니라 좌파 정당과 사회운동 조직들까지 포함시켰다는 점이다. 이처럼 사건이 혁명정부에 반대하는 사악한 세력들의 음모라고 설명되자, 사회운동 조직의 지도자들을 비롯한 코레아에 반대하던 민주 세력은 정부와 민중, 국민과 타협할 수 없는 적으로 변해 버렸다.

실제로 2010년 9월 30일 사건에 대한 공식적인 평가는 마니교적인 이분법적 설명이다. 말하자면, 우익과 그 동맹자들이 무대 뒤에서 이타적이고 혁명적인 대통령에 반대하는 음모를 꾸몄다는 것이다. 이러한 설명은 코레아 정부에 대한 경쟁자들을 모두 쿠데타 음모 세력으로 간주하겠다는 위협이기도 했다. 예컨대 베네수엘라의 블로거 에바 고링거는 CONAIE를 비롯한 사회운동 조직들이 코레아와 갈등 관계에 있는 이유는 깊이 따지지 않은 채, CONAIE를 양키 제국주의의 수단이라고 비난하는 코레아 정부의 설명을 원용하고 있다(Golinger, 2010).

이러한 음모론과 마니교적인 이분법 사고방식에서 벗어나길 원한다면, 경찰의 반란을 정부의 관점에서뿐만 아니라 저항하는 사람들 입장에서도 이해할 필요가 있다. 왜 경찰들은 다른 집단들이 보통 하듯이 타이어를 태우고 교통을 방해하는 방식으로 저항했을까? 그들은 과연 비이성적인 폭도였던가? 아니면 정부가 주장하듯이 사악한 음모 세력이 그들을 조종한 것일까? 곧 알게 되겠지만, 경찰 반란이 일어난 핵심 요인은 에콰도르의 국가-시민사회 관계가 갖고 있던 조합주의라는 유산이며, 코레아 정부는 그러한 조합주의적 특권들을 없애려고 시도한 것이다.

조합주의 유산과 코레아의 국가 형성 프로젝트

파업 경찰들은 '공공서비스 기본법' 초안이 크리스마스 상여금과 훈장 형태의 성과급, 근속 기간에 따른 자동 승진 같은 중요한 여러 혜택을 없앴다고 주장했다. 소요 사태 이후에 한 경찰관은 라틴아메리카사회과학연구소(FLACSO) 연구원 디아나 하라미요와 인터뷰에서 "훈장은 상징적이면서 경제적인 가치를 갖고 있다"고 설명했다. 익명을 요구한 그 경위는 훈장과 상여금은 경제적 인센티브이자 일을 잘한다고 인정받는 것이라고 말하면서, 정부는 이러한 것들을 없애는 대신 어떻게 초과근무 수당으로 보충할 것인지 설명하지 않았다고 주장했다. "우리의 업무는 복잡하기 때문에 초과근무 시간을 계산한다는 게 거의 불가능하다. 우리는 출퇴근 카드를 찍지 않고 전국의 곳곳으로 20일 넘도록 이동하기도 한다"고 설명했다.

키토의《엘코메르시오》(El Comercio) 신문기자들은 경찰과 인터뷰를 통해 하급 경찰들이 경찰 간부들과의 임금 격차에 분개하고 있다고 보도했다. 간부인 경위는 한 달에 1,286달러를 받는 반면 하급 경찰들은 819달러를 받는데, 지방에 전출되는 경우 집세를 이중으로 지불해야 하기 때문에 그 돈으로는 한참 모자란다는 주장도 있었다. 정부는 경찰의 임금을 인상했으며 그러한 인상분은 상여금의 감소분과, 장난감이나 사탕, 수입 식품이나 주류 같은 크리스마스 선물을 충분히 벌충하는 것이라고 반박했다. 코레아는 공공서비스법이 임금 격차와 예산 낭비를 합리화하고 통합할 것이라고 주장하고 있다. 하지만 경찰들은 현재 임금으로는 그동안 무료로 지급되었던 제복과 신발을 구입하기에도 충분하지 않다고 말했다. 더 나아가 경찰들은 인권 위반 혐의로 부당하게 지적당하는 처사에 불만을 표시했으며, 어렵사리 구금한 범죄자를 이내 석방시키는 '회전문 법체계'를 비판했다(El Comercio, 2010).

그러나 '공공서비스 기본법'이 공평한가 하는 논쟁 이면에는 더 큰 갈등이 존재한다. 그것은 코레아 정부가 에콰도르의 오랜 '조합주의' 특권을 제거하려고 시도한 것이다. 2006년에 신자유주의 반대 공약을 내걸고 당선되어 2009년 재선에 성공한 코레아는 자칭 '시민혁명'의 지도자로서, 1970년대 후반 에콰도르의 민주주의 이행기 이후 다양한 전통적인 정당들로 구성된 '정당지배 체제'(partidocracia)에 대항하고 있다. 코레아가 "길고도 슬픈 신자유주의 밤"이라고 표현한 시기를 거친 후, 에콰도르 정부는 지역에 기반을 둔 엘리트들 사이의 극심한 경쟁으로 분열되어 매우 취약한 상태였다. 엘리트들이 경제의 달러화를 찬양하는 동안 국가는 시민들과 국민적 가치를 거의 포기하는 지경에 이르렀다. 너도나도 해외 이민을 선택했다. 이에 대한 반작용으로 코레아 정부는 국가 형성 프로젝트에 착수했다. 정부는 중앙 계획과 관료제의 확대, 그리고 경제·문화·사회 활동을 규제하고 통제함으로써 국가를 다시 제자리에 돌려놓고자 했다. 이 모든 정책들은 1970년대 초 이래로 전례가 없는 석유 호황이라는 상황 속에서 추진되었다.

탈신자유주의적인 코레아 정부는 사회 프로그램에 대한 지출을 2006년 GDP의 5퍼센트에서 2009년에는 8퍼센트까지 늘렸다. 월 최저임금은 170달러에서 240달러로 인상되었으며, 새 헌법으로 하청노동을 금지했다. 정부는 가정용 천연가스와 빈곤층을 위한 휘발유와 전기에 꾸준히 보조금을 지급했다. 하지만 코레아 정부의 사회 지출 증가로 얻은 성과가 아직까지는 그렇게 인상적이지는 않다. 빈곤율은 코레아가 집권하기 전인 2003년 49퍼센트에서 2006년에 37퍼센트, 2009년에는 36퍼센트로 감소하는 데 그쳤다. 세계적인 경제 위기가 빈곤 감소에 부정적인 영향을 끼친 것이 분명하다. 지니계수는 2006년 0.525에서 2009년에는 0.499로 약간 하락했다. 빈곤은 도시에서는 감소했지만 농촌에서는 그렇지 않았다. 실제로 원주민들의 경우에는 극빈층이 2006년 37퍼센트에서 2009년 46퍼센트로 늘어났다(Ponce and Acosta, 2010).

국가 회복의 일환으로 코레아 정부는 교사, 학생, 공무원, 노동자, 여성, 원주민 등이 조직한 시민사회 단체나 집단을 '조합주의자'라는 꼬리표를 붙여 규제하는 것을 목표로 삼고 있다. 조합주의에 대한 가장 적절한 설명은 시민사회와 국가의 관계를 조직하는 일련의 구조라는 것이다(Malloy, 1977; Stepan, 1978). 조합주의 아래에서 "국가는 이익집단을 인정하거나 심지어 만들어 그 구성원을 규제하려고 하며, 그들에게 유사 대표 독점의 모양새와 함께 여러 가지 특전을 부여한다."(Stepan,

1978: 46). 국가는 조직된 집단에게 인센티브를 준다. 또한 국가는 그러한 단체들에게 대표성을 부여하여 일자리나 자원에 관해 협상할 수 있는 권한을 준다. 조합주의를 포섭하려는 전략으로 지도자들은 공무원이나 자문위원이 됨으로써 사회 이동을 할 수 있다. 조합주의는 논쟁을 규제하는 것을 목표로 삼는 하나의 전략이다. 특정 형태의 저항은 국가로부터 우호적인 반응과 함께 보상을 받는 반면, 다른 형태의 반대는 성공할 수 있는 기회를 실질적으로 얻지 못하고 억압받을 수 있다.

1930년대에 국가는 기업가들을 상업, 농업, 공업 회의소로 조직했다(Conaghan, 1988: 85). 공무원이나 산업 노동자 같은 다양한 하위 집단들 또한 특권과 특전을 받은 특별한 집단으로 국가에 편입되었다. 민주주의가 회복된 후에는 하이메 롤도스와 오스발도 우르타도 정부(1979~1984년) 아래의 조합주의 협약으로 도시 거주민, 농민, 여성, 원주민 등 과거에는 배제되었던 집단들도 편입되면서 조합주의는 더욱 확대되었다(León, 1994). 원주민운동은 에콰도르원주민연맹(CONAIE)을 통해 조합주의적으로 국가에 포섭되었다(León, 1994). 오스발도 우르타도 정부(1981~1984년) 아래에서 원주민 조직들은 키츠와어를 비롯한 여러 원주민 언어에 대한 '읽고쓰기 교육' 프로그램을 요구했다. 1990년대 초반부터 2009년까지 CONAIE는 신자유주의 긴축재정 상황 속에서 이중 언어 교육을 직접 관리했다(Martínez and De la Torre, 2010).

조합주의 아래에서 정당들은 특정 집단의 이익을 대변하며, 이들 집단의 이익을 국가의 이익보다 우선시한다(Quintero and Erika, 2010: 76). 코레아 정부는 스스로를 특정 집단의 이익이 아니라 사회 전체와 국민의 이익을 대표한다고 생각한다. 그래서 코레아 정부는 국가기구에서 특정한 이해관계의 대표성을 없애는 것을 목표로 삼았다. 다양한 부문의 조직과 민간 부문 출신인 신자유주의 전문가와는 달리 NGO 단체나 학계에서 일해 온 사회과학자로 구성된 탈신자유주의 지식인들이 국가개발계획처(SENPLADES)의 책임을 맡고 있다. 국가개발계획처는 가장 중요한 국가기관으로 개발계획을 입안하고 수립하는 업무를 담당한다. 다른 기술관료들처럼 코레아의 탈신자유주의 전문가들은 스스로를 특정한 이해관계가 아니라 사회 전체의 이익을 대변하고 있다고 생각한다(Centano, 1993). 기술관료들은 "인간 존재의 모든 영역에서 (보통은 국가를 통해) 기술적·과학적 진보의 혜택을 어떻게 적용할 수 있는가에 대한 포괄적인 전망" 같은 매우 현대적인 사상을 공유하고 있다(Scott, 1998: 96). 국가개발계획처의 목표는 원주민의 우주관에서 나온 용어 '수막 카우사이'(sumak kawsay, 키츠와어로 '좋은 삶' 또는 '잘 사는 것'을 뜻하는 말)의 구축인데, 그 원대한 목표는 "공동체와 우주의 총체적인 조화"를 달성하는 것이다(SENPLADES, 2009a: 56). 그들의 목표는 에콰도르를 현대화시켜 2030년에는 "에콰도르가 생명 지식의 사회가 되어 생태 관광의 공동체적 서비스를 제공"하는 것이다(SENPLADES, 2009a: 56).

　이러한 현대화 목표를 달성하기 위해 그들이 착수한 첫 번째 단계는 수입대체 산업화 정책을 추진하고 행정상의 불합리와 조합주의적 특권을 폐지하기 위해 국가를 합리적이고 현대적으로 바꾸어 내는 것이다(SENPLADES, 2009a: 41). 그 결과, 코레아 정부는 과거에 국가와 특권을 협상해 온 교사, 학생, 공무원, 원주민 등 시민사회의 모든 집단과 충돌했다. 정부는 이러한 집단들 중 어느 쪽도 시민사회를 대표하지 않으며, 실질적인 사회운동이 아니라고 생각한 것이다. 정반대로 국가를 강화하고 관료제를 합리화하기 위한 보편적인 프로젝트를 방해하는 조합주의 단체 또는 특권 집단으로 치부된다.

경찰의 사례에서 본 것처럼, 조합주의적 특권을 없애려 한 코레아 정부의 시도는 저항을 불러왔으며, 정부가 혜택들을 제거하고 있다고 생각하는 사람들의 분노를 불러일으켰다. 정부는 펴고자 하는 정책을 충분히 설명하지 않았고 조직된 집단들의 제안을 제대로 고려하지도 않았다. 정책 변화는 기술관료적으로 강요한 결과인 것처럼 보였다. 그 결과 경찰 반란이 일어나자 에콰도르의 수많은 조합주의 집단들 사이에서 그동안 쌓인 불만이 전면에 터져 나왔다. 정부의 권리 침해에 분노한 많은 사람들이 저항할 기회를 잡은 것이다. 에콰도르 마르크스레닌주의 공산당(PCMLE)이 조직한 일부 교사들과 학생들이 여러 도시에서 경찰 파업에 가담한 이유도 거기에 있었다. 예컨대 중부 고원 도시 라타쿵가에서 교사와 대학생들을 비롯한 군중이 시장 집무실을 점거했다. 또한 코레아 정부에 대해 비판적인 태도를 취해 온 원주민 조직의 입장도 마찬가지였다.

대통령이 경찰들이나 우익 반대파와 겪은 갈등과는 대조적으로 CONAIE와의 문제는 기본적으로 광물 채굴에 대한 심한 견해차에 뿌리를 두고 있다. 코레아는 광산업에서 국가의 미래를 보고 빈곤을 완화하기 위해 자연자원을 이용하자고 주장한다(Dosh and Kligerman, 2009). "금 자루를 차고앉은 채 거지가 될 수는 없다"고 그는 말했다. '조국동맹'(Alianza País)의 일부 분파들과 원주민운동가 및 생태주의자들은 새 헌법의 최고 목표인 수막 카우사이가 광물 채굴에 반대하고 인간과 자연, 개발 사이에 대안적 관계를 수립하는 쪽이 정당하다는 것을 보여 준다고 주장한다. 코레아 정부와 원주민운동 사이에 나타난 또 다른 갈등은 자율성 문제를 둘러싼 것이다. CONAIE를 비롯한 원주민 연맹체들은 1980년대 후반, 사회적 지출을 삭감하는 신자유주의의 상황 속에서 이중 언어 교육을 맡아 왔다. 코레아 정부는 이것을 신자유주의의 해로운 유산으로 보고 원주민 조직이 담당해 오던 이중 언어 교육의 책임을 교육부로 이관시켰다. 원주민 교사들은 자신들의 자율성에 대한 공격이라고 비판하면서 이 조치에 반대했다.

코레아는 질서를 바로 잡고 조합주의 시절이 남긴 유산을 합리적으로 바꾸려고 시도하고 있다. 그는 특정한 집단들이 자기 이해관계를 협상하도록 허용하지 않고 그 대신에 더 보편적인 기준으로 혜택과 특권 같은 것들을 결정할 것을 제안하고 있다. 그러나 그의 기술관료적 통치 방식은 시민사회와 대화하는 것을 건너뛰고 그들의 요구를 무시함으로써, 시민사회가 어렵게 획득한 특권과 혜택들을 정부가 부당하게 없애고 있다는 인식을 조성하고 있다. 경찰들은 현대화 노력에 저항하는 다른 집단들과 마찬가지로 자신들의 권리라고 생각한 특권을 보상하라고 요구한 것이다.

시민혁명인가, 사회운동의 편입인가

라파엘 코레아 정부가 집권하고 4년이 지나서도 에콰도르에서는 베네수엘라의 '볼리바르 서클'(Bolivarian Circles)이나 '공동체위원회' 같은 민중참여 시스템이 만들어지지 않았다. 2006년 코레아가 정권을 잡을 수 있도록 한 운동 모토들 가운데 하나가 참여민주주의였다는 점을 고려하면 정말로 이상한 일이다. 에콰도르인들은 참여민주주의를 요구해 왔고 짧은 기간 지속된 급진적인 회의체 민주주의 기구들을 만든 적도 있었다. 1997년 압달라 부카람 대통령을 타도한 뒤에 만들어진 '민중회의'(people's assemblies), 2000년 하밀 마우아드의 통치를 종식시킨 봉기 기간에 형성된 '민중의회'(people's parliament), 그리고 2005년 루시오 구티에레스 대통령 축출 이후 설립된 '이웃공동체회의'(neighborhood assemblies) 등이 그런 것들이었다. 코레아 정부에서 시민 참여가 활발해진 것은 2008년 헌법 초안을 만들 때였다. 이때 국민의회(National Assembly)는 포괄적이고 민주적인 새 헌법을 어떻게 만들 것인지 요구와 제안을 제시해 달라고 시민 조직들에게 문호를 개방했다. 2006년 선거에서 라파엘 코레아의 공약은 "적극적이고 급진적인 숙의민주주의"의 창출이었다. 그것은 "시민들에게 권력을 행사하게 하고, 공적 결정에 참여하도록 하고, 대표자들의 활동을 통제할 수 있도록 하는 참여 모델"의 수립을 목표로 했다(Alianza País, 2007: 19). 새 헌법은 동원된 모든 시민들의 참여로 초안이 작성되도록 되어 있었기에 모든 사람들이 헌법을 자기 것이라고 생각할 수 있었다.

이러한 민주화 전략은 반제도적인 입장과 호응하여 추진되었다. 코레아는 의회를 폐쇄하고 제헌의회로 대체할 것을 약속하면서, 의회에 자기 후보를 내지 않고 무소속으로 출마했다(Conaghan, 2008a). 선거에서 승리한 후 코레아 정부는 반대파 의원 57명을 쫓아냈다. 그런 다음 의회의 '휴회'를 선언한 후 국민의회가 모든 입법권을 행사했다. 코레아는 정당에 반대해서 무소속으로 출마했기 때문에 정당을 건설한 것이 아니라 하나의 '운동'을 구축했다. '조국동맹'은 (코레아를 단지 일개 시민으로 보는) 시민운동으로서의 자기 정체성에 시민혁명의 구현체로서 코레아의 카리스마적 이미지를 결합시켰다.

시민의 자율성과 하향식 포퓰리즘적 동원 사이의 긴장이 헌법 제정

과정에서 분명하게 나타났다. 폐쇄적으로 보였던 이전의 과정들과는 대조적으로 새 헌법 초안 작성과 토론 과정은 투명하고 개방적이었다. 조국동맹의 창립 멤버인 알베르토 아코스타가 국민의회 의장이 되었을 때 그 목표는 다원주의적 숙의 과정을 거치는 것이었다. 그것은 숙의민주주의 실험이었지만 결과적으로 코레아의 카리스마적인 리더십 아래에서는 온전히 실현될 수 없는 것으로 드러났다. 코레아는 승인 국민투표를 통과하는 데 부담이 될지도 모른다고 생각해서 국민의회에서 벌어진 논쟁들에 짜증을 내었다. 그는 키츠와어를 공용어로 만들자는 원주민운동가들의 제안이나 개활지 광산 운영을 금지시키자는 생태 보호주의자들의 계획, 낙태와 동성애자 권리를 둘러싼 여성주의자들의 토론을 승인하지 않았다. 또 국민의회의 자기 편 사람들을 '좌익 소아병'의 망상에 사로잡혀 있다고 비난했다. 그런가 하면 국민의회가 사전에 약속된 날짜까지 헌법을 준비하지 못할까봐 우려하기도 했다. 아코스타가 새 헌법 초안을 작성하기 위해 일정 연기가 필요하다고 설명했지만, 코레아는 국민의회의 리더십이 과도하게 민주적이고 고지식하고 비효율적이기 때문에 늦어지는 것이라고 생각했다. 결국 코레아는 자기 당의 정치국을 통해 아코스타에게 국민의회 의장직 사퇴를 요구했다. 코레아의 기대에 부응하는 새로운 의장이 임명된 후 국민의회는 신속하게 일을 처리하여 일정표에 맞추어 작업을 끝냈다. 새 헌법은 국민투표에서 64퍼센트의 찬성으로 통과되었지만, 내용 면에서 숙의 과정이 제한되었으며 스스로 정한 제도적 절차를 무시한 대가를 치렀다.

코레아는 민주주의를 사회정의라는 본질적인 개념으로 이해한다. 그는 부르주아민주주의와 실질적 민주주의를 구분하는 구좌파를 따르고 있다. 옥스퍼드에서 개최된 한 회의에서 그는 형식적 민주주의는 투표할 수 있는 권리로 이해되는 반면, 실질적 민주주의는 "평등, 정의 및 존엄성"과 "교육, 건강 및 주거의 권리"에 기초한다고 둘을 구분했다(Correa, 2009d). 극빈층에게 다달이 35달러를 제공하는 인간 존엄성 보조금, 주택 프로젝트, 식량 분배, 고지대의 황무지(páramo)를 보호하기 위한 보조금 같은 코레아의 사회 프로그램은 원주민과 빈곤층에게 좋은 정책으로 받아들여졌다. 침보라소 지방 티산의 한 원주민 여성은 "나는 신과 코레아 대통령에게 감사한다. 오늘 나는 교환권을 가지고 음식을 사고, 전기세를 내고, 아이들을 위한 물건도 얼마간 살 수 있다"고 말했다(Tuaza, 2010). 또 다른 여성도 "대통령 덕분에 (다달이) 35달러를 받는다"고 말했다.

이런 프로그램의 혜택을 받기 위해서 농촌 지역의 개인들은 공동체 조직에 소속돼 있어야 하는데, 대규모 자율적 원주민 조직인 CONAIE는 정부와 갈등 관계에 있었기 때문에 다른 비슷한 조직들이 만들어졌다(Becker, 2011; Martínex Novo, 2010; Ospina, 2009; Dosh and Kligerman, 2009; Tuaza, 2010). 예컨대 정부는 침보라소 지방에 에콰도르민중조직연합(Union of Popular Organizations of Ecuador)을 하향식으로 만들었다. 또 에콰도르인디언연맹(FEI, Federación Ecuatoriana de Indígenas)을 하향식으로 다시 활성화시켰다. 공산당이 자금을 지원한 에콰도르인디언연맹은 1940년대부터 1980년대까지 농지개혁 투쟁 기간에 대단히 활발하게 움직였지만 CONAIE가 확대되면서 회원 수와 중요성이 줄어든 조직이다. 따라서 코레아 정부의 사회적 분배 정책은 자율적인 원주민 조직들을 우회하기 위한 수단이 되기도 했으며, 수혜자들은 한 응답자가 말한 것처럼 대통령에게 일종의 의무감을 느꼈다. "정부가 우리를 보살피고 있기 때문에 우리는 감사해야 한다"(Tuaza, 2010). 2009년 12월, 많은 공동체들이 정부의 주택 프로그램에서 배제될까 우려해서 CONAIE가 주도한 시위에 참여하지 않았다. 이 때문에 침보라소 지방에서는 보통의 원주민들이 코레아를 '메시아'로 보는 것과는 대조적으로, CONAIE 지도자들은 코레아가 "지원금을 나누어 주면서 가난한 사람들을 속여 원주민 조직들을 약화시키고, 원주민들의 동원을 막고, 공동체를 분열시키고 있다"고 주장한다(Tuaza, 2010: 22).

코레아가 민중을 위해 통치했을지 모르지만 그 과정에 민중의 자발적인 의견 개진이나 참여는 없었다. 코레아 정권은 선거 기간에 후견주의 네트워크 이상으로 지지자들을 조직하고자 하는 의지가 없었다. 조직된 집단들과의 갈등이 2010년 9월의 경찰 반란으로까지 확대되자, 정부는 지지자들을 조직하려는 노력에 박차를 가했다. K. 로버츠가 주장하듯이, 포퓰리스트들은 엘리트주의 특권을 둘러싼 갈등이 인지되거나 현실화될 때 영속적인 조직들을 건설하는 경향이 있다(Roberts, 2006). 코레아 정권은 사회운동의 리더십을 탈합법화시키는 전략을 바꾸어 직접 조직을 만들어 지지자들을 하향식으로 동원하는 방식으로 방향을 전환한 것이다.

코레아의 포퓰리즘적 리더십

정부가 '쿠데타 시도'라고 규정함으로써 거둔 가장 중요한 효과는 아마도 에콰도르 국민의 구원자로서 코레아의 이미지가 공고해진 것이었다. 최루 가스로 범벅이 된 얼굴로 '폭도'와도 같은 파업 경찰들을 뚫고

지팡이를 짚고 걸어 나오는 코레아의 이미지는 고통 받는 예수를 떠올리게 했다. 극적인 장면을 연출하면서 구조되어 대통령궁의 발코니에서 환호하는 지지자들 앞에 모습을 드러낸 코레아는 목숨을 건 위험을 무릅쓰고 폭도들의 공격을 받은 비범한 대통령으로서 민주주의와 혁명의 화신이 된 것처럼 보였다. 그의 리더십은 그야말로 카리스마적인 성격을 띠게 되었고, 지지율은 75퍼센트까지 치솟았다(Ministerio de Coordinación de la Política, 2010: 17).

코레아는 점점 사회를 두 적대 진영, 즉 민중 대 과두제로 구분하는 이분법적 포퓰리즘 수사의 대가가 되어 갔다. 그는 '민중의힘연합'(CFP, Concetración de Fuerzas Populares)의 입장에 따라 과두제를 펠루콘(pelucones, '가발'이라는 뜻으로 가발을 쓸 수 있는 고위직을 가리킨다—옮긴이)이라고 규정했다. 코레아는 "우리는 과거로 되돌아가기를 원하는 과두제와 정당지배 체제, 펠루콘을 물리쳐야 한다"고 말했다(Correa, 2009d). 코레아를 반대하거나 도전하는 사람들은 정치인, 언론인 할 것 없이 누구나 펠루콘이라는 낙인이 찍혔다. 사회운동 조직들 또한 코레아의 호전적인 수사의 표적이 되었다. 그는 생태주의자에게 "언제나 모든 것에 반대하는 배부른 사람들"이라고 비판하면서 '아니냐디토'(aniñaditos, 곱게 자라 유치하고 사내답지 않은 응석받이 아이)라고 불렀다. 코레아는 "유치하고 급진적인" 생태주의자들이 "우리 프로젝트에 주요한 위험 요소다"라고 주장했다. 몇 달 뒤에 코레아는 분명하게 말했다. "선거에서 우파를 물리친 후 우리 정치 프로젝트의 주요한 위험 요소는 유치한 좌파들과 생태주의자들, 인디언 운동가들이라고 언제나 말해 왔다"(Correa, 2009b). 2009년 10월, 물 사용을 둘러싼 갈등이 한창일 때 그는 원주민 조직 CONAIE의 지도자들을 지목하여, 자신들의 사회적 토대인 원주민들과 동떨어져 있는 '황금 판초' 또는 '인디언 펠루콘'이라고 비난했다.

'시민혁명'이라는 용어를 사용함으로써 코레아는 의미 있고 지속적인 변화를 이루기 위해 기존 질서와 철저하게 단절할 필요성을 역설하며 자신의 정권을 정당화할 수 있다. 그는 경찰들이 지켜보는 앞에서 "어느 누구도 뒤로 물러나지 않는다. 이 혁명은 매도되지도 굴복하지도 않을 것이다"라고 말했다(Correa, 2009c). 과거와의 완전한 단절이라는 개념은 코레아 정권에서 역사적 프로젝트들 사이의 마니교적 이분법적 투쟁으로 치러진 일련의 선거를 설명하는 데 도움이 된다(Conaghan and De la Torre, 2008). 코레아의 목표는 전적으로 새로운 정권의 건설이었기 때문에 변화를 위해 사용하는 수단들은 절차나 법규를 반드시 존중할 필요가 없다. 코레아 정부의 불법적인 의회 휴회도, 민간 소유 미디어에 대한 전쟁이나 이전의 좌파 동맹자들에 대한 중상모략도, '조합주의적' 사회운동 조직들에 대한 공격도 혁명 속에서 산다는 이유로 정당화되었다.

코레아는 자신을 보통의 정치인과 다르다고 표현할 뿐 아니라 조국을 두 번째 최종적인 해방으로 이끄는 것이 자신의 임무라고 주장한다. 그는 언젠가 조국을 건설한 선조들처럼 "우리는 변화를 위해 목숨을 걸 준비가 돼 있다"고 말했다(Correa, 2009e). 그는 "단언컨대 나는 권력보다는 나의 국민들, 특히 빈민들에게 봉사하는 것을 소중히 여긴다"며 복음서에나 나오는 말투로 주장했다(Correa, 2009f). 그는 가난한 자들과 국가를 위한 자신의 투쟁을 영웅적으로 묘사한다. "우리는 과거를 수호하는 과두제와 부패한 은행가들, 언론과 같은 가장 반동적인 부문의 대표자들을 물리쳤다"(Correa, 2009d). 이런 인용문들이 보여 주는 것처럼, 코레아는 단호하게 스스로를 '좋은 지도자'라고 묘사한다. 그의 말을 따르면 사회적 자본,, 즉 강한 사회적 네트워크와 조직이 결여된 나라에서 반드시 필요한 것은 바로 '좋은 지도자'다. 코레아는 자신의 책《에콰도르: 바나나 공화국에서 무(無)공화국으로》의 마지막 문장에서 이렇게 설명한다. "사회적·제도적·문화적 자본이 결여되어 있을 때는 좋은 지도자가 결정적으로 중요하다. 이러한 [사회적] 자본이 공고해지면 지도자의 영향력은 줄어들게 될 것이다. 라틴아메리카 사람들이 신자유주의의 길고도 슬픈 밤을 견뎌야 했던 위기 동안 가장 불운했던 것은 좋은 지도자가 없었다는 사실이다."

대부분의 사회과학자들이 에콰도르의 공식 제도들이 위기에 처해 있었다는 점에는 동의하지만, 코레아가 주장하는 것처럼 에콰도르가 사회적 자본의 위기를 겪었다는 점에 대해서는 동의하는 사람이 거의 없을 것이다. 사실 에콰도르는 아메리카 대륙에서 가장 강력한 원주민운동의 본고장이었다. CONAIE는 신자유주의 정책에 저항하는 운동의 선두에 섰으며, 1997년에는 압달라 부카람 대통령, 2000년에는 하밀 마우아드 대통령을 민중이 타도하는 데도 참여했다(Becker, 2011). 세계은행을 비롯한 국제기구들은 에콰도르에서 민족개발 프로그램 같은 형태로 사회적 자본을 강화하는 데 기여했다. 그럼에도 불구하고 코레아는 이러한 조직적 경험들을 조합주의나 특수주의적인 것으로 묵살하기 때문에 사회조직들이 공백 상태가 된 것으로 보고 자신의 역할은 그러한 상황에서 필요한 좋은 지도자라는 것이다.

압달라 부카람(1996~1997)과 하밀 마우아드(1998~2000), 루시오 구티에레스(2003~2005) 대통령 모두 민중봉기로 물러날 정도로 에콰도르는 최근 역사에서 쿠데타가 다반사였던 나라다. 이런 나라에서 2010

년 9월 30일의 모든 행위자들은 자신들이 너무나 잘 알고 있는 각본을 재연하려고 했다. 우익과 좌익 반대파는 모두 대통령의 사임을 요구했으며, 일부는 거리로 나와 퇴진을 압박했다. 이러한 위기에 대해 코레아는 정부를 통한 '급진적인 시민혁명'을 약속하는 것으로 대응했다. '시민혁명'이라는 용어는 여러 가지 의미를 담고 있다. 코레아의 첫 대통령 선거 기간 동안 시민혁명은 신자유주의에 반대하고 참여민주주의를 수립하겠다는 공약으로 이해되었다. 하지만 정부가 참여적 제도를 만들지 않자, 시민혁명이란 개념이 강력한 개입주의 국가를 토대로 한 탈신자유주의 정책일 뿐 아니라 석유 호황기의 오일달러로 시행될 수 있는 사회적 분배 정책을 의미하는 것으로 사용되고 있다. 혁명을 왼쪽으로 추동하기 위해서는 정부가 그동안 외면 받아 온 사회운동 조직들과 대화를 시작해야 한다고 생각할 수도 있다. 하지만 유감스럽게도 코레아 정부의 행보는 기존의 사회운동 조직들을 무시하고, 그 대신에 침보라소 지역에 에콰도르민중조직연합 같은 충성스런 조직을 만들거나 에콰도르인디언연맹을 하향식으로 다시 활성화시키는 것으로 나타났다.

에콰도르인들은 포퓰리즘의 틀 속에서 정치체제에 편입되어 왔으며 민주주의는 특정 지도자의 이름으로 공적 공간을 점령하는 것으로 이해되었다(De la Torre, 2010). 이러한 전통은 이전에 배제되었던 사람들을 포함하는 한에서 민주화라고 할 수 있지만, 기본적으로는 지도자가 민중의 의지를 권위주의적으로 전유하는 것에 토대를 두고 있다. 코레아도 이러한 포퓰리즘의 전통을 따르고 있다. 그의 포퓰리즘 담론은 불평등한 계급관계를 정치화한다는 점에서 민주적인 성격을 갖고 있지만, 경쟁자들을 음모적인 적으로 몰아간다는 점에서 권위주의적이다. 또한 포퓰리즘과 민주주의 사이의 긴장은 코레아와 사회운동 조직들과의 관계에서도 분명히 드러난다. 한편으로 민중들 편에 서서 과두제에 반대하는 포퓰리즘 담론은 보통 사람들이 자신들의 요구를 분명하게 표현할 수 있는 기회를 마련할 수 있다. 하지만 지도자가 모든 사람들의 의지의 화신이라고 생각하고 행동하기 때문에 자율성에 대한 관용이 거의 없다. 또한 포퓰리스트들은 기존의 사회운동 조직들을 우회하거나 편입시키는 경향이 있다(Oxhorn, 1998). CONAIE의 전설적인 지도자들 가운데 한 사람인 루이스 마카스가 말한 것처럼 "그들의 목표는 이 나라에서 원주민운동을 청산하고 해체하고 분쇄하는 것이다." 그는 코레아 정부가 사회주의도 아니고 좌익조차도 아니라고 규정한다. "코레아 정부는 포퓰리즘 정부로서, 그 목표는 일련의 온건한 개혁을 통해 몇 가지 점에서 신자유주의 모델에 도전함으로써 전체적으로 자신의 모델을 유지, 발전시키는 것이다."(Webber, 2010).

고도로 인물 중심적인 코레아의 통치는 쿠데타 이후에 강화되었다. 모든 국가기관은 대통령의 목표에 봉사하는 것으로 바뀔 것이다. 우익의 음모에 대한 공식적인 우려가 전면에 등장했기 때문에, 정부는 좌파와 사회운동 지도자들을 포함한 경쟁자들과 반대파들을 계속 적으로 간주하여 정치적 협상과 타협 과정에 용납하지 않을 것이다. 또한 정부는 자율적이고 비판적인 사회운동 조직들을 계속 탄압함으로써, 비판적 시민들이 요구하는 강고하고 숙의적인 '공론장'(public sphere)이 잘 작동하는 조건들을 만든다는 자신의 목표를 약화시킬 것이다. 코레아의 시민혁명은 계속 민중들을 위한 사회정책을 수립할 수 있을지 모르지만, 거기에 민중의 적극적인 참여나 비판적인 의견 개진과 숙의는 없을 것이다.

축소된 시민사회 공간

서장에서 살펴본 다른 좌파 정부들과 마찬가지로, 코레아는 신자유주의 정책을 폐지시키고자 한 사회운동의 지지로 집권에 성공했다. 사회운동은 사회정의를 촉진하기 위해 경제와 사회에서 정부의 역할이 커지는 것을 옹호했다. 코레아 정부는 광물자원의 기록적인 가격 상승으로 이용할 수 있게 된 막대한 자원으로 국가를 강화하고 사회적 지출을 늘리겠다는 약속을 성취하고 있다. 이런 점에서 코레아 정부는 얼마간 신자유주의 정책으로 되돌아가고 있다. 그러나 이 책 서장에서 주장하는 것처럼 석유 수출 호황은 동시에 자원 채굴에 기초한 경제를 유지하고 강화시키고 있다. 광산과 새로운 유전 개발을 선호하는 정부 정책은 생태주의자, 농민운동, 원주민운동과 충돌을 일으키고 있다. 정부는 심지어 활동가들을 테러리스트로 규정하는 지경에까지 이르렀다.

이 책에서 분석하는 다른 좌파 지도자들과 마찬가지로, 코레아 정부는 행동하는 시민들에 기초한 급진적 민주화 프로젝트를 약속했다. 하지만 베네수엘라의 차베스와 달리 에콰도르에는 참여민주주의를 촉진하는 제도들이 만들어지지 않았다. 코레아 정부는 기술관료적 방법으로 통치에 접근했다. 기술관료들은 사회 전체의 이해관계를 대변하고 국가를 불합리와 특권으로부터 해방시키는 청사진을 가지고 있다고 단언하면서, 시민사회와 사회운동이 조합주의적이며 일반적 이해관계보다 오히려 특정한 이해관계를 옹호한다고 주장한다. 기술관료들은 이전의 모든 조직화 노력들이 특수주의적이어서 특정 이익의 간섭으로부터 자유로운 새로운 사회를 건설하는 데 장애물이 된다고 폄하한다. 또한 그들은 국가를 이용하여 사회운동의 힘과 영향력을 약화시키는 한편, 대통령을 사회정의를 위해 헌신하는 자애로운 아버지 이미지로 홍보한다.

조직된 사회 부문들은 자신들이 어렵게 얻은 성과물을 일반적인 이해관계라는 이름으로 줄이고 빼앗아가는 기술관료적 방식의 통치에 저항했는데, 이는 놀라운 일이 아니다. 민중들을 위하지만 그들의 의견을 받아들이지 않는 기술관료적이고 비민주적인 방식의 통치로 인해 코레아 정부는 시민사회와 강한 공론장이 발전하는 것을 가로막고 있다. "강력한 결사의 역동성과 융합적이고 비판적인 논쟁"이 창출될 수 있도록 하는 대신에 코레아 정부는 대화의 공간을 닫아 버리고 있다. 자칭 좌파 정부가 마땅히 그 사회적 토대가 되어야 하는 사회운동과 갈등을 겪고 있다는 것은 당혹스러운 일이다. 경찰의 반란은 시민사회 조직들과의 대화를 건너뛰는 국가주의적인 기술관료적 프로젝트의 한계를 보여 주었다. 사회운동들과 벌이는 싸움이 확대되면서 코레아 정부는 시민의식이 성장할 수 있는 제도적 공간을 만들고 대화를 촉진하는 대신에 점점 더 권위주의적으로 되어 가고 있다.

---

1) 이 글은 전에 "Corporatism, charisma and chaos: Ecuador's police rebellion in context"(NACLA Report on the Americas, 44(1), January/ February 2011)로 발표된 바 있다. 내가 존 히스 사회과학 방문교수로 지낸 그리넬 대학의 국제연구센터와 이 글을 쓰는 데 시간과 자금을 지원해 준 구겐하임재단에 감사한다.

2) Diana Jaramillo, 경찰관 인터뷰(2010년 10월).

5장 브라질의 참여민주주의

버나드 로이볼트, 바그너 호마오, 요아힘 베커·안드레아스 노비

이 장에서는 시민사회의 강화와 관련된 이념 체계로서 브라질 참여예산제(PB, Participatory budgeting) 실험의 지구화 문제를 살펴본다. 참여적 통치 방식이 하나인 참여예산제는 더 많은 사회정의를 가져오는 혁신적 발명으로 널리 평가되어 왔다(Boulding and Wampler, 2010; Fung and Wright, 2003). 여러 형태의 참여적 통치 방식에 대해 폭넓은 호의적 합의가 있지만, 비평가들은 그것의 '야누스적 얼굴'(Swyngedouw, 2005)을 지적해 왔다. 참여적 통치 방식이 현실 정치에 대한 잠재적 저항을 통제하는 도구로 쉽게 이용될 수 있다는 것이다(Cooke and Kothari, 2001). 하지만 참여예산제는 그러한 부정적 경향에서 중요한 예외로 취급되어 왔다(Hickey and Mohan, 2004; Swyngedouw, 2005). 1990년대 중반부터, 특히 포르투알레그레의 참여예산제 경험에 대하여 정계와 학계에서는 '권한을 가진 참여민주주의'(Fung and Wright, 2003), '재분배 민주주의'(redistributive democracy, Santos, 2005), '민주주의의 혁신'(Avritzer and Navarro, 2003)을 촉진하는 최선의 방법이라는 찬사가 쏟아졌다.

참여예산제는 포르투알레그레에서처럼 1년 주기로 시행된다. 직접 민주주의 기구는 참여자들 가운데 직접 선출되는 대표자들로 구성되는 위원회와 결합된다. 따라서 참여자들은 제안서 제출은 물론 지역별·주제별 위원회에 제출된 프로젝트들에 대해 우선순위를 매기는 일에도 관여한다. 이 과정에서 직접민주주의 총회 참여자들은 지방정부와의 다음 협상에 참여할 대표자들을 자신들 중에서 선출한다. 이 대표자들은 참여예산평의회(PB Council)를 구성한다.[1] 참여예산평의회는 참여예산제 절차 관련 규정을 계속 수정하여 연례 보고서를 만든다. 몇몇 학자들(Fung and Wright, 2003)은 이런 민주주의의 제도적 혁신을 진보적인 재분배 정책과 직접 연계시키기도 하지만, 반면에 또 다른 학자들의 평가에는 미묘한 차이가 있다. 그럼에도 불구하고, 특히 2001년 포르투알레그레에서 세계사회포럼(World Social Forum)이 개최된 이후 참여예산제는 해방적이고 현대적인 신좌파 정부의 '청사진 모델'이 되었다. 따라서 이 장에서는 정부에 대한 '가장 훌륭한 실천적' 처방전으로 여겨지는 브라질의 참여예산제 경험을 비판적으로 살펴보고자 한다.

참여예산제에 관한 문헌들 대부분은 '좋은 통치'(good governance)를 '숙의'를 통한 합의 방식에 초점을 맞추어 개념화하는 국제적 흐름을 따르고 있다(Avritzer, 2005, 2006; Gret and Sintomer, 2002; Navarro, 2003; Wampler and Avritzer, 2005). 이 경우에 시민사회는 하버마스의 공론장이라는 개념과 유사하게 국가와 정당들로부터 자유로운 것으로 이상화된다(Habermas, 1990). '숙의'(deliberative)라는 개념은 '이상적 담화 상황' 속에서 서로 생각을 합리적으로 교환한다는 전제에 기초를 두고 있으며, 그래서 결과적으로 가장 훌륭한 주장이 승리하게 된다는 것이다(Habermas, 1992).

먼저 브라질 학자 레오나르도 애브리처의 영향력 있는 논문에 기초하여 참여예산제를 이런 방식으로 해석하는 것에 대해 비판적으로 검토한다. 애브리처는 참여예산제를 '시민사회'와 국가의 관계라는 맥락에서 분석하는 지배적인 접근 방법을 비판한다. 그런 다음 안토니오 그람시(Gramsci, 1971)와 보브 제숍(Jessop, 2007)의 영향을 받은 비판적 국가론을 통해 대안적 접근 방법을 제시할 것이다. 이런 관점은, 서장에서 논의한 것처럼 국가와 시민사회는 자율적 영역이 아니라 상호 깊이 연관돼 있는 것으로 본다. 시민사회의 권력관계는 국가에 영향을 미치고 거꾸로 국가권력의 영향을 받기도 한다. 대의민주주의에서 정당은 중요함에도 불구하고 매우 저평가되는 요소이다. 그럼에도 국가는 시민사회의 직접적인 영향을 받는 것이 아니라 한 사회 내에서 다른 집단들보다 특정 집단의 행동을 더 선호하는 '전략적 선택성'(strategic selectivities, Jessop, 2007)을 갖는 특징이 있다.

먼저 참여예산제의 정치적 차원에 주목하여 정당들, 그중에서도 특히 정부에 참여하는 정당들이 참여예산제의 내부적 요인인지 외부적 요인인지에 관한 논쟁을 살펴본다. 브라질 노동자당(PT, Partido dos Trabalhadores)의 역할을 더 잘 이해하기 위해 여기서는 '전략적·관계적 접근'(strategic-relational approach)을 사용한다. 다음으로 논의를 분명하게 하기 위해 두 가지 사례를 검토할 것이다. 하나는 참여예산제와 관련하여 가장 자주 언급되는 포르투알레그레(리우그란데두술 주의 수도)의 사례이고, 다른 하나는 오자스쿠(상파울루 주)의 사례이다. 이 글은 이러한 사례들을 체계적으로 검토함으로써 '하버마스식' 주류 접근 방법에 도전한다. 정당의 역할을 강조하게 되면, 참여예산제 참여자들은 정치 사회의 '가장자리'에 위치하여 국가 행위자들과 정치 운동들 각각의 헤게모니 프로젝트들과 유기적으로 연계될 것이다. 끝으로 우리는 이러한 실천들의 해방적 잠재력을 더 잘 이해하려면 참여적 통치에 대한 정당 전략이 국가를 민주화하려는 시도와 얽혀 있다는 사실이 고려되어야 한다고 생각한다.

브라질의 참여예산제

애브리처(Avritzer, 2002, 2006, 2008; Averitzer and Navarro, 2003)는 브라질 국내뿐 아니라 국제적 수준에서도 시민사회와 국가의 민주화에 대한 논쟁의 틀을 마련한 중요한 학자다. 그는 두 가지 중요한 이론적 기둥에 의존하고 있다. 첫째, 오도넬(O'Donnell et al., 1986)의 민주화 '이행 패러다임'(transition paradigm) 테제를 비판적으로 검토하여, 남아메리카의 민주화는 정치제도가 잘 작동하는가뿐 아니라 많은 이행론자들이 강조하는 것처럼 시민사회가 국가에 직접 영향을 미치기 위해 정치문화가 어떻게 변화해야 하는가에 대해서도 분석되어야 한다고 주장한다. 둘째, 이를 위해 애브리처는 하버마스의 '공론장'(Harbermas, 1990)이라는 개념을 끌어들여, '공론장'에서 집단적 숙의 메커니즘에 따라 형성된 '참여하는 대중'(participatory publics)이라는 개념을 제시한다. 여기에서 핵심은 공론장 참여자들의 표현 및 결사의 자유를 보장하는 것과, 사회운동과 자발적 결사체를 공론장의 실천적 대안 행동들을 지지하는 것으로 이해하는 것이다. 이러한 원칙을 바탕으로, 애브리처는 민주주의 이론의 한계에 실천적으로 대응하기 위해 '제도적 설계'(institutional design) 모형을 구축한다. 이 모형의 중요한 경험적 기준을 제시한 것이 바로 참여예산제, 특히 포르투알레그레와 벨루오리존치의 사례이다. 참여예산제는 '제도적 관점과 시민사회론 사이의 이론적 구분을 넘어서서 이 둘을 이어 주는 경험적 연결 고리'(Avritzer and Wampler, 2004: 219-20) 역할을 하는 새로운 제도로 이해된다.

이행 이론이나 '숙의'를 통한 정의와 민주주의라는 하버마스의 개념을 곧이곧대로 적용하게 되면 시민사회의 영향을 긍정 일변도로 해석하는 결과를 초래한다. 즉, 시민사회는 하버마스가 말하는 '생활 세계'의 자율적인 표현이며 국가의 '시스템적인' 영향에 반대해야 하는 어떤 것으로 간주된다.[2] 이러한 해석은 참여예산제의 도입과 유지에 기여한 브라질 노동자당(PT)의 역할과 관련될 수밖에 없다. 왜냐하면 1990년대 말까지 거의 대부분의 참여예산제 경험은 PT가 집권한 지방자치단체에서 이루어졌기 때문이다(Ribeiro and Grazia, 2003: 38). PT는 가장 일관된 정치 프로그램을 가지고 있었고, 사회단체와 노동조합, 그리고 '계몽된' 중간계급의 시민사회조직을 주된 기반으로 하면서 대학에서 강력한 영향력을 행사했기 때문에 '여타의 정당들과는 다른' 정당으로 여겨졌다. 그래서 오직 일정한 도덕적 기준을 가지고 참여예산제를 시행하고자 하는 정치적 의지를 지닌 지방정부만이 일반 시민에게 공공 예산을 직접 결정할 수 있는 권력을 부여할 수 있다는 이념이 출현했다.

1980년대 후반, 선거에서 PT가 포르투알레그레, 상파울루, 비토리아와 다른 주의 수도들에서 승리한 이유는 권위주의적인 낡은 정치인들과 '새공화국'(Nova República)에 대한 반발 덕분이었다. 구체제의 지배 정당이었던 브라질민주운동당(PMDB, Partido do Movimento Democrático Brasileiro)은 독재에 반대한 중심 세력이었지만, 인플레이션을 잡지 못하고 전국적으로 만연한 사회적 위기를 해결하는 데 실패한 책임이 있었다. 특히 주요 대도시에서는 더 심했다. 공동체평의회(communitarian council)를 창설하고 특히 포르투알레그레에서 참여예산제 실시와 같은 민중 참여는 PT의 정체성을 드러내는 브랜드가 되었다. 나아가 '사회운동 정당'으로서 PT의 비전은 '민중참여 정당'이라는 비전으로 바뀌었으며, 이는 'PT식 통치'의 상징이 되었다(Bittar, 1992; Genro, 1997; Magalhães et al., 2002). 그것은 하버마스주의의 관점과 일맥상통한다. 왜냐하면 시민사회를 정치적 계급에 대한 외적 통제 요소로 보고, 국가에 대한 시민사회의 '자율성'을 존중하는 참여 공간을 상정하기 때문이다. 참여예산제에 대한 이러한 관점에는 시민사회가 필연적으로 자율적이며 장점 일변도라는 생각이 내재해 있는데, 그람시주의의 전략적·관계적 접근 방법에서 보면 이러한 관점은 비판받을 수밖에 없다.

하버마스의 다소 자유주의적 개념에서 정치적 행동의 중심 메커니즘이 주로 합의에 초점이 맞추어진다면, 그람시는 강제의 역할과, 국가와 시민사회의 상호 관계에 더 큰 강조점을 둔다. 정치는 다양한 이익집단이 자신들의 입장을 표명하고 목표를 성취하기 위해 끊임없이 투쟁하는 것으로 간주된다. 그람시(Gramsci, 1971: 129)는 시민사회와 정치사회 양쪽에서 제도를 구축함에 있어 정당의 역할을 특히 강조한다. 그는 시민사회와 정치사회 둘 다 사회 전체의 투쟁에 좌우되기 때문에, 정치사회는 반해방적인데 반해 시민사회는 진보적이라는 편견을 당연한 것으로 받아들이는 것을 거부한다. 그람시주의 이론가들은, 자본주의에서는 대개 국가 내부에 불균등한 권력 구조가 존재할 뿐 아니라 이러한 권력 구조가 자본을 비롯하여 사회에서 권력을 가진 행위자들에게 유리하게 작동하고 있다는 점을 잘 알고 있다. 그래서 클라우스 오페(1972)는 불균등한 권력관계를 다루기 위해 '선택성'(selectivities)이라는 개념을 도입했으며 제솝(2007)이 그 개념을 더 발전시켰다. 전략적 선택성이란 국가 제도가 사회의 상이한 행위자들에 대해 억압하거나 권한을 부여하는 결과를 불러온다는 개념이다.

브라질에 적용해 보면 이러한 논의는 공화주의 운동(루소주의적 급진 공화주의 전통)의 영감을 강하게 받았던 1980년대 민주화 운동 국면에 대한 재해석으로 이어진다. 그러한 민주화 운동에는 권위주의 지배로 소외당한 중간계급 부문들, 보건·주택·생활 여건 같은 이슈들을 중심으로 결합한 서로 다른 사회적 기반을 가진 사회운동 세력들, 그리고 대규모 사회적 집단에서 오직 부분적으로만 존재하는 것으로 여겨졌던 '시민권'(citizenship)을 기치로 내세운 노동조합 운동 같은 다양한 행위자들이 결합했다(Alvarez et al., 1998). 민주화 운동의 제도적 영향은 1988년 새로운 헌법 초안을 작성하기 위한 사회운동에서 강력한 영향력을 발휘했다. 민주화 운동의 가장 중요한 주장은 전통적인 구조적 사회 불평등을 타파하기 위한 사회 개혁과, 권위주의 국가를 탈중심화하고 민주화하는 정치 개혁이었다. 이러한 맥락 속에서 참여예산제의 첫 번째 경험, 그중에서도 특히 포르투알레그레의 참여예산제가 꽃피었다.

이러한 주장은 브라질 참여예산제의 두 가지 다른 사례를 살펴봄으로써 입증될 수 있다. 가장 잘 알려진 사례는 브라질 최남단 리우그란데두술 주의 주도인 포르투알레그레인데, 1989년 참여예산제가 최초로 시행된 도시이다. 여기에 대해서는 여러 문헌에서 광범위하게 분석된

바 있다(예를 들면 Abers, 2000; Baierle, 2005b, 2005a; Baiocchi, 2005; Fedozzi, 2000, 2001; Leubolt et al., 2008; Novy and Leubolt, 2005; Santos, 2005). 우리는 이러한 연구들에 의존하면서도 오랫동안 과소평가된 측면을 강조할 것이다.

두 번째 사례는 상파울루 주에 위치한 오자스쿠인데, 참여예산제가 2005년에야 도입되었기 때문에 연구가 훨씬 더 적게 이루어진 도시이다. 따라서 오자스쿠에 관한 이용 가능한 실증 자료는 포르투알레그레의 전형적인 사례를 보충 설명하기 위해 사용된다. 오자스쿠에 관한 연구에서는 참여예산제에 대한 정당의 영향이라는 주제에 분명하게 초점을 맞추는데, 이 주제는 지금까지 종종 간과되어 왔다.

두 도시는 모두 참여예산제 시행 기간에 PT가 시 정부를 지배한 정당이었다. 포르투알레그레에서는 1989년부터 2004년까지 PT가 통치하다가 2005년 이후 야당이 지배했는데, 이는 참여예산제와 연계된 전략적 선택성에 상당한 영향을 끼쳤다. 오자스쿠는 여전히 PT가 이끄는 시 정부가 통치하고 있다. 오자스쿠에 관한 최근 연구는 포르투알레그레에 관해 처음에 구축된 가설들(Novy and Leubolt, 2005)을 확실하게 보여 주고 있다. 즉 정치사회는 시민사회 참여에 강하게 영향력을 미치며, 참여예산제 시행에 정당 전략이 중요한 역할을 한다는 것이다.

포르투알레그레, 참여예산제의 흥망성쇠[3]

민주화 기간 동안 포르투알레그레에서는 사회운동이 특히 강력했다 (Baierle, 1992). 1980년대에 주로 교외에서 온 가난한 주민들은 자신들의 곤궁한 상황에 관심을 갖지 않는 정부에 저항했다. 그들의 가장 중요한 요구는 사회운동의 자율적 정치 참여와 도시 기반시설 및 서비스에 대한 투자였다. 그들은 '시민권'이라는 담론 구조 안에서 물질적 요구를 권리의 문제와 연결시켰으며, 예산을 민주화하라고 목소리를 높였다(Fedozzi, 2000). 사회운동이 처음에는 포르투알레그레에서 역사적으로 강력한 중도좌파 정당인 노동자민주당(PDT, Partido Democrático Trabalhista)과 긴밀하게 연결되어 있었다. 하지만 처음으로 집권한 PDT 시 정부(1985~1988)가 민주화 프로그램과 함께 생활 조건을 개선하겠다는 공약을 달성하지 못하자 PT 세력이 점차 강해졌다.

포르투알레그레의 PT 출신 첫 시장 올리비오 두트라(1986~1992)는 참여예산제 시행으로 이러한 요구에 응답하고자 했다. 처음 집권한 PT 지방정부가 민중 계급에게 권력을 부여하는 것을 목표로 한 중요한 프로젝트였다. PT 내부의 다른 세력 출신으로 두 번째 PT 시장이 된 타르소 젠후(1993~1996)는 중간계급을 끌어들일 수 있는 전략적 계획 같은 더 포괄적인 요소(Becker, 2003: 253)로 참여예산제를 보완했다. 세 번째와 네 번째 PT 지방정부는 최소한의 수정만 하는 것으로 자신의 역할을 제한했으며, 2005년 야당이 선거에서 승리한 이후에는 참여예산제가 근본적인 변화를 겪었다.

PT 정부의 초기 단계에서 전략적 지향은 '지배계급과 대립'하는 '노동자 정부'를 지지하는 사람들과 '도시 전체의 이해관계'를 대변하는 정부를 지지하는 사람들 사이의 타협이었다(Utzig, 1996). 첫 번째 전략은 소비에트가 부르주아 의회를 대체한다고 가정한 레닌의 '이중 권력' 개념의 영향을 받았다. 이는 민중의회에 권력을 부여하고, 시민사회 내에서 조직된 진보적 부문만을 포함시키는 결과로 이어졌다. 두 번째 전략은 시민권이라는 공화주의 개념과 함께 하버마스의 '공론장' 개념(이 개념에 대한 논평은 Novy and Leubolt, 2005를 보라)에 대한 상이한 해석들에 영향을 받았다. 여기서 '공론장'이란 모든 시민에게 개방된 공간으로서, 미디어 기업을 비롯한 강력한 행위자들이 보통의 경우보다 더 작은 영향력을 행사하는 공간을 말한다. 그리하여 '이상적 담화 상황'의 전제조건으로서 이상주의적으로 설정되는 하버마스의 공론장 개념은 주어진 것으로 받아들여지는 것이 아니라, 오히려 대안적인 정치적 담론 공간에서 시민사회의 정치 교육이 이루어지는 투쟁의 장소로 간주된다(Fischer and Moll(2000)을 보라). 결국에는 조직된 사회운동에 세력만 참여를 제한하고자 했던 PT와 급진적 사회운동 분파를 누르고 참여예산제를 대안적 공론장으로 본 관점이 승리했다. 이는 직접민주주의와 간접민주주의를 결합시킨 독특한 제도적 장치에 반영돼 있다(상세한 설명은 Abers 2000와 Santos 2005를 보라). 그럼에도 불구하고, 사회적·정치적 전환이라는 개념은 매우 중요하다. 특히 첫 번째 PT 정부 동안 참여는 민중 계급을 강화하는 쪽으로 설계되었다.

아마도 새로 수립된 공론장의 더 중요한 기능은, PT와 그 동맹 세력이 한 번도 다수당이 된 적이 없었던 지방의회를 상대로 PT 행정부가 주도한 투자를 합법화한 것이었다. 브라질에서 예산서를 제출할 책임은 행정부에 있는 반면, 예산을 승인하거나 거부할 수 있는 최종 권력은 입법부가 가지고 있었다. 포르투알레그레 의회는 참여예산제 시행 이후 한 번도 거부권을 행사하지 않았다. PT가 시의회에서 진보적인 조세개혁 안을 통과시킬 수 있었다는 것은 참여예산제 절차의 중요성을 보여주는 것이며, 이를 통해 배분할 수 있는 공공 자원을 증가시킬 수 있었다. 다양한 도시 구역에 지방정부의 자원을 할당하기 위해 투명하고 공개적으로 논의되는 지표들은 분배의 평등을 보장하는 결정적 수단 구실을 해왔다. 참여예산제의 틀 안에서 이루어진 결정들은 곧바로 긍정적인 물질적 결과로 나타났다. 특히 1989년부터 1996년까지 기본적인 도시 기반시설이 눈에 띄게 향상되었다(UNDP, 2002: 81). A. 마르케티(Marquetti, 2003)는 참여예산제의 재분배 효과에 관한 포괄적인 연구에서 엄청난 양의 공공 자원이 빈민 지역에 투자되었음을 보여 주고 있다. 공적 삶에서 대체로 배제되었던 사회집단들, 특히 여성과 빈민층이 참여예산제의 도입으로 혜택을 받았다. 실증 연구들은 이 집단들이 또한 참여예산제에서 참여자 다수를 대표했음을 보여 주었다(Cidade, 2003; Fedozzi et al., 2009). 그래서 S. 바이엘레(Baierle, 2002a)는 지역 엘리트가 지배해 온 다른 제도들과 구별된다는 점에서 포르투알레그레의 참여예산제를 '서민 공론장'(plebeian public sphere)의 출현이라고 규정했다(Sintomer et al., 2008).

참여가 두 가지 층위로 구조화되었음을 덧붙일 필요가 있다. 첫째로 모든 참여자들이 개방된 포럼에서 요구 사항들을 만든 다음 참여예산평의회(PB council, Conselho de Orçamento Participativo)에 들어갈 대표자들을 선출했다. 포럼 참여자와 참여예산평의회 모두에서 사회적 약자 집단이 상대적으로 참여 비율이 높았지만, 참여예산평의회에서는 정당 소속 평의원들이 공무원과 예산 문제를 논의하거나 지방정부와 포럼 참여자들 사이의 매개자로 적극적으로 활동하는 등 영향력이 더 컸다. 총회에 참가한 PT 당원의 비율이 1995년의 4.5퍼센트에서 2000년에는 7.7퍼센트로 확대되었다. 주민 단체 활동가들의 참여 비율은 비록 1995년의 50.5퍼센트에서 2000년에 37.2퍼센트로 감소하기는 했지만 훨씬 더 높았다(Baierle, 2002a: 142). 2000년 참여예산 총회에서는 38.9퍼센트에 이르는 많은 참여자들이 PT를 지지한다고 밝혔다. 하지만 같은 여론조사에서 어느 정당도 지지하지 않는다고 응답한 사람도 40.7퍼센트로 나타났다. 참여예산평의회에서 정당 지지는 좀 더 분명하게 나타났는데, 평의원 가운데 어떤 정당도 지지하지 않는다고 응답한 사람은 25퍼센트에 불과했다(Baierle, 2002b: 142). 1992~2004년에 PT와 조금이라도 관계가 있던 평의원은 언제나 40퍼센트 가까이 됐다(Filomena, 2006: 170, 표 11). 참여예산제의 결정 기구에서는 PT 활동가 또는 PT와 매우 밀접한 관계가 있는 활동가들이 중요한 역할을 담당했던 것이다. 다만 참여예산제에 참가한 PT 내부 세력의 상관관계는 급진파보다 중도파의 영향력이 더 강해서 지역 정당 지도자나 지방의회와는 어느 정도 차이가 있었다(Baierle, 2002b: 171-3).

하지만 참여예산평의회가 PT 활동가들만의 배타적인 영역은 분명히 아니었다. 바이엘레(Baierle, 2002a: 321)에 따르면 "참여예산제가 대중적으로도 국제적으로도 엄청난 성공을 거두자, 모든 집단은 새로운 구성원을 모집할 수 있는 우선적인 공간으로 참여예산제에 관심을 가졌다." 활동가들은 참여예산제에 적극적으로 참여함으로써 보좌관이 되거나 프로젝트에 참여할 수 있는 기회를 얻을 수 있었다. "이로 인해 개인적으로 활동하는 아마추어 정치가이지만 언제나 지역사회를 대표할 준비가 되어 있고 지역사회와 정부 사이의 관계를 중재할 수 있는 '전문적인 시민'이 출현했다"(Baierle, 2002a: 322). 모든 참여예산제 참여자들이 공공투자를 제안하고, 나아가 제안된 사업에 우선순위를 부여하는 임무도 맡았다는 점에서 참여예산제는 단순한 자문 프로그램과 달랐다. 평의원들은 평의회에서 통과된 투자를 법제화하라는 주민들의 압력과, 제한된 재정 수단을 내세워 부과하는 공무원들의 예산 논리를 중재하는 기능도 수행했다.

　참여예산제는 네 차례의 연속적인 PT 통치 기간에 광범위한 주민들을 포괄하는 방향으로 변화되었다. 첫 번째 PT 통치 기간에 참여예산제 과정은 다양한 시 구역 포럼에 우선순위를 두었다. 1994년 두 번째 PT 정부는 교육과 보건, 사회 서비스, 전 도시를 포괄하는 교통과 경제 발전 같은 '주제 포럼'들을 도입했다. 이는 중간계급, 노동조합 같은 조직된 이익집단, 그리고 과거에는 참여예산제 주변에 있던 전문가 집단이나 경제인협회 등이 더 많이 참여할 수 있도록 하기 위한 것이었다(Becker, 2003: 253). 비슷한 맥락에서, 두 번째 정부는 도시 경쟁력을 높이고 공적 부문과 사적 부문을 연계하는 것을 목표로 하는 장기적 도시계획을 출범시켰다. 이러한 변화된 계획으로 인해 참여예산제를 통해 강화된 부문 말고도 다른 부문들도 강화되었다. 새로운 10년의 '마스터플랜'(Plano Diretor)을 만드는 데는 부동산과 밀접한 기업 부문이 주도적 역할을 한 반면, 빈민층의 역할은 다소 약했다(Abers, 2000: 150).

　기업가들은 지방의회 야당의 지지를 얻어 애초에 제안된 것보다 계획에서 운신의 폭이 더 넓어졌으며 도시 공간을 더욱 집중적으로 사용할 수 있게 되었다. 이는 민중 계급과 연계된 NGO들이 주장한바, 더 평등하고 민주적인 토지 이용과 균형을 이루었다. 이처럼 두 번째 PT 정부는 국가의 전략적 선택성에 약간 다른 강조점을 두었다. 다음 PT 정부는 다시 강조점을 민중 계급으로 되돌리기 위한 계획을 세웠지만, 이미 시작된 '마스터플랜'은 주의 사회경제적 공간에 장기적인 영향을 미쳤다. 이러한 개혁의 주된 목표는 '노동자 정부'보다는 '대안적 공론장'을 표방하는 방향으로 더 이동함으로써 사회의 더 넓은 스펙트럼을 포섭하는 것이었다.

참여적 제도를 시행하는 다른 남아메리카 도시에서처럼, 포르투알레그레의 참여예산제와 여러 지역 정책은 지역 경제의 생산 구조에는 직접적인 영향을 거의 미치지 않았다. 게다가 PT 지방정부는 1998~1999년의 재정 위기를 완화시키는 데도 큰 역할을 할 수 없었다(Becker, 2003: 256; Leubolt, 2006: 162-3). 1999년에서 2002년 사이에 PT는 참여예산제를 리우그란데두술 주 전체에 도입했다. 이러한 주 정부의 참여예산제는 이전의 지방 수준의 참여예산제보다 더 직접적으로 지역 경제를 광범위한 국가 경제와 세계경제에 편입시켰으며, 이는 국가의 정치 지형에 훨씬 더 큰 논란을 불러왔다(Leubolt, 2006: 100, 137-43).

참여예산제 지지자들은 계급동맹(cross-class coalition) 수립을 목표로 했다. A. 슈나이더와 M. 바케로(Schneider & Baquero, 2006)의 조사에 따르면, 빈민층 다수의 주된 참여 동기가 직접적인 물질적 이익을 얻을 수 있으리라는 기대감이었던 반면, 중간계급 시민들의 참여 동기는 부패 감소 또는 포르투알레그레의 대외적 이미지 개선 같은 '좋은 통치'(good governance) 차원이 강했다. "중간계급 쪽은 더 깨끗하고 민주적인 정부를 위해 세금을 더 많이 낼 것을 요구받았고, 빈민층은 물질적 이익을 위한 대가로 정치적 지지를 요구받았다"(Schneider&Baquero, 2006: 22). 이로써 '계급동맹'에 따른 지지가 형성된 것이다. 앞에서 살펴본 것처럼, 이러한 동맹은 참여예산제 속에서 빈민층에게 우호적이었다. 중간계급과 기업 부문은 참여적인 장기 계획을 목표로 하는 프로젝트를 더 선호했는데, 이는 참여예산제로 통합되기에는 어려움이 있었다. 왜냐하면 참여예산제는 주기가 1년이어서 참여 계획의 범위가 1년으로 제한되어 있었기 때문이다.

더 큰 문제는 재정적인 제약 때문에 발생했다. 그것은 부분적으로는

표 5 포르투알레그레 참여예산제 참여자(1990~2009년)

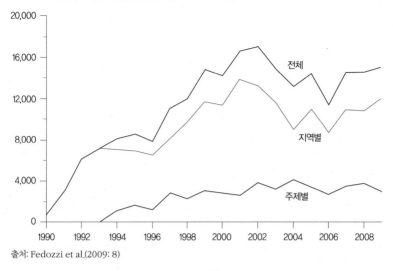

출처: Fedozzi et al.(2009: 8)

긴축정책과 1998~99년의 재정 위기에서 비롯된 것이었다. 이러한 재정 문제는 2000년대 초반까지 계속되었고, [표 5]에서 보는 것처럼 참여예산제 참여자가 줄어드는 결과를 불러왔다.

참여 과정은 시의회 내에서 시 정부의 정당성을 부여했다. 처음에는 제1야당(PDT)도 중도좌파였기 때문에 시의원들과의 충돌이 다소 약했다. 포르투알레그레에서 PT가 4회 연속(1989~2004) 집권했다는 사실은 참여예산제가 PT의 선거 승리에 상당히 중요한 역할을 했음을 보여준다. 야당들은 참여예산제가 PT 지방정부의 중심 프로젝트라고 생각하여 시간이 지나면서 점차 적대적인 태도를 보이기 시작했다. 야당들은 이용 가능한 자원을 확대하게 해줄 수 있는 진보적인 조세개혁 안을 더 이상 허용하지 않았으며, 참여예산제를 PT의 마케팅 도구라고 비난했다. 2004년에는 오랫동안 PT의 참여예산제에 반대해 왔던 거의 모든 야당이 힘을 합쳐 호세 포가사를 시장으로 당선시켰다. 그래서 2005년부터 포르투알레그레에 새로운 시 정부가 출범했다. 그러나 새 정부는 참여예산제를 국제적으로도 인정받은 최고의 실천 모델로 계속 유지하면서 'PT의 소유물이 아닌 것'으로 인식했다. 그럼에도 불구하고 중요한 전환이 일어났다.

중요한 새로운 발명품은 '지역연대 거버넌스'(GSL, Governança Solidária Local)라고 불리는 것이었다. 이 프로그램이 참여예산제와 병행해서 시행되었기 때문에 참여예산제는 이제 시 정부의 중심축 지위를 상실하게 되었다. 심지어 조정사무국도 이름이 바뀌고 구조가 개편되었다. 참여예산제를 모니터링한 NGO '시다데'(Cidade, '도시'라는 뜻-역주)에 의하면(Cidade, 2006 참조), GSL로 전략 변화가 일어남으로써 참여예산제 총회에 참가하는 공무원 수가 현저하게 줄어들었다. 이는 곧 참여예산제에 대한 기술적 지원과 예산이 줄어든다는 것을 의미했다. GSL의 특징으로 합의를 위한 노력이 부각되었는데, 그것은 참여예산제에 대한 다음과 같은 비판에 대한 반작용이었다. 즉, ① 참여자들이 시 전체에 대한 고려 없이 자신이 속한 지역사회에 투자를 유치하기 위해 싸우는 갈등적 성격이 있고, 이와 연관되어 ② 단기적인 계획과 전망, 그리고 ③ 특히 시 재정이 부족함에도 불구하고 공사 간 동반자 관계(PPPs, private-public partnerships)에 대한 고려 없이 정부 투자 요구에만 초점을 맞추는 것이 참여예산제의 문제라는 것이다(Porto Alegre, 2006: 13ff).

이러한 문제에 대한 해결책으로 정부는 합의에 기반을 둔 새로운 국가-시민사회 간의 상호작용을 제안했다. 이러한 공동체주의 담론은 시민의 '권리와 의무'에 초점을 맞추면서 프로젝트들에서 공적 투자뿐만 아니라 민간 자본 또한 동원해야 한다는 점을 지적했다. NGO '시다데'

(2006)는 참여예산제가 존재하기는 했지만 예산이 편성된 투자들이 실현되지 않은 경우가 점점 증가했다고 보고했다.

PT 정부의 권력 상실 이후에 나타난 이러한 변화를 보면, 참여적 통치의 방식에서 정치사회 특히 정당 전략이 중요하다는 것을 알 수 있다. 또 참여예산제는 PT 정부의 정책을 정치적으로 합법화하는 중요한 수단으로서 기능했다. 왜냐하면 PT 정부는 동맹 세력이 한 번도 다수당이 된 적이 없었던 시의회를 통과해야 했기 때문이다. 따라서 참여예산제는 중도좌파부터 중도우파 정당을 아우르는 광범위한 연합을 위한 노력이었다기보다는 오히려 중도와 우익 정당에 압력을 행사하는 도구였다.

다음에 살펴볼 오자스쿠의 사례는 시민사회와 정치사회 사이의 한층 더 높은 차원의 연계를 잘 보여 준다. '정치사회의 가장자리'(fringes of political society)에서 활동하는 참여예산제 평의원들의 활동을 눈여겨 볼 필요가 있다.

오자스쿠에서 PT의 전략과 참여예산제 활동[4]

인구 70만 명의 도시 오자스쿠는 상파울루 광역시 서부 지역에 위치해 있다. PT는 오자스쿠에서 12년 동안 우파와 양극화된 다툼 끝에 선거에서 승리했다. 시장과 오자스쿠 PT 활동가 대부분은 정치적으로 좌익 가톨릭 그룹이나 다양한 산업 부문의 노동조합들과 연계되어 있다. 2004년, 에미디오 데소자가 지방선거에서 승리하면서 PT가 집권했다. PT 주도로 구성되어 승리한 선거연합에는 우파(PTB, PTN, PL), 중도파

(PPS), 좌파(PCB, PCdoB, PT)[5) 정당들이 포함되어 있었다. 2008년에는 에미디오가 13개 정당의 광범위한 연합으로 재선에 성공했다.[6) 2005 년 오자스쿠에서 PT 정부가 출범한 첫 해에 참여예산제가 도입되었다.

우리의 분석 목표는 참여 과정에서 정책 결정이 이루어지는 중심 포럼, 즉 참여예산평의회(PBC, Participatory Budgeting Council)를 조사하는 것이었다. 참여예산평의회 평의원들(conselheiros)은 참여예산제의 각 지역(2009년 기준 18개 지역)에서 두 명씩 선출된다. 여기에다 청년 대표 5명, 도시 사회운동과 시민사회 조직의 대표 5명도 PB 총회에서 함께 선출되어, 모두 46명의 평의원으로 구성된다. 조사방법은 참여예산평의회에 초점을 맞추었으며, 설문조사 항목은 시민사회 차원으로 제한하지 않고 정치사회와의 연계에 관한 질문을 포함하여 구성했다. 정치사회와 관련한 네 가지 주요 질문은 ① 정당 소속 여부, ② 직전 선거의 선거운동 참여 정도, ③ 정치인들의 집회 참여 정도, ④ 시의회(지방의회) 또는 다른 공직선거 출마 의지 등이었다. 분석적 목적을 위해 이 네 질문은 정치참여지수로서 연구의 핵심 요소였다(Romão, 2010b). 임기가 2007년부터 2009년까지였던 46명의 평의원 중 32명이 응답했는데, 이 가운데 23명은 직접 설문에 응했고, 9명은 대리인이 응답했다.

[표 6]은 설문에 응답한 참여예산평의회 평의원의 정치참여지수를 적용한 분석 결과이다.

요약하자면 평의원 중 정치 참여가 높거나 매우 높다고 응답한 비율이 전체의 65.7퍼센트나 되었다. 그들은 선거운동에 적극적으로 참여하거나, 의회에 진출하거나, 정당의 당원이거나, 기타 시의회에 다른 형태로 참여하는 등 제도 정치 과정에 온전히 참여하고 있었다. 즉, 대부분

표 6 설문에 응답한 평의원 수와 정치 참여 수준

정치 참여 수준	평의원 수	%
전혀 없다	2	6.2
낮다	3	9.4
보통이다	6	18.7
높다	13	40.6
매우 높다	8	25.1
합계	32	100

의 평의원들은 정치사회에 깊이 관여하고 있었다. 또한 정당에 소속된 평의원들의 비율이 높게 나타났다(23명, 71.9%). 자신을 정당 지지자라고 밝힌 5명까지 감안하면 정당과 직간접적으로 연관된 평의원은 28명으로 전체 응답자의 87.5퍼센트에 달한다. 또 13명은 PT의 당원이고 4명은 PT의 지지자로, 모두 17명의 평의원(응답자의 53.1%)이 PT 지지자였다. 이처럼 비록 PT가 지배적이기는 했지만 정치적으로 다양한 참여가 이루어지고 있음을 알 수 있다.

23명의 정당원 중 한 명만 정당의 지역 대표였고, 6명의 평의원은 지역 지부의 임원이었다. PT 이외의 다른 정당 소속 평의원들은 자기 정당 내에서 더 강한 목소리를 냈다. PT 당원들에게 참여예산제는 일반적으로 정치 경력을 시작하기 위해 이용할 수 있는 공간이었으며, 그렇지 않으면 적어도 당이나 일반적으로는 정치사회와 관련하여 더 나은 지위를 차지할 수 있는 것으로 여겨졌다. 더 작은 정당들에서 참여예산제는 평의원 자신의 성장을 위한 더욱 더 전략적인 공간이거나 당 지도부의 눈에 띌 수 있는 공간으로 인식되었다. PT와 같이 전통적으로 강한 당원 토대를 가지고 있는 정당에서조차 토대와 당 지도부 사이에 심각한 탈구가 생기는 경우가 종종 있다. 그러므로 참여예산제는 지역 정치의

표 7 평의원의 정당 연계

	PT	PSB	PV	DEM	PDT	PMDB	PTB	PTN	PSC	합계
당원	13	3	2	1	1	1	1	1	1	23
지지자	4	-	-	-	-	-	-	-	1	5
합계	17	3	2	1	1	1	1	1	1	28

맥락에서 당원(정치사회)과 시민사회 사이에 새로운 연결고리를 만들 수 있는 가능성으로 여겨졌다. 평의원 중 12명만 시민사회조직(CSOs, civil society organizations)에 속해 있었고, 단지 4명만 사회운동 조직에 속해 있는 것으로 볼 때, 참여예산제에서 정치사회에 비해 시민사회가 상대적으로 과소대표(under-represented)되었다는 점도 지적할 만한 가치가 있다.

정치참여지수의 두 번째 구성 요소인 2008년 선거운동 참여 정도를 살펴보면, 선거운동에 참여한 평의원의 빈도가 매우 높게 나타난다. 시의회 선거의 후보자였거나, 선거운동을 조직했거나, '전문적으로' 또는 유급(급여나 월 수당을 받음)으로 선거운동에 참여한 평의원을 고려하면 13명(40.6%) 이상이 정치사회의 일원으로 확인되었다.

또한 나머지 13명이 자발성을 가지고 선거운동에 적극 참여했다고 응답한 점을 고려하면 전체 평의원의 81.2퍼센트가 선거운동에 직접적으로 참여했다. 이러한 결과는 참여예산제가 사회정치적 지도자에게는 선거 지원의 한 수단이 된다고 보는 관점에 힘을 실어 준다. 정치 집회에 10번 이상 참가한 평의원이 많다는 사실(21명, 65.6%)은 시사하는 바가 크다. 왜냐하면 이런 사람들은 보통 다소 적극적인 의원 지지자들이 참여하는 공간과 밀접하게 연관되어 있기 때문이다. 단지 7명(21.9%)의 평의원만 집회에 한 번도 참여한 적이 없다고 응답했다.

표 8 선거운동 참여 정도(2008년)

선거운동 참여 정도	평의원 수	%
참여하지 않고 투표만 했다	5	15.6
선거당일 투표를 호소했다	1	3.1
선거운동에 적극 참여했다	13	40.6
선거운동에 '직업적으로' 참여했다	6	18.7
선거운동을 조직했다	4	12.5
후보자였다	3	9.4
합계	32	100

이러한 수치는 시의회에 출마했거나 출마하기를 원하는 응답자 비율과 비교해서 살펴봐야 한다. 선거 출마 의지는 2008년 선거운동 참여 비율이나 정당 소속 비율보다 낮게 나타났다. 평의원 11명(34.4%)이 출마했거나 출마할 것이라고 응답했고, 평의원 21명(65.6%)은 부정적으로 응답했다. 응답자의 3분의 1보다 조금 많은 숫자가 정치 경력을 시작하고 싶어 한다는 것인데, 이는 선거 출마 의지가 정치사회에 대한 시민사회의 관계 면에서 가장 중요한 요인은 아니라는 점을 보여 준다.

이러한 결과들은 오자스쿠의 참여예산평의회 평의원들 가운데 유의미한 다수가 정치사회와 강한 관계를 맺고 있음을 보여 준다. 정당 소속 당원들은 자신들의 이해관계를 발전시키고, 사회정치적 지원과 훈련을 확대하는 데 유리한 환경을 참여예산제에서 찾고 있음을 알 수 있다. 참여예산제는 평의원들이 시 정부 관리들, 시의원, 정당의 지역 대표와 밀접한 관계를 맺을 수 있는 기반을 제공한다. 또 그것은 일반적으로 평의원들이 정치 경력을 발전시키거나 정치적 자본을 증가시킬 수 있는 기회로 여겨진다. 참여예산제는 자신의 권력을 유지하기 위한 능력을 확장하려고 하는 지역 정치사회와, 정치사회의 가장자리에 있으면서 스스로를 쓸모 있는 사람으로 만들려고 하거나, 덜 엘리트주의적인 방식으로 자신의 정치 프로젝트를 공유하려고 하는 사람들 사이에 이해관계의 친화성을 포착하는 환경을 만들어 낸다.

참여예산제의 성과

'권한을 가진 참여민주주의' 또는 '강한 공공성' 같은 개념들을 사용한다고 할 때, 정치과정에 대한 좀 더 현실적인 이해를 위해서는 정치사회와 시민사회의 상호 관계를 고려할 필요가 있음을 이러한 조사 결과는 보여 준다. 라틴아메리카 또는 전지구적으로 확립된 진보 정치의 청사진을 기대하는 대신, 우리는 정치인들의 이해관계를 반영할 뿐 아니라 시민사회와 정치사회 사이, 그리고 각각의 내부에서 구축되는 동맹들을 반영하는 정치사회와 정당정치의 특성들을 고려해야 한다고 주장한다.

참여예산제는 새로운 자율적인 '공론장'을 창출한 것이 아니라 지방정부의 전략적 선택성을 변화시켰다. 참여예산제는 지역 수준의 사회적·정치적 힘의 상관관계에 영향을 끼쳤다. 그것은 민중 계급의 영향력을 강화시키는 경향이 있었다. 지역 주민 단체 활동가들은 지방정부의 정책결정 과정에 접근할 수 있는 새로운 통로를 획득했다. 하지만 참여예산제는 정당 활동가들에게는 더 넓은 정치적 무대로 나아갈 수 있는 특별한 기회였다. 지역의 제도 변화와 각 지방정부의 전략적 선택성의 변화는 정책 결정에 유의미한 결과를 낳았다. 게다가 지방자치단체 수준에서 정권 교체는 포르투알레그레의 사례가 분명히 보여 주는 것처럼 참여예산제의 성패에 엄청난 영향을 미쳤다.

우리의 견해로는 정치사회와 시민사회가 얽혀 있으면서도 서로 대립한다는 사실은, PT가 지배하는 중앙정부가 직면한 문제들을 다루기 위해 고려해야 하는 첫 단추이다. 국가 수준의 참여 문제에 대한 철저한 분석은 이 글의 범위를 넘어서는 문제이다. 1980년대 말 시민사회가 고도로 동원되고 적극적이었던 상황과 달리 PSDB 정부의 경제사회적 정책에 대해 다소 수동적으로 거부하는 정치적 국면으로 변화되었을 뿐 아니라, 정부의 전략도 이전의 'PT식 통치'와는 달라졌다. 따라서 전국적 포럼을 통한 공개적 토론이 새롭게 강조되었음에도 불구하고 지방자치단체 차원에서 중요했던 민주화는 중앙정부에게는 우선적인 문제가 아니게 되었다. 끝으로 이 장의 접근 방식은 또한 사회정의를 촉진하는 수단으로 참여를 이상화하려는 경향에 대해 해독제의 기능을 한다. 정치사회와 시민사회 간의 연계에 관해서는 특정한 맥락에서 구체적 권력 관계가 결정적으로 중요하다는 점을 철저하게 분석할 때 그러한 이상화 경향에서 벗어날 수 있다.

---

1) 이 장에서 참여예산평의회 평의원은 'conselheiros'(평의원)이라고 지칭한다. 이는 시의회 의원(브라질어로 vereadores)과 혼동을 피하기 위한 것이다.

2) 애브리처(2009)는 이 주제에 관한 가장 최근의 책에서 자신의 분석 틀에 정치사회를 포함시키기 위한 기준을 제시하고 있지만 우리의 관점에서 애브리처의 해법은 불충분하다. 왜냐하면 여전히 정당을 참여예산제의 단순한 지지자(아니면 반대자)로 간주하는 다소 편협한 관점을 취하고 있기 때문이다. 이 글을 전면적으로 비판한 Romão(2010a)를 보라.

3) 이 부분은 Leubolt et al.(2008)과 Novy and Leubolt(2005)를 참고했다.

4) 이 사례 연구는 상파울루대학 사회학과의 Wagner de Melo Romão의 박사학위 논문을 바탕으로 했다(Romão, 2010a).

5) PTB: Partido Trabalhista Brasileiro (Working People's Party, 브라질 노동자당), PTN: Partido Trabalhista Nacional (National Working People's Party, 민족노동자당), PCB: Partido Comunista Barsileiro (Brazilian Communist Party, 브라질공산당), PL: Partido Liberal (Liberal Party, 자유당), PPS: Partido Popular Socialista (Socialist People's Party, 사회주의민중당), PCdoB: Partido Comunista do Brasil (Communist Party of Brazil, 브라질 공산당).

6) 브라질의 선거와 정당 시스템은 매우 관대하며, 좌파와 우파의 연합도 (특히 지방 정부에서는) 일반적인 현상이다. 국가 수준에서 PT와 PSDB의 극적인 대립은 지방 정부 수준의 이러한 정당 간의 연합에 대해 논쟁을 낳기도 했다.

6장 칠레의 좌파 정부와 펭귄 혁명[1]

레네 하라 레예스

2011년 칠레에서 일어난 대규모 저항은 이 나라의 최근 역사를 관찰해 온 사람들에게 놀라운 일이었다. 이 책의 광산 노동자들의 저항(9장 참조)은 말할 것도 없고 원주민운동, 환경운동, 학생운동 등 사회의 다양한 부문들이 사회적 동원과 거리시위를 통해 세바스티안 피녜라 중도우파 정부의 핵심 프로젝트들을 거부하는 목소리를 내었다. 공적인 문제에 대해 무관심했던 1990년대 칠레 사회의 분위기와 비교하면 이러한 새로운 저항의 물결은 시민들과 국가기관 사이의 관계가 변화되었음을 보여 준다. 또한 그것은 민주화가 진전됨에 따라 침식되어 왔던, 사회와 국가 사이의 대화가 이루어지는 조건도 변화되었음을 보여 주는 것이다.

1980년대 칠레 시민사회의 빈곤층에서 강력했던 저항은 심각한 경제 위기가 닥친 1984년에 정점에 도달했다. 라틴아메리카 지역 다른 나라들과 마찬가지로 이러한 저항은 독재에서 민주주의로의 초기 이행 과정의 일부였으며, 그 결과 어느 정도 자유화와 국가-시민사회 관계가 재구성되었다. 국가-시민사회 관계의 변화는 1990년대에 정점에 도달한 사회정치적 이행이라는 맥락에서 일어났다(Garretónb et al., 2003; Mascareño, 2009). 칠레의 경우 기독교민주당의 파트리시오 아일윈(1990~1994)과 에두아르도 프레이(1994~2000)가 이 이끈 두 차례의 콘세르타시온(Concertación, 중도좌파연합) 정부는 '칠레 모델'을 개혁할 수 있는 여지가 제한되어 있다고 생각하여 점진적이고 합의적인 접근 방법을 선택했다(Lahera and Toloza, 1998; Drake and Jaksie, 1999).

뒤이은 중도좌파 콘세르타시온 정부들은 칠레 모델을 관리할 것인가 아니면 변화시킬 것인가 하는 딜레마에 직면하여, 신자유주의 기조를 유지하면서도 바리오(Barrio, 이웃공동체) 프로그램과 같이 빈곤층을 겨냥하여 예산을 지출하는 정책들로 균형을 잡으려고 노력했다. 이미 '칠레 모델'의 본질적인 부분이 되어 버린 신자유주의 정책을 수정하는 것은 불가능했기 때문에 1990년대에 칠레 국가는 이중 전략을 수립했다. 즉, 신자유주의 사회경제 모델을 계속 유지하는 한편, 가장 긴급한 사회적 필요에 대응하기 위해 국가 프로그램과 기구들을 발전시킴으로써 사회의 요구들을 통합하려고 시도했다(Silva, 2009: 262-3). 게다가 노동조합 같은 조직이나 사회운동 세력이 정당에 편입됨으로써 1980년대와 달리 시민사회가 탈동원화되고 국가에 대한 종속이 심화되는 결과가 나타났다.

민주주의가 회복된 1990년부터 2010년까지 집권한 '콘세르타시온'은 여러 중도좌파와 중도파 정당들이 모여 구성되었다.[2] 처음의 두 콘세르타시온 정부는 기독교민주당 대통령이 이끌었지만, 나중에는 사회당의 리카르도 라고스(2000~2006)와 미첼레 바첼레트(2006~2010)가 연이어 대통령에 선출됨으로써 통치연합의 주축이 좌파로 이동했다. 그래서 국가와 시민사회의 관계가 조금 더 유동적으로 바뀌었으며, 공적 의제를 설정하는 데서 시민사회가 이전보다 더 적극적인 역할을 하게 되었다. 이 책의 서장에서 지적한 바와 같이, 이론적으로는 이러한 '좌파로의 전환'으로 칠레에서 국가-시민사회 관계에 구조적 변동이 일어났어야 하지만 실제로는 뚜렷하지 않았다. 두 사회당 대통령은 저마다 자신의 정부에 사회적 성격을 각인하려고 노력했지만 이행기 유산의 제약 탓에 번번이 한계에 부딪혔다(나중에 보게 되겠지만, 이러한 제약은 두 대통령 집권 기간 동안에 약화된다).

이 장은 2006년과 2011년의 학생운동이라는 구체적인 대중 동원 사례에 초점을 맞추어 칠레의 국가와 시민사회의 복합적인 관계를 살펴본다. 처음에 미첼레 바첼레트의 임기에 시작되어, 민주주의 회복 이후 첫 우파 정부 시기에 정점에 도달한 이러한 동원들에 대한 검토는 특별한 의미를 띤다. 왜냐하면, 두 차례 동원 모두 칠레 정치를 지배한 '이행의 모체'가 가지고 있던 영향력이 해체되는 데 중요한 함의를 담고 있기 때문이다.

독재 정권의 유산과 개혁, 성장

분석가들은 일반적으로 칠레에서 민주주의 회복이 시민사회 활동의 강화로 귀결되지 않았다는 점에 동의한다(De la Maza, 2004; Garretón, 2009; Silva, 2009). 1980년대에 격렬한 사회적 동원이 있었던 배경에서 1990년대에 중도파와 중도좌파 정당연합이 권력을 장악했기 때문에 사회에서 터져 나오는 새로운 목소리가 더 확장될 거라고 기대되었다. 하지만 정반대 상황이 펼쳐지고 말았다. 지배 연합 내에서 보수 전략이 승리했으며, 그 궁극적 목표는 시민사회의 탈동원화와 안정이었다.

실제로 콘세르타시온 정부는 저항 행동을 가로막지는 않았지만 시민사회조직들에 대해 강력한 통제력을 행사했다. 1980년대에는 독재에 저항하는 투쟁이 여성, 노동조합, 학생 같은 다양한 사회집단들의 운동과 통합되어 있었다. 1990년대에 들어와 시민사회는 정부에 종속적인 관계를 맺음으로써 1980년대 동원 시기에 획득했던 자율성을 잃어버렸다. 그러한 사회적 활동이 '국가에 역사적으로 접합'(Garretón, 2009)되었다는 사실은 칠레의 이행 과정에서 사회운동을 '위축'시키고 민주주의의 결핍을 가져오는 원인이 되었다(PNUD, 2004).

대개 '이행학' 문헌에서는 시민사회의 역할이 상세하게 다루어진다(O'Donnell et al., 1986). 특히 민주주의의 공고화라는 맥락 속에서 그렇다(Linz and Spepan, 1996; Diamond, 1994). 실제로 정치사회는 민주주의 회복이 독재 말기에 누적된 수많은 사회적 요구로 가득한 '판도라의 상자'를 여는 계기가 되지 않을까 우려했다(Joignant and Menéndez Carrión, 1999). 파트리시오 아일원 정부는 이러한 갈등의 원천을 통제하기 위해 갈등 가능성이 있는 부문의 사회조직들을 끊임없이 감시했다. A. 호이난트(Joinant, 2011)의 연구가 보여 주는 것처럼, 그러한 감시는 주로 20년 동안 콘세르타시온 정부에서 권력의 핵심을 차지하고 있던 '기술정치인들'(technopols)[3]이 주도했다.

라틴아메리카의 '이행기' 민주화는 중요한 요소를 하나 더 갖고 있다. 마누엘 가레톤(Garretón, 2003)이 '권위주의 영지'(authoritarian enclaves)[4]라고 부른 것인데, 독재가 설정한 규범을 새 민주주의 체제가 존중할 수밖에 없도록 만들어 놓은 것이었다. 그것은 새 정부를 합법적으로 구속함으로써 중요한 권위주의 유산을 실질적으로 개혁하는 것을 가로막았다. '임명직 상원의원'[5])이나 '의무 법률'[6]) 같은 규정과 양원제 선거제도는 시민사회조직들과 국가의 관계에 엄청난 영향을 미쳤다. 권위주의 유산을 보호하는 법률들을 개정하려면 높은 의결 정족수가 필요했기 때문에 중도좌파는 의회에서 우파의 지지를 얻기 위해 점진적인 변화 의제를 채택할 수밖에 없었다. 그 때문에 사회적 의제가 한없이 연기되는 결과를 불러왔다.

이러한 사회적 동원과 권위주의 영역은 민주주의 이행 기반의 두 가지 요소로서 국가와 시민사회 사이 대화의 역사적·제도적 틀을 규정했다. 이러한 사회정치 상황 속에서 사회운동은 오직 제도적 채널을 통해서만 자신의 요구에 대한 반응을 기대할 수 있었다. 게다가 그러한 요구들이 좀 더 급진적으로 나아가거나, 교육, 보건, 연금제도 같은 민감한 문제를 건드리면 콘세르타시온은 그러한 개혁을 위해 연합 안에서 충분한 지지를 얻을 수 없다는 반응을 반복했다. 양원제 선거제도가 독립민주연합(UDI)과 국민혁신(RN)으로 대표되는 우파와 콘세르타시온 사이에 벌어지는 정치적 교착 상태의 쉬운 논리적 근거가 되는 상황에서, 의미 있는 개혁을 위해서는 두 세력 사이의 합의가 이루어져야 했던 것이다. 이러한 평계로 인해 콘세르타시온 내부의 의견 차이나 갈등은 은폐될 수 있었는데, 이는 위에서 언급한 제도적 난관 이외에도 독재로부터 물려받은 신자유주의 모델을 변화시키는 것이 어렵다는 점을 여실히 보여 주는 것이다.

그러나 콘세르타시온 안에서 중도좌파로 주도권이 이동한 것은 시민사회가 어느 정도 자율성을 회복하는 데 도움이 되었다. 사회당의 라고스 정부와 특히 바첼체트 정부는 이행의 제도적 제약에 영향을 덜 받는 것으로 보였기에 사회적 행위자들은 좀 더 큰 자율성을 가지고 개혁의 심화를 요구했다. 2005년에 임명직 상원의원 제도가 폐지되고 의회에서 다수당이 되면서, 교육이나 보건과 같은 민감한 문제들에 대해 콘세르타시온이 보였던 극단적인 신중함은 점점 정당화하기 힘들게 되었다. 게다가 정치적 상황으로 볼 때도 이 시기에는 콘세르타시온 안에서 정당의 규율이 약화되는 무질서 현상이 나타나 전통적인 정당 체제의 논리가 수명을 다했다는 목소리가 점점 힘을 얻었다. 선거제도가 한편으로는 정당들을 안정적인 두 정치 블록으로 확립하고 다른 한편으로 각 동맹 내부에서는 반대파의 목소리를 사실상 배제하는 결과를 가져왔기 때문이다. 이로 인해 시민사회 운동은 정당들의 영향력에서 점점 벗어나 과거보다 훨씬 더 급진적인 요구를 하게 되었다.

가레톤(Garretón, 2009: 104)이 지적한 바와 같이 바첼레트는 콘세르타시온의 정치적 프로그램이 결여된 상황에서 집권했다. 이런 관점에서 보면 그가 재임 기간 동안 '대통령자문위원회'[7]를 만들어 체계적으로 이용한 것은 이전 콘세르타시온 정부들의 특징이었던 하향식 정책 추진이 변화된 것이라기보다는 "더 많은 시민 참여!"(Gobierno de Chile, 2007)라는 슬로건으로 요약되는 선거 공약의 실현이라는 측면이 더 컸다고 볼 수 있다(Navia, 2009: 315). 어쨌든 대통령자문위원회를 통해 바첼레트는 공공 정책 논의에 시민사회 행위자들의 목소리를 반영할 수 있는 사회적·기술적 메커니즘을 구축함으로써 자신이 정당들로부터 독립되어 있다는 점을 표명할 수 있었다.

경제적으로 보면 1982년 재정 위기 이후 독재 정권이 도입한 신자유주의 경제 모델이 유지되었다. 이른바 '시카고 보이들'(Chicago Boys)

은 발전 전략으로 자유시장 경제 시스템을 도입했는데(Valdés, 1995; Huneeus, 2000), 첫 번째 국면에는 보건, 연금, 노동, 교육 같은 서비스 분야를 자유화시키고 나중에 농업, 사법, 행정 등으로 자유화를 확대했다. 민주주의 회복 후에도 공공 지출을 제한하고 거시경제 균형을 관리하는 재정흑자 원칙이 알레한드로 폭스레이(1990~1994)에서 안드레스 발라스코(2006~2010)에 이르는 재무부 장관들의 기본 신조가 되었다. 그와 함께 이들의 재임 기간 중에 상품수출 모델이 변함없이 유지되었을 뿐 아니라 미국 및 유럽연합과 맺은 자유무역협정이 조인됨에 따라 더욱 완벽해졌다.

그러나 1990년대에는 국가가 새로운 혜택을 가져다주긴 했지만 실질적으로 기존의 발전 모델을 조금도 변화시키지 않았기 때문에 비판이 국가로 향했다. 연평균 약 7퍼센트의 GDP 성장을 유지한 아일윈 대통령 임기 동안에는 비판의 명분이 별로 없었지만, 1997년 아시아 금융 위기가 터지자 전반적으로 불안감이 퍼져 선거에서 백지 투표가 늘어나고(Navia, 2004: 94) 청년층의 선거인 등록이 감소했다(Toro, 2007: 108). 이러한 사태는 정치인들 사이에 우려를 자아냈다.

이러한 상황에서 '공평한 성장'이라는 담론이 힘을 얻어 1990년대에 나타난 중요한 사회문제 하나가 부각되었다(Weyland, 1997). 칠레의 빈부 격차는 실제로 이 기간 동안 계속 확대되어 전 세계에서 가장 높은 불평등 수준을 기록하기에 이르렀다.[8] 사회당 대통령 리카르도 라고스는 경제성장이라는 공식을 선택하면서도 분배 정의에도 강조점을 두었다. 라고스의 임기 동안 민주화 과정에 영향을 끼친 몇 가지 중요한 헌법 개혁이 성취되었지만, 진정한 사회적 의제가 대중적 토론에서 중심 무대에 오르기 시작한 것은 바첼레트 대통령 집권 후에 시민사회 참여의 담론이 출현하고 '시민의 정부'를 수립한다는 약속이 있고 난 다음이었다.

세계경제 상황은 콘세르타시온의 경제정책, 특히 바첼레트 정부 시기 경제정책의 정당성을 입증했다. 재정흑자 기조를 확실히 유지한 덕분에 잇따른 칠레 정부들은 1997년과 2008년의 경제 위기를 성공적으로 넘길 수 있었으며, 세계시장에서 구리 가격이 기록적으로 치솟자 고무되었다. 이런 유리한 상황 덕분에 바첼레트 정부는 초등교육과 연금 개혁에 상당한 투자를 하는 등 정부의 야심찬 프로그램을 실행할 수 있었다. 다른 한편, 사회운동가들이 자신들의 요구에 정부가 결국 귀 기울일 것이라고 믿은 것도 바로 이러한 유리한 경제지표 덕분이었다. 게다가 세계경제에 칠레가 통합된 방식은 국가의 새로운 노력을 요구했다. 2010년, 칠레가 OECD(경제협력개발기구)에 가입하기 위해서는 교육 요건을 갖추어야 했을 뿐만 아니라 심각한 소득 분배 수준을 개선해야 했다. 산티아고 대주교 리카르도 에사티가 "추문에 가까운 격차"(brecha escandalosa)[9]라고 부른 소득 격차는 칠레 모델이 소득 재분배에 실패했음을 보여 주는 증거였다. 이러한 불평등으로 인해 사회경제적 집단들 간의 차이를 영속화하는 핵심 요인으로 간주되는 교육을 비롯하여 다양한 서비스에 대한 접근권이 평등하지 않았다.

이러한 새로운 개혁 정신을 가장 잘 보여 주는 것들 가운데 하나가 바로 '양질의 교육을 위한 대통령자문위원회'(CAP, Consejo Asesor Presidencial para la Calidad de la Educación) 출범이다. 정치인들이 시민사회조직들을 '수단으로' 이용해 온 전통(De la Masa, 2004)에 부응한 이러한 메커니즘은 중도좌파 정부가 "공공 정책의 형성에 시민사회 참여"를 확장시키려 한 방식을 보여 주는 것이지만, 동시에 그것은 정치적 게임에 새로운 행위자의 참여를 가로막아 온 칠레 국가의 강고한 제도적 틀과 충돌하는 것이기도 하다.

'펭귄 혁명'과 한 시대 종말의 시작

이러한 조건들로 인해 바첼레트 임기 동안에 대규모 저항운동이 출현할 수 있었다. 주요한 주인공은 2006년 4월부터 6월까지 산티아고 중심가를 관통하는 거대한 시위행진으로 대중의 지지를 받고 학사 일정을 무력화시킨 중고등학생들이었다. 중등학교 학생들이 입는 흰색과 검은색 교복 때문에 붙여진 '펭귄 혁명'은 학생 집단에만 관련되는 요구를 넘어서서 칠레 교육 시스템의 전반적인 개혁을 요구했다는 점에서 이전의 2001년 학생 시위(학생들의 책가방을 의미하는 '엘 모칠라소')를 능가했다. 이 때문에 학생운동은 자신들의 조합주의적 이해관계를 방어하려고 하는 집단 운동이라기보다는 더 폭넓은 시민사회 운동으로 여겨졌다. 이와 동시에 시민사회의 여러 부문들이 참여함으로써 '펭귄' 운동의 시민적 성격이 강화되었다. 여기에는 칠레대학생연합(CONFECH)을 비롯한 대학생 단체들, 칠레 교사노조와 교사협회뿐 아니라 각종 교사 단체들, 사립고등학교 학생회, 학부모 단체들이 참여하여 '교육을 위한 사회적 블록'(Bloque Social por al Educación)이라는 동맹을 결성하기에 이르렀다.

2006년 5월 30일과 6월 6일 동맹휴업에서 정절에 달한 대중 시위는 1980년대 반독재 대중 저항 시기 이래로 일찍이 없었던 규모였다. 그 결과, 중등학생조정위원회(ACES, Asamblea Coordinadora de Estudiantes Secundarios)는 그 전신인 중등학생연맹(FESES, Federación de Estudiantes Secundarios)의 소심한 이미지를 벗어던 지고 정부에게 협상에 나서도록 강제했다. 교육부 장관의 중재와 대처가 성과 없이 끝남에 따라 정부는 일련의 개혁안을 도입할 수밖에 없었다. 정부는 대통령자문위원회(CAP)라는 기구를 설치하여 관련된 사회적 행위자들에게 대표 쿼터를 가지고 참여하도록 보장했다. 정부의 이런 노력의 결과, 마침내 2006년 6월 9일 중등학생조정위원회는 시위를 끝내고 점거한 학교를 당국에 돌려주고 협상을 시작한다고 선언했다.

학생운동 세력이 내건 주된 요구가 교육기본법(LOCE, Ley Orgánica Cinstitucional de Enseñanza) 개정이었다는 사실은, 학생들이 전체 교육 시스템에 영향을 미치는 심각한 문제들을 얼마나 깊이 인식하고 있었는지를 보여 주는 증거이다. 이 법률은 '의무 법률'(leys de amarre)의 하나였고 상원에서 3분의 2 이상 의결 정족수가 필요한 헌법적 지위를 누리고 있었기 때문에 개정이 쉽지 않았다. 학생운동의 요구 사항에 이 법률의 개정이 포함된 것은 좌파 학생들과 교사협회의 오랜 소망을 반영한 것이었다. 그들은 이 법률을 독재 정권이 수립한 교육 시스템의 근본적인 뼈대라고 파악했던 것이다.

아우구스토 피노체트는 교육 현대화 계획의 일환으로 이전 민주주의 시기에 물려받은 교육 시스템에 중요한 변화를 가져왔다. 그 가운데 중요한 것은 학교의 종류를 공립, 사립 및 반(半)사립으로 분류하는 '3층 시스템'(three-tiered system)을 도입한 일이다. 이들 중 반사립 학교의 경우 교육비 대부분을 국가가 고정된 보조금으로 보장하고 나머지 일부는 학부모들이 부담하도록 했다. 게다가 LOCE에 따르면, 국가는 공립과 반사립 교육기관들의 행정을 지방자치단체에 이전하여 교육을 관리, 감독하도록 했다. 이러한 조치는 교육비 부담을 학부모들에게 떠넘기는 결과를 가져왔다. 반사립 학교에서 자녀들에게 더 많은 경제적 투자를 하면 공립학교보다 더 좋은 교육을 받을 수 있었기 때문이다. 그 논리적 귀결로 다수 학생들이 사립과 반사립으로 전학을 가 버리고 가난한 학생들만 공립학교에 남게 되었다. 이로 인해 칠레는 초등학교 부문에서 사회 계급에 따른 교육 분절이 가장 심한 나라 가운데 하나가 되었다(PISA, 2009).

대학 부문에서도 피노체트 시기의 신자유주의 개혁으로 수많은 사립대학이 설립되었다. 그래서 고등교육에 대한 접근권이 높아졌지만, 그 것은 저금리 대부 방식으로 이루어졌기 때문에 학생과 학부모, 특히 중산층의 빚이 늘어났다. 프레이 대통령과 라고스 대통령의 수많은 개혁에도 불구하고 이러한 제도는 1980~1990년대에 거의 변하지 않았다. 역설적인 것은 실제로 두 대통령 모두 고등교육에 대한 접근권의 확대와 학생 수 증가를 자신들의 업적이라고 내세웠다는 점이다. 20세기 말에 가서야 비로소 모든 수준에서 교육의 질에 의문을 제기하고 교육 시스템 자체가 만들어 낸 불평등의 증폭을 지적하는 목소리가 나오기 시작했다. 실제로 시장 가치를 교육 시스템에 도입함으로써 교육이 사회이동의 수단이 되기보다는 계급 차이를 심화시킨 요인이 되었다는 주장이 제기되었다.

대통령자문위원회, 저항에서 대화로

2006년 6월 14일, '양질의 교육을 위한 대통령자문위원회'(CAP)에서

81명의 위원이 논의한 문제는 바로 교육 시스템이었다. 바첼레트 대통령이 직접 임명한 이 대규모 위원회에는 교육에 관련된 다양한 부문들이 대표성을 띠고 폭넓게 참여했다. 거기에는 학계, 대학, 공공 정책 및 교육 전공 연구자, 민간 부문과 교회 등이 포함되었다. 더욱이 정부는 이익집단 대표자들, 정부에 연계된 정치인들, 다수의 대학 총장들, 몇몇 의원들과 함께 8명의 학생 쿼터를 두어 학생운동권의 참여도 보장했다. 그 외에도 학부모 단체들과 교육 기업들 등도 CAP에 참여했다.

조직 면에서 보면, CAP는 학계의 후안 에두아르도 가르시아 우이도브로가 이끈 관리 팀의 감독을 받았지만 실제로는 정부 부처에 종속되어 있었다. 처음에 CAP는 '규제의 틀,' '제도적 틀,' '교육평등위원회' 세 위원회로 구성되었지만, 나중에 교사위원회와 고등교육위원회가 추가되었다(Gobierno de Chile, 2006: 12). 중간보고서는 2006년 9월 26일, 최종 보고서는 같은 해 12월 12일에 나왔다.

시민 참여를 위한 메커니즘으로서 CAP의 교훈을 검토하기 위해서, 그리고 실제로는 국가 쪽에서 단순히 학생들의 동원을 해체하는 전술에 불과했는지를 평가하기 위해서는 CAP가 시민사회 참여에 제기한 도전의 유형들을 분석할 필요가 있다.

형식과 절차

먼저, CAP의 운영은 대통령한테 크게 의존하고 있었다. 그 때문에 대통령은 정책적 유연성을 확보할 수 있었지만 위원회의 실패에 대한 비판에도 노출되었다. 한 가지 문제는 참여자들의 수가 많았기 때문에 질 높은 대화가 힘들었다는 점이다. CAP가 분과 위원회로 나뉘어 각각 보고서 발간을 위한 집합적 결정에 책임이 있는 관리 집단이 업무를 맡음으로써 명확하고 투명한 절차를 보장한 점은 학생들의 불신을 어느 정도 완화시키는 데 기여했다. 그럼에도 어떤 위원회에 누가 참여할지를 결정하는 문제가 해결되지는 않았다. 이 때문에 CAP의 목표와 의도, 실질적 역할에 대한 훨씬 더 근본적인 질문이 제기되었다. CAP는 시민 협의를 통해 중요한 정책 문제에 대한 해답을 추구하는 '하이브리드 포럼'(Callon et al., 2001)의 한 형태로 여겨지기도 하고, 갈등과 관련된 모든 행위자들이 대표성을 가진 확대 시민의회라고 여겨지기도 했으며, 정부가 시민사회의 행동 범위를 제약하는 시간을 벌고, 시민사회가 요구 사항들에 타협하지 않을 수 없도록 하는 일종의 '협상 포럼'(mesa de diálogo)으로 간주되기도 했다.

절차에 대한 이러한 비판들은 CAP의 역할과 목적이 아주 모호하다는 점을 드러냈는데, 사실 그러한 모호함은 CAP가 처음부터 안고 있었던 문제였다. 사회적 갈등의 골이 깊고 정당들 사이의 다툼이 심한 상황 속에서 토론의 핵심과 질을 좌우한 것은 기술적으로 실행 가능한 계획안을 만들어야 한다는 필요성이었다. 실제로 토론에서 주장의 합리성 자체가 이러한 요인들의 영향을 크게 받았다. 또한 절차가 모호했기 때문에 참여자들은 서로 다른 기대를 하게 되었다. 그것은 최종 보고서의 질에 대해 학생들뿐 아니라 전문가들이 실망했던 이유를 설명하는 중요한 요인이다.

대표성 논란

더 핵심적인 갈등은 대표자로서 참여자들의 실제 역할을 둘러싸고 일어났다. 정부는 초등, 중등, 고등 세 수준의 교육정책에 영향을 미치는 광범위한 집단들이 참여할 수 있도록 CAP를 구성했다. 그 결과 CAP에는 세 유형의 대표들, 즉 시민사회, 정계, 학계 대표들이 함께 참여했는데, 그들은 반드시 양립한다고 할 수는 없었다. 또 공립, 사립, 반사립 세 종류의 학교뿐 아니라 교육기관을 운영하는 종교 교단과 사립대학들도 모두 대표자를 내었다.

CAP의 이러한 구성 탓에 학생 대표자들은 대표자들의 투명성과 책임성, 그리고 그들 사이의 이해 갈등의 가능성에 대해 의문을 제기했다. 더욱이 국가가 대표권을 갖는다는 분명한 선언도 없이 정부와 가까운 몇몇 정치인들도 포함되었다. 그리하여 정부는 진행 중인 논의와 쟁점에 대해 특권을 가지고 접근함으로써 민감한 분야에서 미리 준비된 정책으로 사전에 결정할 수 있었다. 게다가, 공공 정책 및 교육 분석가와 같은 전문가들과 우파와 연관된 싱크탱크의 전문가들도 포함되었다. 중재와 협상을 촉진하는 역할을 한 이러한 전문가들은 중립적으로 보이면서 실제로는 정부와 엘리트들의 이해관계가 관철되도록 하고, 최종 결정 과정에 작용할 수 있는 학생들의 영향을 희석시키는 데 기여했다.

이처럼 대표자 구성이 복잡했기 때문에 영리 학교를 둘러싸고 나뉜 핵심적인 쟁점에 관해 CAP 안에서 이미 언급한 '교육을 위한 사회적 블록'과 같은 동맹이 형성되었다. 사회운동과 공공 부문, 대학 지도자들의 대표자들로 구성된 '사회적 블록'은 국가 및 사립학교의 역할과 학교의 이윤 추구 문제와 같은 논쟁적인 쟁점들에 관한 정부 제안서에 대해 분명한 입장을 밝힘으로써 대중으로부터 상당히 긍정적인 반응을 이끌어 냈다.

숙의의 한계

그러나 '사회적 블록'과 같은 동맹이 형성되었음에도 불구하고, 중간

보고서와 최종 보고서에도 반영된 것처럼 합의에 도달하기 어려웠다. 하지만 이러한 합의의 어려움은 CAP의 숙의 결과가 정책으로 옮겨질 때 더욱 분명하게 표현되었다. 바로 이 지점에서 CAP의 한계라기보다는 칠레 이행 모델의 한계가 분명하게 드러났다. 구체적으로 말하면 양원제가 변화에 대한 심각한 제동장치로 작동했다. 특히 독재 정권이 민주주의 회복 불과 며칠 전에 공포한 교육기본법(LOCE)의 경우, 개정을 위해서는 '특별한 정족수'가 필요했다. 하지만 바첼레트 정부는 절대 다수를 확보하고 있었기 때문에 문제는 의회에서 좌파와 우파 사이에 있었다기보다는 콘세르타시온 내부에 있었다. 개혁은 통치연합의 일부 구성원들, 예컨대 기독교민주당 당원들에게 종교 교육 같은 민감한 쟁점을 건드린다는 것을 의미했기 때문이다.

따라서 CAP가 작성한 일반적 제안들은 양원제의 요구에 맞추어 수정되지 않으면 안 되었다. 원내 6개 정당 사이에 합의가 이루어져야 했기 때문이다. 결국은 낡은 LOCE를 대체하는 새로운 '일반교육법'(Ley General de Educación, 2009)과 '양질의 교육 보장법'(Ley Aseguramiento de la Calidad de la Educación, 2011)이 도입되었다. '일반교육법'은 교육의 기본적인 권리에 헌법적 지위를 부여했지만, 교육에서 이윤 추구와 같은 민감한 문제를 건드리지는 않았다. '양질의 교육 보장법'은 교육의 질적 수준을 보장할 수 있는 가장 좋은 제도적 행위자가 교육부 차관이 되어야 하는지 아니면 자율적인 규제 기관이 되어야 하는지를 규정하는 것이 과제였다.

요약하면, CAP에 대한 이러한 분석은 시민사회가 국가와의 관계에서 세 가지 중요한 문제가 있었다는 것을 보여 준다. 즉, 시민사회는 ① CAP의 형식적 메커니즘에 적응하여 대응해야 했고, ② CAP의 복잡한 대표성 형태와 상호작용해야 했으며, ③ 국가에 대해서는 숙의할 수 있는 힘이 결여되어 있었다. 학문과 정치, 제도를 뒤섞은 이러한 제도적 한계와 실천이 시민사회에 어떤 영향을 끼쳤는지 살펴보기 위해 우리는 2006년의 학생 동원을, 2011년에 시작되어 이 글을 쓰는 이 시점까지 종결되지 않는 학생 동원과 비교해 보고자 한다. 이러한 비교를 통해, 사회정치적 상황이 어떻게 변했기에 2006년에 비해 2011년의 학생 동원이 더 큰 성공을 거둘 수 있었는지를 살펴볼 것이다.

다시 그 학생들이? 2006년과 2011년 학생 동원의 교훈

2011년 학생 저항의 물결을 2006년의 동원과 비교할 필요가 있는 이유는, 2011년 동원은 전국적으로 이전에 볼 수 없었던 강력한 대중적 지지를 끌어내었기 때문이다. 피녜라 대통령이 2011년을 '고등교육의 해'로 선포하고 교육의 '혁명'을 약속하자(Gobierno de Chile, 2011a), 관련된 사회적 행위자들이 대담하게 자신들의 요구들을 표출하기 시작했다. 첫 번째 대응으로 나온 것은 '칠레대학총장협의회'(CRUCH)였는데, 이들은 사립대학들에 공적 자금을 지원하기로 한 조치를 포함하여 교육 시스템에 중요한 변화를 가져온 2010년 6월 협상에서 자신들이 배제된 데 대한 분노를 표현했다(La Tercera, 20 June 2010, pp.26-7). 칠레대학 총장 빅토르 페레스는 그러한 조치에 대해 강하게 문제 제기하면서, 사립대학들이 공식적으로 비영리 기관임에도 불구하고 이윤을 추구함으로써 노골적으로 법을 위반한 사실을 비난했다. 1990년대에 사립대학들이 '거울 회사'(눈에 보이는 관련성은 없지만 주로 자산 시장을 통해 대학 부문 투자 배당을 받는 회사)를 만들어 사업 동업자들에게 막대한 이윤을 제공했다는 사실은 M. 몬케버그(Monckeberg, 2008)가 잘 보여주고 있다. 이처럼 협상에 포함시켜 달라는 부문적 요구로 저항이 시작되어 나중에는 칠레학생연맹이 처음 호소하여 시작된 대규모 저항으로 발전했으며 여기에 사립대학과 기술대학 학생들도 동참했다.

석 달 동안 벌어진 전국적 동맹휴업과 여러 차례 협상 시도가 실패한 후 마침내 2011년 9월 27일, 학생들과 정부가 협상 테이블에 마주 앉았다. 하지만 학생들은 교육기관 점거를 계속하면서 더 큰 혼란을 야기할 것이라는 위협을 거두지 않았다. 학자금 이자를 인하하고, 교육에 더 많은 재정을 지원하며, 국가에게 더 큰 감독권을 부여하는 것을 포함하는 국가교육협약을 대통령이 발표했지만 정부에 대한 학생운동권의 불신을 완화시킬 수 없었다. 7월 18일, 마침내 교육부 장관 호아킨 라빈이 사립대학에 투자했다는 이유로 사퇴하고 새 교육부 장관 펠리페 불네스로 교체된 것은 학생들과 협상을 시작하는 데 도움이 되었다. 하지만 실제로 협상이 시작된 것은 교육 노동자들이 전국적 파업에 들어가고 마누엘 구티에레스라는 학생이 시위 도중 경찰 발포로 사망한 뒤였다.

두 운동의 연속성 가운데 가장 눈에 띄는 것은 칠레 교육 시스템에 대한 비판 내용이 바뀌지 않았다는 점이다. CAP와 '양질의 고등교육을 위한 자문위원회'(Gobierno de Chile, 2008)는 저항운동의 탈동원화에 기여했지만 학생들의 요구를 실질적으로 만족시키지는 못했다. 학생 집단이 최종 보고서에 대한 불만을 이유로 보고서 출간 한 주 전에 CAP에서 사퇴를 결정했음에도 불구하고 '자문위원회' 보고서는 사실상 공표되었다. 이로 인해 국가 기관들, 특히 의회에 대한 불신이 증폭되었다. 학생들의 관점에서는 본질적이라고 생각하는 요구를 국가 기관들이 들어줄 수 없는 것처럼 보였기 때문이다. 2011년 운동이 협상을 통해 자신들의 요구를 즉각적으로 해결하기보다는 동원 능력을 극대화하는 것을 목표로 삼고 협상에 들어가기를 그렇게 꺼린 것도 바로 이 때문이었다.

2011년 저항에서 학생들의 요구 사항은 2006년 운동에서 제기한 요구와 연속성이 있었다. 특히 사회적 블록이 결의를 모은 요구들, 즉 영리 교육에 대한 국가 정책의 수정, 지자체가 교육기관들을 관리하는 제도의 긴급한 수정, 교육의 질을 담보하는 절차 등이 그랬다. 교육의 질 문제에 관해서는 학생들에게 감당하기 힘든 수준의 부채를 지우는 지나친 대학 등록금을 불러온 고등교육 시장의 삐뚤어진 성격(Meller, 2010)과 공공 부문의 역할을 둘러싼 쟁점이 떠올랐다(Brunner and Peña, 2011).

2011년 운동은 동원력을 증가시키기 위해 비정당적 성격을 더욱 강조했다. 정치가 일반적으로 대중의 감시 아래 있는 상황에서, 새로운 운동은 '펭귄'의 관점에서 광범한 대중에게서 자신들의 요구에 대한 호소와 지지를 끌어내는 전술을 채택했다. 이러한 전술은 창의적이고 비폭력적인 저항 수단으로 강화되었으며, 대중의 상상력을 사로잡는 한편 운동을 범죄시하는 것을 어렵게 만들었다.[10] 이런 방식으로 2011년의 학생운동도 2006년 학생운동과 마찬가지로 단순히 부문적이고 조합적인 이해관계를 넘어서는 대신, 상식과 공공의 이해관계를 환기시키려고 애썼다.

저항과 참여, 변화

이 장의 주요한 주장은 칠레 이행의 사회정치적 모체가 늦어도 2006년 학생 동원 이후에는 해체되어 왔다는 것이다. 이행 모체의 이러한 해체 덕분에 국가로부터 좀 더 자율적인 시민사회가 출현하게 되었지만, 그럼에도 불구하고 시민사회는 계속 국가를 향해 자신의 주요한 요구를 주장할 것이다. 민주주의로 복귀한 이후 처음으로 우파 대통령 피녜라의 당선으로 귀결된 '선거의 전환'(Castiglioni, 2010)이 시민사회와 국가 사이의 그러한 분리를 촉진한 것은 분명하다. 그 결과 국가와 시민사회는 둘 다 좀 더 분명하게 서로를 구분할 수 있게 됨으로써 사회적 기획에서 차이를 보이며 갈라섰다.

이러한 의미에서 학생 저항은 2010년 10월, 산호세 광산에서 33명의 매몰 광부들이 떠들썩한 홍보 속에서 '성공적으로' 구출된 이후 칠레에서 일어난 더 광범한 전반적 저항의 일부이다. 광부 구출을 계기로 마푸체 원주민 공동체와 환경운동이 두 가지 주요 에너지 프로젝트[11]에 대한 저항을 주도하면서 칠레에서는 전국적 저항 물결이 일어났는데, 학생 동원이 그 핵심적 부분이었다. 결국 대규모 학생 저항을 설명하는 것은 기본적으로 칠레 사회경제 모델의 신자유주의적 성격에 대한 광범한 불만이다. 피녜라 정부가 이전의 콘세르타시온 정부가 구축한 정치적 포섭 메커니즘을 포기함으로써 정부에 대한 신뢰가 사라지면서 '승승장구한' 신자유주의 모델(Gómez Leyton, 2006)에 대한 저항의 물결이 일어난 것이라고 할 수 있다. E. 실바(Silva, 2009)가 주장하는 바와 같이, 우파 정부로의 교체는 제도적 한계에 대한 인식 변화를 가져와 누적된 요구의 폭발을 초래할 수 있었는데, 그러한 요구는 현재 교육 부문에 도입된 신자유주의 정책들에 대한 저항으로 나타나고 있는 것이다.

2006년과 2011년 학생 저항의 프리즘을 통해 칠레 시민사회를 검토함으로써 우리는 시민사회의 자율성이 강화되고 요구 사항에 대한 확신이 증가되었음을 알 수 있다. 하지만 이러한 경향들이 사회적 각성의 메커니즘으로 발전하여 국가-시민사회의 관계에 관한 자유주의 이론에서 말하는 것처럼 시민사회가 국가의 힘에 대항하는 평형추가 될 것인지는 지켜보아야 할 문제이다. 이행기 제도들에 대한 환멸이 커지고 있는 상황 속에서 현재는 의사 결정에 더 대중적인 참여를 요구하는 쪽으로 가고 있는데, 학생들이 교육 부문에서 제기되는 논란을 해결하기 위해 국민투표를 요구하고 있는 것은 그 두드러진 사례이다.

---

1) 배리 캐넌 번역.
2) 'Concertación de Partidos por la Democracia'('민주주의를 위한 정당 합의'로 번역되고 보통 단순히 콘세르타시온이라고 알려져 있다)는 투표를 통해 아우구스토 피노체트 장군의 독재를 무너뜨리기 위한 정치 협약으로 형성되었다. 1988년 국민투표 승리 이후 그것은 중도파와 중도좌파를 아우르는 네 개의 정당으로 구성되었는데, 기독교민주당(PCC)과 급진사회민주당(PRSD), 사회당(PS), 민주당(PPD)이 참여했다.
3) '기술정치인'(Technopols)은 기술적·정치적 자본을 가지고 있는 행위자들을 말한다. 그들은 이러한 자본을 이용하여 잇따른 콘세르타시온 정부의 대통령 보좌관, 재무부, 외무부, 국방부, 노동부 등 정부 기관에서 요직을 차지할 수 있었다.
4) 이것은 독재가 민주화 과정을 계속 통제하기 위해 새 민주주의 체제에 부과하는 일련의 조치들을 말한다.

5) 국민들의 선거가 아니라 국가기구에 의해 임명된 상원의원들.

6) 독재에 의해 통과된, 상원의원 3분의 2 이상의 찬성을 얻어야 개정할 수 있는 핵심 법률들. 보통 헌법적 법률(LOCs)이라고 부른다. 그 핵심적인 사례는 민주주의 이행 직전에 통과된 교육법(Education LOC)이다.

7) 대통령자문위원회(CAPs-Consejos de Asesoramiento Presidenciales)는 미첼레 바첼레트 대통령이 연금이나 아동 서비스, 노동조건과 같은 문제들에 관해 정부에 자문을 구하고 시민사회와 합의를 도출하기 위해 만든 대화 포럼이었다. 교육 자문위원회의 경우는 전문가들이 주도했지만 사회운동가들도 참여했다. 대통령자문위원회에 관한 포괄적인 연구는 Aguiera(2009) 참조.

8) 칠레의 높은 불평등은 지니계수로 측정되어 왔다. 역사적 개관을 위해서는 stats.oecd.org/Index.aspx?DataSetCode=INEQUALITY(2012년 2월 24일 접속)을 보라.

9) 그가 2011년 9월 18일 칠레 국경일에 한 연례 테데움에서. 교회 문서 "La patria, un patrimonio que es regalo y tarea," documentos.iglesia.cl/cinf/documentos_sini.ficha.php?mod=documentos_sini&id=4130&swvolver=yes&descripcion=(2011sus 10월 10일 접속) 참조.

10) 예컨대 대통령궁 모네다 주위에서 2011년 6월부터 8월까지 무려 1,800시간 동안 조깅을 하면서 벌인 '교육 마라톤,' www.nytimes.com/2011/08/05/world/americas/05chile.html(2012년 2월 3일 접속); www.bbc.co.uk/news/world-latin-america-14066467(2012년 2월 3일 접속), 그리고 2011년 6월 25일, 유명한 마이클 잭슨 춤에 기초한 '스릴러 시위,' www.huffingtonpost.com/2011/06/05/chile-thriller-protest-students-michael-jackson-dance_n_884531.html(2011sus 2월 3일 접속).

11) 바란코네스(4지구) 화력발전소 건설과 아이센 지역의 이드로아이센 수력발전소 프로젝트.

2부

지구화 시대의 지역 갈등

7장 국가와 채굴 경제의 귀환
시민사회의 향방

바버라 호겐붐

　시장에 대한 국가의 지배와 경제에 대한 정치의 우월성 추구는 라틴아메리카의 다양한 새 민주적 '좌파들'의 공통된 특징이다. 신자유주의 정권들은 광물자원에 대한 지배를 탈정치화하려고 한 반면, 최근 몇 년 동안 이 쟁점은 극단적으로 다시 정치화되었다. 진보적 정권들은 재분배 문제뿐 아니라 국민경제를 세계경제에 편입시키는 과정에서도 국가가 더 주도적인 역할을 하는 것을 목표로 삼는다. 광물이나 토지, 물 같은 자연자원을 둘러싸고 국가와 시장 및 시민사회의 신자유주의적인 관계가 수많은 동원을 불러왔기 때문에 자연자원 문제는 '워싱턴컨센서스' 시대 이후 라틴아메리카 발전 논쟁과 정책 개혁에서 초미의 관심사가 되었다.[1]

　진보적 정권들의 경제정책 개혁은 탄화수소(석유와 가스)와 광산 부문에서 매우 두드러졌는데, 새로운 규제와 고율의 조세 부과, 몇몇 부문의 국유화가 그런 것들이었다. 핵심적인 광물자원의 채굴에 국가 통제

167

를 강화하고 공공 부문의 몫을 증가시킨 것은 대부분의 라틴아메리카 시민들에게 공정한 것으로 보였다. 또한 자원이 풍부한 나라들에서는 1차산업 부문이 공적 수입의 주요 원천이었기 때문에 그러한 정책은 사회 프로그램의 확대에 필요한 지출을 위해 필수적인 것으로 여겨졌다.

국제적 상황은 이러한 정책 전환에 장애가 되기도 하고 기회를 제공하기도 했다. 외국의 비판과 기업이나 정부 행위자들의 압력이 있었지만 다른 한편으로 대외적으로 유리한 경향이 조성되기도 했다. 세계적 상품 호황과 경제성장, 중국의 글로벌 팽창이 탈신자유주의적 광산 개혁의 수립과 성공을 뒷받침했던 것이다. 그러나 에두아르도 구디나스(Gudynas, 2010: 66-67)가 주장하듯이, 이러한 '새로운 채굴주의'는 세계시장과 외국 회사들에 대한 종속을 지속시키고, 광산 채굴에 따른 부정적인 경제적·사회적·환경적 결과를 무시하는 것을 의미하기도 한다.

이 장에서는 신자유주의 정권이 진보적 정권으로 교체되면서 라틴아메리카에서 일어난 정책 전환과 그것이 국가-시민사회의 관계에서 갖는 함의를 분석한다. 이러한 분석을 통해 경제적 흐름뿐 아니라 국가-시민사회 관계의 복잡성을 포괄하는 정치적 경향을 가늠해 볼 것이다. 이 책의 서장에서 지적한 것처럼 시민사회는 고정된 실체가 아니다. 그것은 국가뿐만 아니라 그러한 '공간'을 전유하고 국가에 영향력을 행사하고자 하는 경쟁하는 사회 세력들에 의해서 변증법적으로 끊임없이 형성되고 다시 형성된다.

신자유주의 광물자원 정책과 시민사회의 저항

식민지가 된 이래 라틴아메리카가 세계경제에서 한 역할은 몇 차례 국면을 거쳤지만 언제나 광물자원과 농업 생산이 결정적인 지위를 차지해 왔다(Galeano, 1973 참조). 500년 동안 벌어진 착취와 약탈에도 불구하고 이 지역은 여전히 철광석(24%), 구리(21%), 금(18%), 니켈(17%), 아연(21%), 보크사이트(27%) 등 금속 광물의 세계 최대 산지이다. 또 상당한 석유 매장량도 보유하고 있다. 베네수엘라의 석유 매장량은 800억 배럴, 멕시코와 브라질은 각각 약 120억 배럴, 에콰도르는 46억 배럴이나 된다. 제조업과 서비스업이 확대되고 있기는 하지만, 라틴아메리카는 변함없이 경제적으로 이런 광물자원 수출에 의존하고 있다. 특정한 한두 가지 광물자원이 풍부한 나라의 경우에 그러한 경향이 두드러진다. 2000년부터 2004년까지 석유는 베네수엘라 전체 수출 가운데 무려 83.4퍼센트를 차지했고, 구리는 칠레 수출의 45퍼센트, 니켈은 쿠바 수출의 33.2퍼센트, 금과 구리, 아연은 페루 수출의 32.9퍼센트를 차지했다. 석유와 가스, 금속의 채굴은 농산물과 함께 이 지역 수출에서 중심적인 위치에 있다. 2008년부터 2009년까지 1차상품의 수출은 라틴아메리카 전체 수출에서 38.8퍼센트를 차지했다(Campodónico, 2008; CEPAL, 2010a; UNCTAD, 2007: 87).

라틴아메리카의 극단적인 사회경제적·정치적 불평등 상황 속에서 광물자원을 둘러싼 갈등 또한 오랜 역사를 가지고 있다. 19세기 내내 대부분의 라틴아메리카 국가들은 민중의 혁명적 경향에 맞서 외국 회사와 국내 경제 엘리트들의 이익에 계속 봉사할 수 있었지만 20세기에 와서는 사정이 바뀌었다. 국가 통제하의 점진적인 민주화와 근대화를 위해 많은 나라들이 일부 광물자원을 국유화하는 한편 광물자원의 탐사와 채굴, 정제를 위해 거대한 국가 기업을 만들었다. 이러한 경향은 석유 국유화에서 시작되었다. 처음에는 볼리비아(1937년)에서, 다음에는 멕시코(1938년)와 베네수엘라(1943년)에서 석유가 국유화되었다. 다른 산업에서도 국유화와 국영기업 설립이 이어졌다. 브라질(1942년)에서 국영 광산회사 '콤파니아 발레두리오도세'가 설립되었고, 볼리비아(1952년)에서 주석이 국유화되었으며, 브라질(1953년)에서 국영석유회사 '페트로브라스'가 설립되었고, 페루(1960년대 후반)와 칠레(1971년)에서 구리가 국유화되었으며, 베네수엘라(1976년)에서는 석유가 다시 국유화되었다. '수입대체 산업화'(ISI)라는 전반적 발전 모델의 일부로 추진된 이러한 국유화 조치는 대부분 노동자들을 착취하면서 세금을 거의 내지 않고 막대한 이윤을 가져간 외국 회사들에 대한 시민들의 분노와 노동자들의 투쟁에 따른 것이었다.

1980~1990년대에는 흐름이 바뀌어 라틴아메리카 정부들은 석유와 가스, 광산 부문에 대해 전면적인 구조조정을 실시했다. 경제적 상황이 국영기업에 불리하게 작용한 것은 분명하다. 광물자원의 국제적 시장가격의 하락과 세계경제 위기, 라틴아메리카의 부채 위기는 국영기업을 유지하고 투자하기 어렵게 만들었다. 글로벌 신자유주의가 (이데올로기적·정치적·경제적으로) 승리하자, 외국자본의 권력에 맞서 국가주의적이고 사회적인 평형추 역할을 하던 시민사회 집단과 정당들이 약해지고, 대신에 새로운 세대의 기술관료들이 등장하여 국제 금융기구들이나 국내 경제 엘리트들이 선호하는 새로운 제도를 수립하는 데 기여했다. 민간 부문을 경제 발전의 주된 동력으로 전환하는 것이 국내외적 자유화 정책의 주요 목표가 되었으며, 그것은 경제 영역에서 국가의 역

할을 크게 축소할 것을 요구하기에 이르렀다(Fernández Jilberto and Hogenboom, 2008a 참조).

광산과 에너지 부문에 대한 신자유주의적 접근 방법은 180도 정책 전환을 의미했으며, 무엇보다도 채굴 산업이 가장 심하게 재구조화되었다. 과거에는 석유를 비롯한 광물자원은 전략 자원으로 간주되어 중앙 정부가 통제하고 규제했으며 다른 상품들에 비해 더 높은 세금을 부과했다. 그러나 '워싱턴컨센서스' 아래에서는 이 부문에 해외 직접투자를 유치하기 위해 기존의 시스템을 철저하게 해체하는 조치가 취해졌다. 새로운 시스템은 민영화 조치를 취한 다음, 더 낮은 세금과 자본 이동의 자유, 더 높은 노동 유연성을 가져다주었다. 게다가 새로운 정책은 재정 안정성 조항(칠레와 페루)뿐만 아니라 광산 개발권에 대해 외국 투자자들에게 내국인 대우를 제공하고 그들의 투자가 미래의 정책으로 인해 손해를 입을 경우 보상받는 권리를 부여하는 양자 간 투자협정에 묶여 있었다.

신자유주의적 개혁은 광산 정책을 탈정치화하고, 채굴 산업을 전략 산업이 아니라 통상적인 부문으로 간주하려고 했지만, 대다수 라틴아메리카 시민들에게 '자신들의' 광물자원은 특별한 무언가가 있었다. 비록 대규모 국가소유 석유 및 광산 회사들이 종종 잘못된 경영이나 부패, 부채, 낮은 수입 등으로 문제가 있었지만, 역사적으로 광물자원의 국유화는 독립적인 국가 발전과 주권, 반제국주의, 애국주의의 표상으로 인식되어 왔고 (나중에는) 정치적으로 표현되었다. 이러한 공기업들은 또한 낮은 국내 에너지 가격을 통해 값싼 상품을 공급했으며 임금이 상대적으로 높고 노동조합이 강한 일자리를 제공했다. 따라서 광산 채굴의 재민영화는 많은 시민들에게는 국가의 '왕관 보석'의 상실로 여겨져 부당하다고 인식되었다. 왜냐하면 이러한 자연자원의 수입은 국가에 귀속되고 그 혜택은 (외국)기업들이 아니라 국민들에게 돌아가야 한다고 생각했기 때문이다. 당시에 정치적으로 지배적이던 정통 경제 이론은, 국영기업들이 비효율적이고 부패한 경향이 있어서 근대적이고 경쟁력 있는 민간 기업으로 바뀌면 모두가 혜택을 받을 것이라고 주장했다. 하지만 실제로는 민영화를 비롯한 여러 신자유주의 정책 때문에 많은 시민들이 물가 상승과 실업 증가, 불평등 증가를 경험했다.

베네수엘라와 볼리비아, 과테말라, 브라질에서 일어난 변화를 간단히 살펴보면, 이 지역 전반에 걸쳐 광물자원의 신자유주의화가 어떤 식으로 시민 불만과 심한 사회적 반작용을 불러일으켰는지 알 수 있다. 베네수엘라에서는, 1990년대에 카를로스 안드레스 페레스(1989~1993년)와 라파엘 칼데라(1993~1998년) 정부의 신자유주의 개혁에서 이른바 '석유 개방'이 가장 중요한 요인이었다. 베네수엘라국영석유회사(PDVSA)는 민영화되지 않았지만, 대부분 다국적기업이었던 민간 기업들은 PDVSA와 합작 투자하는 과정에서 지배 주주가 될 수 있도록 허용되었다. 이러한 조치를 비롯하여 정부 지출 삭감을 포함한 신자유주의 정책들은 대중의 광범한 불만을 불러일으켰다. 그리하여 베네수엘라는 '카라카소'(Caracazo)라고 알려진 1989년의 대규모 폭동 이후 몇 년 동안 끊임없는 조직적 저항과 자생적 저항운동을 겪었다(Ellner, 2010b).

볼리비아에서는 산체스 데로사다 정부 첫 임기(1993~1997) 동안 '2세대' 개혁을 실시했는데, 여기에는 민간 기업에 대해 극도로 관대한 새로운 탄화수소 관련 법률과 민영화(이른바 자본화)가 포함되었다. 국영가스·석유회사(YPFB)가 민영화되면서 국가는 직영을 포기했으며 탄화수소에 관한 새로운 법률을 통해 세금과 사용료를 인하했다. 이런 새로운 시스템은 시민 불만의 온상이 되었다. 남아메리카에서 가장 가난한 이 나라에서 대규모 새로운 가스 매장층이 발견되었기 때문이다. 산체스 데로사다가 (두 번째 임기 때인 2002~2003년) 2003년 10월, 볼리바아의 액화천연가스(LNG)를 칠레를 통해 미국으로 수출할 계획이라고 발표한 이후 실제로 광범한 사회적 저항이 거리를 메웠다. 가스 전쟁 또는 '10월 전쟁'(guerra de octubre)이라고 알려진 이 전면적인 저항은 한 달 동안 이어져 결국 산체스 데로사다가 망명할 수밖에 없었다(Assies, 2004).

과테말라에서는 광산 로열티를 대폭 인하하고 광물 채굴에 필요한 다량의 물을 광산 회사들이 자유롭게 쓸 수 있도록 허용하기로 결정했다. 또 정부는 서부 고지대에 '글라미스 골드' 같은 초국적기업들을 유치하기 위해 세계은행에서 시장 금리로 대부를 받아 구역 정비에 대규모 투자를 했다. 수많은 사람들이 가난과 경제 위기로 고통을 받고 있을 때 정부가 민간 투자자들을 유치하기 위해 막대한 공적 자원을 사용했기 때문에 당연히 시민들의 분노와 저항이 터져 나왔다. 에릭 올트-히메네스는 "글라미스 골드 같은 외국 회사에 돈벌이가 될 수 있는 특권을 주기 위해 과테말라 시민들이 세계은행에 돈을 지불하고 있다"고 주장했다(Holt-Gimenés, 2008: 29-30).

끝으로 브라질에서는 2007년, 광산 회사 '발레두리오두세'(CVRD, 또는 줄여서 '발레,' 현재 세계 최대 광산회사)의 지위를 놓고 시민들의 국민투표가 실시되었다. 국민투표는 가장 큰 사회조직인 '토지 없는 이들의 농민운동'(MST)과 브라질노동총연맹(CUT)을 비롯한 200여 단체가 조직했다. '발레'가 민영화된 지 10년이 지나 국민투표에 참여한 브라질인 370만 명 가운데 94퍼센트가 다시 국유화하는 쪽을 선호하는 것으로 나타났다(Americas Program Report, 2007년 7월 27일).

국영기업들의 민영화가 실행된 방식은 불만을 가중시켰다. 불투명하고 부패한 방식으로 민영화되는 경우가 많고 독점과 카르텔을 방지할 감독 기관들이 취약했기 때문에, 새로운 정책이 주로 정치 엘리트와 '거대 기업'(민영화된 회사들의 새로운 소유자가 된 다국적기업과 국내 경제 집단)에게 봉사한다는 인식이 확대되었다(Fernández Jilberto and Hogenboom, 2008b). 역사적으로 그 무렵에 광물 가격이 낮아 초국적기업에 대한 정부의 협상력은 취약했으며, 채택된 일부 광산 규정과 타결된 일부 광산 협약은 외국 투자자들에게 너무 관대한 것이었다(UNCTAD, 2007: 161). 국제 금융기구가 신자유주의적 영향력을 행사한 데다가 초국적기업들의 모국 몇몇 정부도 라틴아메리카에서 광산 부문을 자유화하는 데 적극적인 역할을 했다.[2]

1990년대 후반부터 대규모 민영 광산과 석유 개발, 특히 초국적기업이 발주한 프로젝트에 반대하는 지역 차원의 저항 사례가 늘어나기 시작했다. '라틴아메리카광산갈등관측소'(OCMAL)는 아르헨티나, 브라질, 칠레, 콜롬비아, 멕시코, 페루에서 발생한 대규모 사회적·환경적 갈등 사례 155건을 기록했다.[3] 농민, 원주민 집단, 노동자, 소규모 광산업자 등 다양한 이해 당사자들은 '적은 것'(일자리와 발전)을 주면서 그 대가로 '많은 것'(토지, 물, 공기)을 빼앗거나 손상시키는 새로운 투자에 저항했다. 채굴 작업에 반대하는 수많은 동원이 관심을 집중한 문제는 토지와 물에 대한 권리, 영역 다툼, 그리고 채굴 산업의 악명 높은 환경 영향 등이었다(North et al., 2006; Bebbington, 2007).

이러한 지역적 동원들 중 일부는 주변 지역에서 일어나 외부의 관심이나 지지를 받지 못했지만 꽤 잘 알려진 갈등 사례들도 있다. 페루의 탐보그란데와 야나코차의 금광 개발에 반대한 농민들과 지역민들의 저항, 과테말라의 금광과 은광 개발에 반대한 마야 원주민 공동체의 동원, 석유 메이저 '세브론'과 '텍사코'에 반대한 에콰도르의 오랜 역사를 가진 동원을 포함하여 아마존에서 채굴 활동에 반대하여 펼쳐진 다양한 원주민 저항이 그런 것들이다. 그러한 지역적 저항은 대부분 강력해진 원주민운동(Yashar, 2005 참조)과 신자유주의와 지구화에 반대하여 라틴아메리카에서 점점 커져 간 대중 저항(Harris, 2003 참조)과 연결되었다. 그 결과, 신자유주의 정책과 광물 채굴에 반대하는 지역적 저항과 국민적 동원은 참여 정치와 탈신자유주의 발전 모델을 추구하는 사회운동에 연결되는 성과를 거두었다.

지구적 재편성

경제 위기와 상품 가격이 낮은 상황에서는 신자유주의 광산 정책이 정당화하기 쉬웠다고 한다면, 상품 시장의 호황과 중국의 급속한 성장이라는 2000년대 세계경제의 두 가지 중요한 변화 덕분에 라틴아메리카의 진보적 정권들의 개혁이 수월해졌다. 1999년부터 석유 가격이 가파르게 오르고 2004년부터는 금속 가격이 상승하기 시작했다. 이렇게 해서 몇 년 뒤에는 이들 상품의 평균 가치가 2000년에 비해 3배 이상 높아졌다. 그 결과, 탐사와 채굴에서 얻는 수익이 증가하고 대규모 신규 투자가 이루어져 급속한 채굴 확대가 이루어졌다. 이를테면, 1999년에서 2006년 사이에 구리 수익이 칠레에서는 12배, 페루에서는 46배 증가했다(Campodónico, 2008). 광산 부문의 수익성이 호황으로 크게 높아지자 초국적기업들은 세금 협상과 국가 개입을 이전보다 더 기꺼이 수용할 수 있었다. 그리고 관심을 끄는 점은 이러한 상품 호황이 2008년에 시작된 세계경제 위기와 함께 끝나지 않았다는 사실이다. 대부분의 라틴아메리카 나라들의 재정 상황이 균형 잡혀 있었을 뿐 아니라 이 시기의 위기가 이 지역에 미친 영향은 1980년대의 위기와 비교해 상대적으로 가벼웠기 때문이다.

중국의 부상은 라틴아메리카에게는 또 다른 중요한 국제적 변화였다. 중국은 30여 년 동안 높은 수준으로 경제성장이 이루어지고 세계경제에 편입됨으로서 세계에서 두 번째 경제대국으로 비약했다. 그리고 라틴아메리카를 포함한 전 세계의 자연자원과 상품을 소비하는 주요 국가가 되었다. 이 '세계의 공장'은 현재 브라질과 칠레, 페루의 주요 수출 대상국이고, 아르헨티나와 베네수엘라 같은 나라에게는 두 번째로 큰 수출 대상국이다. 2005년부터 칠레와 페루, 코스타리카는 중국과 양자 자유무역협정을 체결했는데, 중국이 칠레의 구리와 페루의 다양한 광물에 접근하여 투자하는 것이 협정 체결을 추진한 부분적 이유였다. 중국의 발흥은 상품 수요를 증가시켰을 뿐 아니라 세계 상품 가격이 오르는 핵심적인 요인이었으며 그로 인해 자원이 풍부한 나라들은 이득을 보았다. 라이스 젠킨스(Jenkins, 2011)가 계산한 바에 따르면, 세계 석유 및 금속 가격에 대한 '중국 효과'는 라틴아메리카의 중국에 대한 직접적인 수출 증가 효과보다는 광물자원 수출에서 나오는 추가 수익에 더 큰 영향을 주었다.

또한 최근 들어 중국은 석유와 광산 부문에서 상당히 중요한 투자자가 되었다. 예컨대, 에콰도르에서 중국국영석유회사(CNPC)와 '시노펙'(Sinopec)은 2005년에 가장 수익성 높은 석유 광구 타라포아를 사들였다. 2008년에 시작된 세계경제 위기로 인해 중국 정부와 중국 국영 은행, 중국의 초국적기업(대부분 국영기업)들은 '세계 챔피언' 확장을 강화하는 계기를 마련할 수 있었다. 2010년, 중국은 브라질(96억 달러)과 아르헨티나(55억 달러)에 막대한 투자를 했다. 게다가 중국은 브라질, 베네수엘라, 에콰도르 같은 나라에 에너지를 담보로 대규모 대부를 해주는 나라가 되었다(Downs, 2011: 46-53).[4]

이러한 새로운 남-남 관계는 주로 경제적 이해관계에 바탕을 둔 것이지만, 발흥하는 '지구적 남반구'의 일부라고 볼 수도 있다(Fernández Jilberto and Hogenboom, 2010). 그리고 라틴아메리카와 중국 사이의 새로운 관계가 이데올로기로 동기화된 것은 아니라 할지라도, 매우 상이한 배경에서 시작하여 다른 과정을 거치고 있는 이들이 모두 현재 국가와 시장의 조화를 목표로 하는 발전 모델을 선호하고 있다는 점은 흥미롭다. 더욱이 새로운 '지구적 남반구'는 세계경제와 국제정치에서 점점 더 중요해지고 있다. 전체적으로 보면 미국과 캐나다, 유럽의 초국적기업들이 여전히 라틴아메리카의 석유와 광산 부문에서 핵심 투자자이지만, 부상하는 다른 나라들도 이 지역에서 채굴 산업에 투자를 확대해 나가고 있다. 라틴아메리카에서 인도 초국적기업들의 투자는 중국에 비해 아직 그렇게 인상적인 것으로 보이지는 않지만 점점 확대되고 있는 것은 틀림없다. 더욱이 브라질의 거대 기업 '발레'와 '페트로브라스'는 높은 상품 가격 덕분에 지역 차원에서도 세계적으로도 날개를 점점 크게 펼치고 있다.

진보적 정권들과 새로운 채굴주의

1990년대의 사회적 동원과 2000년대의 정치 변동은 광산 정책을 탈정치화하려던 시도가 성공하지 못했음을 보여 준다. 신자유주의적 재편은 논란이 무척 큰 문제였으며, 20세기 말부터 광물자원은 라틴아메리카 진보적 정권들의 정치 의제에서 가장 우선적인 것이었다. 시민들은 채굴 산업에 대한 국가의 통제를 강화하고 공공 부문에 더 많은 광산 수익을 할당하는 정당과 대통령 후보에게 투표했다. 몇몇 좌파 정권들은 집권하여 광산 채굴에 대한 (규정과 법률, 헌법 개정을 통해) 재규제와 '재과세,' 그리고 때로는 재국유화를 실시했다. 광산 채굴에 대한 가장 철저한 첫 번째 재국유화는 우고 차베스가 집권한 베네수엘라에서 이루어졌다. 2001년 이후 베네수엘라는 국영회사 PDVSA로 석유 채굴권의 지배 지분을 되돌렸으며, 외국 석유 회사들에게는 로열티와 세금을 큰 폭으로 인상했다. 게다가 차베스는 PDVSA 경영을 크게 변경하여 회사에 대한 국가의 통제력을 높였다.

2006년 5월 1일, 볼리비아의 모랄레스 대통령은 가스 수입에 대한 공공 부문의 몫을 18퍼센트에서 82퍼센트로 인상하는 법령을 공포했다. 이로써 공공 부문과 민간 부문의 분배 몫이 역전되었다. 국영회사 YPFB가 민영화되기 전에 하던 일을 다시 맡았으며, 초국적기업과 맺은 '생산 할당' 계약은 '서비스' 계약으로 바뀌었다. 이러한 개혁 조치는 순전히 채굴 작업을 하는 것에서 정제 같은 부가적 생산 활동을 하는 것으로 전환하는 새로운 발전 전략의 일부로 추진되었다. 실제로는 투자가 부족하고 소수의 기업들에 의존하는 상황이 계속되었기 때문에 볼리비아에서는 베네수엘라에서보다 혁명적 전략의 실행이 더 어려웠다.

민간 기업들과 재협상하여 가스에 대해서는 약 50퍼센트의 세금과 로열티 지불이 타결되었지만, 이 새로운 발전 지향적 모델에서는 엘무툰의 철광산과 우유니의 리튬 광산에 투자할 외국인 투자자들을 찾기가 힘들게 되었다. 라파엘 코레아 대통령이 집권한 에콰도르도 광산 정책에서 비슷한 개혁을 실시했다. 코레아 정부가 포괄적 발전 계획의 하나로 석유의 초과 이윤에서 국가 몫을 50퍼센트에서 99퍼센트로 인상하는 법령을 공포한 것은 주목할 만하다.

이와 대조적으로 브라질의 룰라 대통령은 대체로 전임 대통령의 경제정책을 유지하는 선택을 했다. 그래서 석유와 광산 부문의 조세 규정이나 발레와 페트로브라스 같은 회사들의 지위가 변함없이 유지되었다.[5] 룰라 대통령은, 브라질 해안에 인접한 심해에서 석유가 새로 발견된 2008년 이후에야 비로소 석유 자원과 수익에 대한 공공 부문의 통제가 이루어져야 한다고 선언하고 페트로브라스와는 별개로 '페트로살' (Petrosal)이라는 새로운 국가기업을 설립했다.

광산과 석유, 가스는 가장 중요한 개혁 영역이었을 뿐 아니라 사회 프로그램에 필요한 대규모 추가 예산의 주요 원천이었다. 브라질에서는 룰라가 초기에 이전 정권의 광산 정책을 계속했음에도 불구하고 특히 인기 있는 사회 프로그램 '포메 세로'(Fome Zero, 기아 제로)와 '볼사 파밀리아'(Bolsa Familia, 가족 지갑)를 통한 사회적 지출이 증가했다. 그러자 2008년에 룰라는 광물자원에서 나오는 부를 빈민들을 위한 발전에 명시적으로 연계시키자고 제안했다. 앞으로 심해 유전에서 나오게 될 수익은 "가난한 사람들에게 진 500년 전으로 거슬러 올라가는 빚"을 갚기 위해 "브라질인들의 수중으로" 돌려주어야 한다는 것이다. 룰라는 더 많은 현금을 이전하는 프로그램 대신에 발전기금을 만들어 교육과 보건의료, 기술 개발을 위한 미래의 자원에 사용하자고 주장했다.

베네수엘라의 차베스는 임기를 시작하자마자 빈곤 감소를 위해 석유에서 나오는 부와 PDVSA를 활용하고자 했다. 정부의 새로운 보건의료와 교육 및 식량 프로그램(미션들)과 PDVSA의 직접적인 사회적 지출 덕분에 실질적인 사회적 지출이 1998년에서 2006년 사이에 무려 3배로 증가했다. 이러한 경향은 높은 국민경제 성장과 더불어 베네수엘라의 빈곤율이 1998년의 43.9퍼센트에서 2007년에는 27.5퍼센트로 줄어드는 데 이바지했다(Weisbrot and Sandoval, 2008a).[6]

에콰도르에서는 새로운 광산 정책이 석유 시장 호황과 이 나라의 달러 경제와 결합되어 국가 수익이 확대됨으로써 코레아 대통령은 복지 지출을 크게 확대하고 빈민 가구에게 전기 보조금을 주었을 뿐 아니라, 교육과 보건의료, 소규모 신용에 추가적인 사회적 투자를 할 수 있었다.

볼리비아에서는 새로운 발전 계획 '볼리비아 디그나'(Bolivia Digna, 당당한 볼리비아)로 빈곤과 배제, 주변화를 종식시키는 사회 프로그램이 도입되었다. 또 선출된 제헌의회는 재분배를 위해 중앙정부의 권력을 강화하고 원주민들에게 자기 지역의 자연자원에 대한 더 큰 통제력을 보장하는 것을 목표로 하는 새 헌법을 제정했다. 가스 이윤에 대한 새로운 세금은 가난한 어린이들과 연금 생활자들에게 현금을 지급하는 프로그램 '보노 후안시토 핀토'(Bono Juancito Pinto)와 '렌타 디그니다드'(Renta Dignidad)의 재정을 충당하고 있다.[7]

전반적으로 경제·사회 정책에서 보이는 이러한 탈신자유주의적 전환은 라틴아메리카에서 워싱턴컨센서스의 종말을 의미하는 것이지만, 한편으로는 포퓰리즘적이라고 비판을 받기도 했다. 호세 안토니오 오캄포에 따르면, 워싱턴컨센서스의 가장 심각한 문제는 "경제·사회 정책들 사이의 관계에 위계가 있다는 관점을 갖는 경향"과 "선호하는 경제·사회 제도들에 대한 결정권을 시민들이 가져야 한다는 점을 망각하는 경향"이다(Ocampo, 2005: 294). 2000년대 라틴아메리카의 진보적 정권들은 시민사회와 민주주의의 결핍을 불러온 이러한 경향을 바로잡고 1980~1990년대에 형성된 시장 민주주의를 종식시키기 위해 대개는 국가를 이용했다. 진보적 정부들의 또 다른 공통점은 '아래로부터의' 배경을 갖고 있다는 점이다. 즉, 이들 대부분이 선거에서 승리할 수 있었던 것은 광범위한 대중적 지지도 있었지만 사회운동에 강력한 기반이 있었고 대안적 발전 모델과 정치적 참여를 통한 민주화를 요구했기 때문이다. 게다가 광물자원 채굴에서 나온 수익을 사회적 지출에 사용하고 석유와 가스, 광산을 전략적 부문으로 다시 되돌리는 개혁을 성취한 것은 차베스나 코레아 같은 대통령이 대중적 인기를 얻고 선거에서 지지를 끌어내는 데 기여했다.

일각에서는 이러한 정책을 '석유 포퓰리즘'이라고 낙인찍기도 했다. 이를테면, 하비에르 코랄레스와 미카엘 펜폴드는 차베스주의를 "석유산업에서 추출된 재산 재분배 및 막대한 사회적 지원금과 밀접히 연관된 급진적인 사회적 포섭 담론을 기반으로 선거에서 다수를 형성함으로써 전통적인 견제와 균형을 잠식하려고 하는 정치 프로젝트"라고 규정한다(Corrales J. and Penfold M., 2011: 8). 그리고 카트린 M. 코나간에 따르면, 코레아도 차베스와 마찬가지로 스스로 21세기 사회주의와 사회주의혁명이라고 부르면서 국민투표 대통령으로 지배하고 있으며, 그의 법령과 카리스마, '언론 플레이'는 의회를 완전히 무력화시켜 왔다(Conaghan, 2008b).

라틴아메리카의 새로운 광산 정책은 1980년대와 1990년대의 신자유주의 정책에 비하면 시민 대중의 선호나 요구에 더 민감한 편이지만, 채굴 산업과 광물자원을 둘러싸고 수많은 논쟁과 긴장, 갈등이 이어지고 있다. 이런 저항들 가운데 일부는 정치적 반대파에서 나왔다. 이들 집단은 지난날의 특권과 자유를 잃거나 추가적 자원이 포퓰리즘적으로 (그리고 부패한 방식으로) 남용되지 않을까 우려한다. 베네수엘라에서는 2002년과 2003년에 차베스가 PDVSA에 대한 통제를 강화하는 결정을 한 직후 대규모 대통령 반대 시위가 일어났다. 볼리비아에서는 새로운 가스 정책이 새로운 토지 소유 및 분배 정책과 더불어 상대적으로 발전된 '메디아루나'(media luna) 지방 사람들에게 강력한 분노를 안겨 2006년부터 2008년까지 심각한 정치적 갈등이 벌어졌다. 구체적으로 말하면 타리하와 판도 지방 사람들은 가스에 대한 특권을 잃을까 우려했다. 2007년 기준으로 1인당 탄화수소 수익은 가스 생산 지방인 타리하가 491달러이고 가스를 생산하지 않는 판도 지방은 751달러인 반면에, 가난하고 인구가 많은 라파스는 27달러에 불과했다(Weisbrot and Sandoval, 2008b).

예상치 못했던 일은 새로운 정치·경제 상황에서 지역 공동체와 원주민 집단들이 광산 채굴에 반대하여 저항하는 사태가 늘어났다는 것이다. 라틴아메리카 곳곳에서 최근 몇 년 동안 유전 탐사와 광산 프로젝트가 진행된 인근 지역 공동체와 원주민 영역에서 지역 차원의 저항이 증가했다. (인터넷을 통해) 국경을 넘나드는 협력과 초국적 NGO들의 도움으로 이러한 저항은, 특히 폭력적 갈등인 경우(예컨대, 페루의 바구아나 에콰도르의 야수니)에는 국제 미디어를 통해 점점 더 눈에 띄게 되었다. 놀라운 점은 페루의 알란 가르시아 중도파 정부와 마찬가지로, 볼리비아의 모랄레스나 에콰도르의 코레아 같은 좌파 대통령이 토지와 물, 보호 생태계를 방어하려는 이러한 지역적 투쟁에 대해 유치하고 반애국적이며 불법적이라는 딱지를 붙이면서 (적어도 언사로는) 거의 부정적이고 공격적으로 대응하고 있다는 사실이다(Bebbington, 2009). 채굴 산업을 지배하는 초국적기업에 대한 국가의 통제가 증대하고 정치 엘리트들과 '거대 기업' 사이의 유착된 신자유주의적 거래가 종식되었기 때문에, 협의라는 공식적 권리와 환경영향평가를 더욱 존중하고 지역 주민들에게 더 큰 정보 접근권을 허용할 것이라고 기대할 수도 있었다. 마찬가지로 '신좌파' 지도자들 다수가 활동가(노동조합주의자)이거나 원주민 출신이기 때문에 지역 운동에 대한 중앙정부의 이해도가 더 높을 뿐 아니라 문제를 해결하고 긴장을 해소하는 데 훨씬 더 참여적인 접근을 할 것이라고 기대되기도 했다.

그럼에도 진보적 정권 아래에서 자원 채굴에 대한 지역적 저항이 확대된 이유는 무엇이며, 왜 진보적 정권은 광산과 유전 개발의 부정적인 환경적·경제적·사회적 영향에 대한 우려를 기꺼이 수용하지 않는 것일까? 우리가 목격하고 있는 것은 대부분의 라틴아메리카 나라에서 새로운 정치 지형뿐 아니라 정치가 작동하는 새로운 세계경제 상황 탓에 갈등의 전환이 일어나고 있다는 것이다. 좌파의 선거 승리를 가능하게 했던 요인은 신자유주의 정책과 빈곤 및 불평등에 대한 광범한 대중적 저항과 사회적 동원이었는데, 좌파가 대통령궁에 입성하여 사회 프로그램을 통해 극단적 빈곤을 얼마간 신속하게 교정하면서 그러한 저항과 동원은 줄어들었다. 그러나 좌파의 그러한 제도화는 전국적으로 어느 정도 탈동원화를 가져왔지만, 다른 부당함에 대한 지역적 불만과 동원이 반드시 줄어든 것은 아니다. 다른 한편 세계적인 상품 호황으로 인해 민간 기업과 국가기업은 광산 채굴을 확대하고, 새로운 유전을 탐사하고, 전에는 채산성이 없던 광산과 유전을 재가동하는 데 매우 적극적으로 나서게 되었다. 그리하여 광물자원 채굴이 강화되고 지역적으로 확대됨으로써 라틴아메리카에서 중국과 세계경제의 여타 중심부로 막대한 자원이 유출되었을 뿐 아니라 지역 환경이 파괴되고 일상의 삶이 위협받는 일이 벌어졌다.

또한 채굴 산업이 변함없이 '정치의 전쟁터'라는 사실은 새로운 정치적 기대와 의존을 낳은 재정치화 과정 자체와도 관련되어 있다. 대부분의 좌파 지도자들은 선거운동 과정에서 빈곤 퇴치와 정치 참여, 포섭적인 일반적·지역적 민주주의와 원주민들의 자율성을 강조했다. 더욱이 베네수엘라와 볼리비아, 에콰도르 같은 나라에서는 헌법 개정으로 새로운 참여적 제도들이 갖추어졌다. 이러한 것들은 중요한 해방적 요소들이지만, 실제로는 좀 더 참여적이고 다원적인 민주주의로 나아가는 데 몇 가지 장애가 있다(Schilling-Vacaflor, 2011). 광산 채굴과 유전을 반대하는 원주민과 농민, 환경운동 단체들은 자신들의 관점이나 요구에 열려 있는 진보적 대통령을 찾기가 힘들다. 이와 정반대로 코레아 대통령은 광산 채굴을 방해하는 '환경주의 소아병'이라든지 '유치한 원주민주의'라는 말로 오히려 공격을 퍼붓기까지 했다.[8] 하지만 정치적 분석에 기초하여 바라보면 이런 모습은 놀라운 일이 아니다. 선거에서 이들 대통령의 인기는 광물자원 채굴을 기반으로 한 사회 프로그램과 경제성장, 전반적 발전 모델에 크게 의존하고 있기 때문이다. 앤서니 베빙턴이 지적하듯이, 실제로 "반대파가 없어지리라는 징후는 전혀 나타나지 않고 있다"(Bebbington, 2009: 19).

광물자원의 정치화

지난 몇 년 동안 라틴아메리카의 진보적 정권들이 이룬 성취는 이전의 신자유주의 정권들이 남긴 사회적 결과들에 견주면 괄목할 만하다. 공적 수익과 사회적 지출이 증가했으며 빈곤과 불평등은 줄어들었다. 이러한 성공이 가능했던 이유가 부분적으로는 상품 호황에 기인하지만, 대부분의 정부가 광산 수익 중 더 많은 부문을 투입하여 적극적으로 예산을 증대시켰기 때문이기도 하다. 특히 광산 부문에서 진보적 정권들은 워싱턴컨센서스 경제정책에서 벗어났는데, 그로 인해 초국적기업에 대한 국가의 통제력과 국제 금융기구들과 외국의 간섭에 대한 국가 주권이 커졌다. 그러나 산업 발전 토대를 위해 광물자원을 투입하는 방향으로 다소 진전이 있었음에도 불구하고, 자원이 풍부한 나라들은 계속 채굴에 의존했으며 석유와 가스, 광산 부문에서 외국 투자와 세계 상품시장에 계속 의존했다.

이러한 좌파 정권으로의 전환과 광물자원에 대한 경제적·정치적 의존은 국가-시민사회 관계에 영향을 미치고 있다. 누누이 말했듯이 시민사회는 고정된 실체가 아니며, 국가에 의해서뿐 아니라 경쟁하는 사회 세력들에 의해 끊임없이 형성되고 재형성된다. 한편으로 진보적 정권들은 중도파와 우파 정당들의 저항을 받고 있을 뿐 아니라, 진보적 경제·사회 정책에 의문을 제기하고 저항하는 시민들과 조직들의 반대에 직면하고 있다. 이러한 반대는 국내 경제 엘리트와 외국자본, 그리고 좌파의 광산 정책과 재분배 목표로 인해 많은 것을 잃은 여타 힘 있는 세력들의 지지를 기대할 수 있기 때문에, 반드시 대중을 동원하지 않더라도 진보적 통치에 장애가 될 수 있다. 논리적으로는 국가가 그러한 장애를 약화시키기 위해 노력해야 하지만, 그러한 반대에 대응하여 일부 (급진적인) 좌파 정부들은 비판적 조직들을 공격하고 민주적 통치 영역을 벗어나는 방식으로 자신들의 관심사와 이해관계, 그리고 지도자들을 탈법화시키기도 했다.

이와 동시에 진보적 통치에 대해 전반적으로 지지하지만 특정한 이해관계를 대표하고 독립성을 유지하려는 시민사회조직들을 국가가 좌지우지하려는 시도도 나타났다. 키스 비카트에 따르면, 역사적 경향은 새로운 진보적 정부를 만들어 낸 사회운동 세력에게 하나의 경고가 될 것임에 틀림없다. "이들 새로운 정부가 사회운동의 지도자들을 편입하고 자율적인 사회 권력을 중립화시키려 할 것이기 때문에" 사회운동 세력은 반발하는 위험을 무릅쓰고 있다. "만약 정부가 계속 이런 식으로 지지층을 동원하면, 결국 강력한 사회운동들은 정부가 전략을 펼 수 있는 공간의 여지를 잠식하게 될 것이다"(Biekart, 2005: 90). 다양한 진보적 정권들은 실제로 조직된 시민사회에 대해, 때로는 새로운 사회 프로그램에서 역할과 혜택을 줌으로써 편입 전략을 채택해 왔다. 그리고 (일각에서 '포퓰리즘'이라고 낙인찍는) 이러한 사회 프로그램으로 인해 좌파 정부들이 가난한 민중과 그들의 조직에게 커다란 인기를 끌고 있는 것은 분명하다. 그러한 편입과 지배 시도는 정부 기관이 아닌 곳에서도 나올 수 있다는 점을 언급할 필요가 있다. 예컨대 베네수엘라의 경우, PDVSA 자체가 몇 가지 미션을 직접 관리하거나 돕고 있다.

요컨대, 라틴아메리카의 진보적 국가들은 정부의 광산 정책이나 특정한 채굴 프로젝트에 비판적이거나 저항하는 시민사회조직들에게 우호적으로 대하지 않는다. 국제적 활동가나 학자들은 채굴에 반대하는 이러한 저항들을 중요한 지구적 환경정의 운동이라고 인정하지만 진보적 정권들은 대부분 무시하려고 한다. 그러한 저항에 참여하는 사람들이 주변적인 농촌 거주민과 농민, 원주민들로서, 많은 경우 '태생적인' 좌파 유권자들이라 할지라도 진보적 대통령들은 그들의 요구와 동원에 엄격한 한계를 설정해 버린다. 광산 채굴을 둘러싼 새로운 갈등에서 지역 공동체들은 다시 닫힌 문과 '조롱,' 심지어 억압에 직면하고 있다. 그리고 지역 활동가들은 신자유주의 통치 시절에는 전국적 사회운동과 연대를 기대할 수 있었던 반면에, 진보적 통치 하에서는 오히려 더 고립되고 말았다. 특히 대부분의 유전 탐사가 이루어지고 있는 아마존이나 수많은 광산이 있는 안데스처럼 더 고립된 지역의 작고 주변적인 (원주민) 집단들은 이러한 새로운 상황 때문에 용기가 꺾이고 주눅이 들어 있다.

라틴아메리카에서 광물자원의 정치화는 현재진행형의 전개 과정인 것처럼 보인다. 광물자원의 정치화는 19세기와 20세기에 처음으로 비참한 생활조건과 탐욕적인 국내 엘리트, 외국 기업에 대한 시민들의 불만에서 시작되었다. 그에 잇따른 광물자원의 국유화는 많은 사람들에게 공정하고 애국주의적인 발전으로 인식되었으나 동시에 갖가지 새로운 문제와 탐욕을 불러일으키기도 했다. 다음 국면에서는 신자유주의 정권들이 광산 정책을 탈정치화하려고 시도했지만 실패로 끝났다. 시민들의 불만이 신자유주의 정권에 대한 다른 불만들과 결합하여 대안적 발전 모델 요구로 나타나면서, 특히 민영화된 것에 대한 재정치화가 중요한 문제로 되었다. 좌파 대통령 후보와 정당이 선거에서 승리하여 탈신자유주의 광산 정책과 사회 프로그램을 수립함으로써 가장 최근의 정치화 국면이 시작되었다. 최근의 강화된 자원 채굴이 계속되는 한 이야기는 끝나지 않았다. 몇몇 전국 조직들이 새로운 채굴주의에 대한 대안을 제시하는 가운데, 대부분의 지역 집단들은 자기 지역 공동체 인근

의 광산과 유전에 대해 스스로 결정권을 갖기를 원하고 있으며 그 때문
에 국가에 저항하고 있다. 하지만 새로운 광산 정책은 세계 상품시장 호
황의 도움을 받아 주요한 사회·경제적 혜택을 가져다주기 때문에 진보
적 정권들은 광물자원을 고도로 집중적인 통치 영역에 계속 두고 싶어
한다.

   라틴아메리카 전역에 걸쳐 채굴 산업이 엄청나게 확대되고, 진보적
정권들이 일반적으로 경제 정의와 탈채굴주의 발전 모델을 바라는 시
민적 요구를 기꺼워하지 않기 때문에 다가오는 몇 년 동안 광물자원의
정치화가 심화될 가능성이 크다.

---

1) 이 장의 더 긴 이전 판은 "Depoliticized and Repoliticized Minerals in Latin
   America" in the *Journal of Developing Societies*, 28(2)로 출판되었다. 이 글은 '라틴
   아메리카와 카리브 환경 통치프로젝트'(ENGOV)의 일환으로 유럽위원회의 재정
   지원(FP-SSH-2010-3, 연구비협약 번호 266710)을 받았다.
2) 캐나다가 라틴아메리카 나라들에 대해 광산 부문을 외국인 투자에 개방하는 규제
   개혁을 하도록 강력하게 지원한 점에 관해서는 Kuyek(2006)을 참고하라.
3) 1990년대 이후에 일어난 갈등들에 관한 자세한 사항은 '관측소' 웹사이트 www.
   olca.cl/ocmal/ 참조.
4) 투자가 필요한 라틴아메리카 나라들은 중국이 거대한 금융 자금을 투자하고 에너
   지 안보를 획득하는 데 관심이 있다는 사실을 알게 되었다. 2009년, 중국개발은행
   (CDB)과 페트로브라스는 (부분적으로는 새로 발견된 브라질 해안 유전 개발을 위
   해) 100억 달러 대부에 합의했는데, 페트로브라스는 시노펙의 자회사에 10년 동안
   하루에 20만 배럴의 석유를 공급하기로 했다. 베네수엘라는 전체 대부가 280억 달

러 이상으로 CDB의 가장 큰 외국 채무국이다(Downs, 2011: 46-53). 2008년부터 CDB와 페트로차이나, 중국수출입은행이 각각 에콰도르에게 몇 건의 대부를 해줌에 따라 중국은 에콰도르의 주요 채권국이 되었다.

5) 페트로브라스는 공식적으로 국가 소유이지만 1990년대에는 주식을 민간 주주들에게 매각하여 민간 투자자들이 44퍼센트의 주식을 보유하고 있다(UNCTAD, 2007: 117).

6) 1998년부터 2006년까지 중앙정부의 지출은 GDP의 21.4퍼센트에서 30퍼센트로 증가했고, 사회적 지출은 GDP의 8.2퍼센트에서 13.6퍼센트로 증가했다(Weisbrot and Sandoval, 2008a).

7) 그러나 볼리비아 중앙정부는 급속한 빈곤 감소에 초과 가스 수익을 사용하는 데 상대적으로 제한적이다. 왜냐하면 볼리바아의 분배 모델은 탈집중적이어서 광산 수익의 약 절반이 지방 정부와 기초지자체, 대학의 몫으로 돌아가기 때문이다.

8) 코레아 대통령은 또한 야수니 갈등의 상황에서 환경 단체 '악시온 에콜로히카' (Acción Ecológica)의 법적 지위를 상기시키려고 시도하기도 했다.

8장 원주민과 농민의 자원 통치 참여
볼리비아와 페루

알무트 실링바카플로르, 데이비드 볼라스

그들과 협의가 이루어질 것이다. 협의가 구속력이 있는가 그렇지 않은가 하는 것은 중요하지 않다. 다만, 그들의 의견이 취합될 것이라는 점이 중요하다.　　　　　　　　　　　　　오얀타 우말라, 2011년 9월 6일

사전 협의는 참여민주주의와 직접민주주의의 헌법적 메커니즘이다. …… 도출되는 결론이나 합의 또는 결정이 구속력을 갖는 것은 아니지만, 책임 있는 의사결정 기구 당국이나 대표자들은 그것을 고려하지 않으면 안 된다.　　　　　　　　　　　　　볼리비아 선거법 제39조

광물과 탄화수소와 같은 재생 불가능한 자연자원 채굴은 어느 정도 이러한 자연자원의 국제 가격이 오른 덕분에 안데스 지역에서 호황을 누리는 사업이다. 그와 동시에 채굴 산업은 종종 여러 나라에서 사회운동이나 원주민운동과 국가 사이에 벌어지는 정치적 논쟁에서 중심적

위치를 차지한다(Tilly and Tarrow, 2007 참조). 볼리비아에서는 2003년 10월, 가스 자원의 국유화를 요구하는 사회운동이 산체스 데로사다 정부를 무너뜨렸다. 에콰도르에서는 2009년, 새로운 광산법이 한 달이 넘도록 사회적 저항을 불러일으켰다. 콜롬비아에서는 2009년, 헌법재판소가 유의미한 사전 협의가 없었다는 이유로 무리엘 광산의 구리 채굴을 중지하라는 명령을 내렸다(Rodríguez-Garavito, 2010: 271). 그리고 페루에서는 현재 광산 갈등이 국가와 지역 공동체 사이뿐 아니라 지역 주민들 내부에서도 가장 중요한 갈등 유형이다(Defensoría del Pueblo, 2010).[1] 그렇다면 지구화라는 맥락을 배경으로 자원 통치를 둘러싸고 경쟁하는 영역에서 새로운 좌파 정부가 주도하는 국가와 지역 공동체의 관계는 어떻게 변화했을까?

이 문제에 답하기 위해 나는 볼리비아와 페루에서 채굴 활동의 영향을 받는 원주민 및 농민 공동체와의 사전 협의에 초점을 맞출 것이다. 현재 페루와 볼리비아 자원 통치에서 사전 협의에 대한 권리는 실제로 무척 중요하다. 사전 협의 과정은 현재 지역 공동체들이 거주지에서 이루어질 채굴 프로젝트에 합법적으로 저항하고, 있을 수 있는 사회적·환경적 손상을 줄이고, 보상과 이익 배분에서 협상 지위를 높일 수 있는 가장 중요한 수단이기 때문이다. 협의 과정은 국가 대표자와 지역 주민, 채굴 회사가 직접 만나 현안을 놓고 토론하는 공식적 장을 제공함으로써 "개발과 자연, 인간적 번영에 대한 근본적으로 서로 다른 개념들이 마주칠" 수 있도록 해준다(Rodrígues-Garavito, 2010: 273).

따라서 사전 협의에 관한 연구는 개발에 대한 다양하고 때로는 갈등하는 관점들을 포괄할 뿐 아니라 지역 주민과 국가 및 채굴 회사 사이의 의사소통 형태에 관해서, 그리고 일반적으로 상당히 불평등한 권력을 특징으로 하는 이러한 심의의 장에서 해당 지역 공동체가 실제로 의사 결정 역할을 하는지에 관해 정보를 제공할 수 있다. 아마르티아 센은 개발에 대한 시민들 스스로의 통제력이 중요하다는 점을 지적했다(Sen, 1999). 이 주장은 전 세계에 걸쳐 6만 명이 넘는 주변적인 사람들에 대한 조사 결과로 뒷받침되었으며 〈세계개발보고서〉(World Development Report)에 수록되었다. 조사 보고서에 따르면 사람들의 주요 관심사 가운데 하나는 자신들의 목소리가 반영되는가, 자신들의 삶에 가장 큰 영향을 미치는 사태에 대해 통제력을 가질 수 있는가 하는 것이었다(Narayan, 2000 참조). 또 '광산과 광물에 관한 국제위원회'(ICMM)가 수행한 38곳 광산 갈등에 대한 조사에서도 지역 공동체의 가장 중요한 불만은 광산 프로젝트를 수립하기 전에 자신들의 동의를 구하지 않는 것이라고 나타났다(Laplante and Spears, 2008: 76).

볼리비아와 페루의 사전 협의에 관한 사례 연구가 특별히 흥미로운 이유는 이들 두 나라가 한편으로는 역사적·사회적·문화적으로 공통점이 많아 비교하기에 적절하면서도,[2] 다른 한편으로는 두 나라 사이에 몇 가지 중요한 차이가 있어 자원 통치에서 원주민-농민 공동체와 국가 사이의 관계 유형이 쉽게 구별되기 때문이다. 모랄레스 대통령이 집권한 볼리비아와 가르시아 대통령이 집권한 페루 사이에는 다음과 같은 차이가 있다. 첫째로 원주민운동의 측면에서 볼리비아가 페루보다 더 강하고 통일되어 있다고 할 수 있다(Clark and Becker, 2007; Van Cott, 2005). 둘째로 볼리비아 정부는 탈신자유주의 이데올로기를 표방하는 반면, 페루 정부의 이데올로기는 극단적인 신자유주의이다(Bebbington and Humphreys-Bebbington, 2010). 셋째로 볼리비아에서는 인권과 환경권을 좀 더 폭넓게 인정하는 반면(Wolff, 근간), 페루 민주주의는 문화적 다양성을 매우 제한적으로만 인정하는 자유주의 대의제 모델에 뿌리박고 있다. 따라서 모랄레스의 볼리비아와 가르시아의 페루의 자원 통치에서 시민과 지역 공동체 참여가 어떤 영역에서 얼마만큼 유사점과 차이점이 있는지 분석하는 편이 적절해 보인다. 더 구체적으로 말하면 사전 협의가 국가-지역 공동체 관계에 관해 우리에게 말해 주는 것은 무엇이며, 과연 지역 주민과 원주민들이 자신들의 개발을 스스로 결정할 수 있는가 하는 질문을 던지는 것이다. 또한 우리는 최근 오얀타 우말라 대통령 아래 페루가 '분홍 물결' 정부를 표방하고 있기 때문에 앞으로 가능한 변화에 대해 몇 가지 가설을 구성해 볼 것이다.

지구화와 페루의 채굴주의

21세기 초 볼리비아와 페루의 경제는 광산과 탄화수소 같은 자연 자원 생산과 그에 대한 의존이 크게 강화되고 있다(Bebbington and Humphreys-Bebbington, 2010; Gudynas, 2010). 두 나라에서 전통적으로 고지대에서는 광산, 저지대에서는 석유와 가스 채굴로 나뉘어져 있던 구분선이 더 이상 분명하지 않게 되어 이제는 광산이 아마존 지역에서도 허가되고 탄화수소 채굴 활동이 그동안과는 다른 채굴 지역으로 확대되고 있다. 광산과 탄화수소 채굴 허가가 원주민 및 농민 공동체 주거 지역뿐 아니라 국립공원이나 보호구역과도 흔히 겹침에 따라 지역 수준에서 심각한 사회적·환경적 영향을 끼치고 있다.[3]

볼리비아에서는 광산자원 수출이 2001년에 전체 수출의 41.8퍼센트에서 2009년에는 74퍼센트 이상으로 증가했다.[4] 같은 기간 동안, 가스 생산은 거의 2배가 되었고 광물 생산도 상당히 증가했다.[5] 더욱이 상대적으로 새로운 전기 자동차 생산 경향으로 리튬에 대한 수요가 늘 것인데, 세계 리튬 매장량의 49퍼센트가 볼리비아의 소금 평원에 있는 것으로 추정된다(Bebbington and Bury, 2009: 17296). 비전통적인 탄화수소 채굴 지역인 라파스 북부 지역에서는 현재 아마존 탐사 구역 두 곳이 마디디국립공원과 이시보로세쿠레국립공원의 상당 부분을 포함하는 15,000제곱킬로미터에 이르고 있다(Finer et al., 2008: 5).

페루에서 자연자원 수출에 대한 경제의 종속은 볼리비아보다는 상당히 작은 편이지만 빠르게 증가하고 있다. 이미 모든 농민 공동체의 절반 이상이 광산 활동의 영향을 받는 것으로 추정된다(Bebbington and Williams, 2008: 190). 더욱이 새로운 탄화수소 호황이 막 시작되어 페루 정부는 탄화수소 채굴을 위한 180개 구역을 설정했는데, 그 영역이 종 다양성이 가장 풍부한 아마존 서부 688,000제곱킬로미터가 넘는 지역에 걸쳐 있다(Finer and Orta-Martínez, 2010). 탄화수소 구역으로 설정된 아마존 유역의 넓이는 2004년의 9퍼센트에서 2009년에는 59퍼센트로 증가했다(Arévalo and Del Rosario, 2010: 19).

이러한 유사점에도 불구하고 모랄레스 정부와 가르시아 정부의 상이한 자원 통치 전략에는 서로 구별되는 이데올로기가 발견된다. 볼리비아에서는 저항 시기(2000~2005년) 동안 사회운동의 핵심적 요구에 부응하여 국가가 탄화수소 부문에 대한 통제를 한층 강화했다. 정부는 다국적기업들과 계약을 재협상하여 추출된 가스에 대해 더 높은 가격을 지불하도록 했으며, 볼리비아 영토에서 수행되는 모든 탄화수소 채굴 활동에서 공기업 YPFB에게 주도적인 역할을 다시 부여했다(Mokrani, 2010 참조). 광산 부문에서도 정도의 차이는 있지만 마찬가지로 국가의 역할이 강화되었다. 구리 광산 코로코로와 리튬 채굴 같은 몇몇 새로운 대규모 광산 프로젝트는 공기업 볼리비아광산회사(COMIBOL)이 주도하고 있다. 볼리비아에서는 자원 수익의 상당한 몫이 여러 사회정책에 투자되고 있는데, 대표적인 것으로 '어린이를 위해 새로 만든 기금'(Bono Juanito Pinto), '여성과 산모를 위한 기금'(Bono Juana Azurduy), '노인들을 위한 기금'(Renta Dignidad)이 있다(Radhuber, 2010 참조).

가르시아 대통령 정부의 페루는 민영화와 신자유주의 정책을 선호하는 사뭇 다른 경제 전략을 추구했다. 페루는 외국 투자를 유치하기 위해 다국적기업들에게 낮은 세금과 로열티 같은 무척 유리한 조건을 제공했다. 특히 광산 부문은 해외직접투자(FDI)가 2002년에서 2007년 사이에 무려 65퍼센트나 증가했는데, 같은 기간에 전체 FDI가 12퍼센트 증가한 것과 대조된다(Arellano-Yanguas, 2011: 620). 알란 그라시아는 2006년 대통령 선거운동에서 광산 계약을 갱신하겠다고 약속했음에도 결국 광산 회사들과 협약하는 과정에 로열티 지불과 초과이윤세를 제외했다(Arellano-Yanguas, 2011: 621). 페루에서는 기업이 국가에 강력한 영향력을 행사하지만, 라틴아메리카의 수많은 시민들과 마찬가지로 페루인들은 경제에서 국가의 더 큰 역할을 요구해 왔다(Carrión and Zárate, 2011: xxix, 173ff.).

페루인들의 이러한 요구는 좌파 민족주의자 오얀타 우말라가 2011년 대통령선거에서 승리한 이유를 설명해 주는 핵심적인 요인이다. 그는 선거운동의 목표 가운데 하나로 신자유주의 정책 반대를 포함시켰던 것이다.[6) '전략 산업'에 대한 주권을 재천명함으로써 국가권력을 재구성하는 것이 우말라 정부의 주요한 계획이었다. 그것은 광산 및 탄화수소 기업들과 계약을 재협상하고 공기업 '페트로페루'(Petroperu)의 역할을 확대하는 것이 포함되었다(Gana Perú, 2010: 85). 또한 우말라는 국내 에너지 공급을 지원하고 산업화를 촉진하기 위해 광산 부문에 초과이윤세 도입을 약속했다(Gana Perú, 2010: 59ff.). 볼리비아의 모랄레스와 마찬가지로, 이 새 대통령은 복지 문제에 실패한 수년간의 시장주의 해결책 대신에 확대된 사회정책들을 계획했다. 그가 제안한 사회정책들 가운데에는 최저임금, 소농에 대한 보조금, 장학재단 설립, 사회적 약자들을 겨냥한 공공 보건의료 시스템 등이 있다(Gana Perú, 2010: 107ff.). 그럼에도 불구하고 우말라는 채굴주의를 벗어나는 태도를 취하지 않았으며, 정부 프로그램에서 환경보호에 우선권을 두지도 않았다.

새 정부는 집권하면서 '거대한 전환'(La Gran Transformación)[7]이라는 선언에 부합하는 몇몇 상징적 행동을 보였다. 취임식 자리에서 대통령은 1993년부터 발효된 현행 헌법이 아니라 1979년 헌법에 선서했다. 1993년 헌법은 1992년 4월, 엄격한 신자유주의 의제를 추구한 알베르토 후지모리의 쿠데타 이후 시행된 헌법이다. 우말라 정부는 집권하고 한 달도 안 되어 광산 이윤에 대해 추가 세금을 물리고[8] 새로운 사전협의법을 공포하는[9] 등 몇몇 선거 공약을 신속하게 이행했다.

사전 협의에 관한 법체계 논란

두 안데스 나라에서 진행되는 자원 정치와 채굴 지역의 확대는 강력한 반대에 부딪히고 있다. 특히 영향을 받는 지역 주민들은 때때로 환경·인권 조직들과 연대하여 광산과 탄화수소 채굴 활동에 걸림돌이 되고 있다. 볼리비아와 페루에서 자연자원을 둘러싼 갈등은 정치 영역뿐 아니라 법적 영역에서 "집단적 권리를 둘러싼 사법적 갈등"으로 나타난다(Rodríguez Garavito, 2011: 280). 국제 인권기구에 법률적으로 제소하는 것은 1990년대 이래 라틴아메리카의 원주민운동에서 강력한 수단이 되었다. 광산과 탄화수소 채굴 작업의 영향을 받는 원주민 및 농민 공동체들은 자원 정치에 더 많은 참여를 요구하고자 할 때 '원주민 및 부족민 권리에 관한 ILO 조약' 169호와 '유엔 원주민 인권선언'(UNDRIP, 2007년)에 호소한다. 'ILO 조약' 169호는 페루(1995년)와 볼리비아(1991년)에 적용되었는데, 조약 6조와 15조에서 사전협의권을 규정하고 있으며, UNDRIP는 심지어 원주민의 동의권까지 보장하고 있다(UNDRIP, 32조 2항).

세계은행이나 아메리카개발은행을 비롯한 국제 금융기구들도 자원 채굴의 영향을 받는 지역 공동체와 협의해야 한다는 기준을 채택하고 있지만, 일반적으로 국제 인권기구들이 제시하는 것보다 약한 협의권을 규정하고 있다(Rodríguez-Garavito, 2011: 285). 유의미한 협의가 이루어지기 위해서는 다음과 같은 필수적인 조건들을 충족해야 한다고 국제 인권기구들은 규정하고 있다. ① 협의가 성실하게 이루어질 것, ② 영향을 받는 공동체와 국가 사이의 진솔하고 지속적인 대화에 기초할 것, ③ 계획 실행의 사전에 이루어질 것, ④ 영향을 받는 모든 지역 공동체들의 합법적 대표자들을 참여시킬 것, ⑤ 사회적·언어적·문화적으로 적절한 방식으로 이루어질 것, ⑥ 협의 대상 지역 공동체의 승인을 얻는 것을 목표로 할 것, ⑦ 구속력 있는 협약을 체결할 것 등이 그러한 조건들이다(Morris et al., 2009; DPLF, 2010).

볼리비아에서는 1996년에 진행된 '제2차 저지대 원주민 행진'의 요구 가운데 하나가 유의미한 협의권을 도입하여 그것을 규정하는 법률을 채택하는 것이었다(Fuente Jeria, 2005: 146). 하지만 탄화수소 부문에서 협의 과정을 최종적으로 규정하는 최고법령(DS 29033호, 2007년, 이 법령은 원주민 조직들의 관점과 많은 부분 일맥상통했다)은 에보 모랄레스가 대통령으로 취임한 뒤에야 비로소 공포되었다. 공동체 조직인 '쿠야수유의 아이유와 마르카 전국위원회'(CONAMAQ, Consejo Nacional de Ayllus y Markas del Qullasuyu)는 현재 여전히 처리되지 않고 있는 일반 사전협의법의 채택을 위해 로비를 벌이고 있다. 헌법 개정 과정(2006~2009년)에서 대부분의 사회주의를 향한 운동(MAS) 당 대표자들은 사전협의권을 헌법에 포함시키는 것을 지지했지만 원주민들의 주장에는 미치지 못했다(Pacto de Unidad, 2007 참조). 원주민 조직들은 협의의 목표가 지역 공동체의 동의를 구하는 것이어야 하고 협약이 구속력이 있어야 한다고 주장했다. 사전협의권은 MAS 대표자들 다수의 견해가 받아들여져 최종적으로 새 헌법에 포함되었다. 2010년에 통과된 새 선거법은 사전 협의의 결과가 구속력을 갖지 않는다는 점을 분명하게 규정하고 있다(Electoral Law, 39조). 더욱이 2010년 6월에는 국가 경제 발전에 장애가 되는 것으로 인식된 협의권을 제한하기 위해 행정부가 탄화수소법 개정을 준비하고 있다는 사실이 일반에 공개되었다.[10]

정치와 법률 영역에서 오랜 투쟁 끝에, 페루에서 사전 협의를 규정하는 법률이 마침내 2011년 9월 7일 우말라 대통령에 의해 공포되었다. 유의미한 협의에 관한 국제 인권 기준을 전혀 적용하지도 않고 원주민과의 사전 협의도 정하지 않았던 과거의 법 규범[11]과는 대조적으로 새로운 '협의법'은 원주민 조직들의 지지를 받았다. 새로운 '협의법'에 따르면 원주민 및 농민 공동체는 사전협의권을 가지는데, (기업이 아니라) 국가가 설정하는 사전 협의는 영향을 받는 지역 공동체의 동의를 얻는 것을 목표로 삼아야 하며 타결된 협약은 구속력을 가진다('협의법').

'협의법'은 1년 전인 2010년 5월 19일에 이미 의회에서 통과되었지만, 가르시아 대통령이 거부권을 행사하면서 기다란 반대 이유 목록을 붙여 의회로 돌려보낸 바 있다(Pinto López, 2010 참조). 가르시아 대통령은 협의가 구속력을 갖기 위해서는 영향을 받는 사람들이 예정된 계획에 동의해야 하며, 국가 전반의 경제적 이해관계에 협의가 지장을 주어서는 안 된다고 썼다. 또한 그는 안데스와 해안 지역 농민들에게 사전 협의권을 허용해서는 안 된다고 언명했다. 더욱이 이전에 집합적 토지 권리를 보유했던 지역 공동체에게만 협의권을 제한하고자 했다(Pinto L pez, 2010). 이와 달리 우말라 대통령은 집권 후, 영향을 받는 지역 공동체와의 유의미한 사전 협의 제도를 수립할 것이라고 발표했다.

하지만 우리는 진보적인 법체계가 지역 공동체의 의사 결정을 보장하는 필요조건이기는 하지만 실질적인 역할을 하는 데 충분조건은 아니라는 점을 염두에 두어야 한다. 사례 분석에서 살펴볼 것이지만(또한 Laplante and Spears, 2008; Rodríguez-Garavito, 2010, Garvey and Newell, 2005 참조), 국가와 지역 공동체 사이에 심의의 정도가 불평등하며 유의미한 협의를 수행하는 데 일반적으로 상당한 장애가 발생한다. 이 때문에 법률을 넘어서서 둘 사이의 권력 불균형을 줄이는 메커니즘이 절실히 필요하다. 그러한 메커니즘으로는 믿을 수 있는 환경영향평가(EIAs)를 면밀하게 실시하는 것, 협의 절차를 투명하게 하는 것, 독립적이고 효과적인 국가기구로 사전협의권을 제도화하는 것, 그리고 기업이 지역 주민의 목소리를 진지하게 받아들여 원래의 계획을 변화시키는 의지를 가지는 것 등이 있다.

사전 협의의 실제

볼리비아

2007년부터 2010년까지 탄화수소 부문에서 21건의 사전 협의가 이루어졌다.[12] 이 가운데 다수는 불충분했다. 예컨대 온전한 정보의 전달, 뒷받침된 환경영향평가의 질, 영향을 받는 모든 지역 공동체와 대표 조직들의 관여 등의 측면에서 그랬다. 광산 부문에서는 전반적으로 사전 협의 자체가 생략되었다. 이렇게 차이가 나는 까닭은 부분적으로는 규제 규범이 탄화수소 부문에만 있기 때문이기도 하고, 광산업 구성의 특수성으로 때문에 사전 협의를 실행하는 과정이 복잡하기 때문이기도 하다. "광산 채굴은 …… 국가기업이나 소수 대기업에 집중되어 있는 것이 아니라, 협동조합, 소기업, 원주민 및 농민 공동체의 가족 경영을 포함하는 광범한 층으로 구성되어 있다"(DPLF, 2011: 42).

볼리비아 북동부의 구리 광산 코로코로는, 영향을 받는 지역 공동체와의 (불충분한) 사전 협의가 처음으로 이루어진 광산 프로젝트였다(Bascopé and Sanjinés, 2010: 95-156; CEADL, 2010: 21-23 참조). 거기에서는 국가기업 COMIBOL이 대규모 노천 구리 광산 프로젝트를 수행하고 있다. 2009년 4월, COMIBOL과 광업부는 몇몇 지역 조직과 하루 회합을 갖고 예정된 프로젝트에 관해 협약을 체결했다. 하지만 그 협의는 국제 인권 기준을 준수하지 않았다. 완전한 정보가 지역 공동체에 전달되지 않았을 뿐 아니라 실질적인 대화도 없었다. 더욱이 (정부에 비판적인) 전국적 조직 CONAMAQ에 가입해 있는 아이유 공동체 조직 수십 개 가운데 단 두 조직만 회합에 참여했다(Bascopé and Sanjinés, 2010: 105). 그래서 아이유 조직들은 COMIBOL에 편지를 보내 적절한 협의 과정을 요구했다. 질질 끈 협상과 저항을 거쳐 마침내 2009년 11월, 앞으로의 행동을 토론하는 회합을 갖기로 했다(Bascopé and Sanjinés, 2010: 125). 하지만 예정된 협의를 반대한 코로코로 노동조합의 압력에 국가기관이 굴복함에 따라 예정된 회합은 열리지 않았다. 다음 몇 달 동안 COMIBOL은 아이유 조직이 반대 세력들에 의해 도구화되었다고 주장하면서 그 조직의 권위를 실추시키려는 시도를 반복했다. 이러한 사태 전개 과정을 거쳐 결국 2010년 10월 28일, CONAMAQ은 '코로코로 사건'을 아메리카인권위원회에 제소했다.

다음으로 탄화수소 채굴 활동에 관한 두 가지 협의 과정을 간단히 살펴보고자 한다. 하나는 부분적으로 협의가 부족하여 논란이 된 라파스 북부 이키무니의 사례로 경우이고, 다른 하나는 매우 드물게 '좋은 사례'로 기록된 타리하의 차라과 노르테의 경우이다. 이키무니 구역은 라파스 북부에 있는 비전통적인 탄화수소 지역으로 볼리비아-베네수엘라 컨소시엄 'YBFB PETROANDINA SAM'이 운영하고 있기 때문에 볼리비아 정부의 전략적 이해관계가 있는 곳이다. 영향을 받는 지역 공동체로는 모세텐 및 레코 원주민들과 최근에 이 지역으로 이주해 온 거주민 공동체가 있다. 볼리비아의 다른 곳과 마찬가지로 토지와 자연자원, 의사결정권을 둘러싸고 이들 두 집단 사이에 사회적 갈등이 첨예하다. 정부는 처음에 정부를 지지하는 거주민 공동체와 짧고 불충분하게 피상적인 사전 협의를 통해 협약에 서명했다(Bascopé and Sanjinés, 2010: 67). 원주민들과 진행된 사전 협의는 오래 이어지며 논란이 더 많았다. 환경영향평가가 불완전했을 뿐 아니라 영향을 받는 모든 공동체와 협의되지도 않았으며, 정부와 탄화수소 회사의 대표자들은 지역 원주민 공동체의 개별 구성원들과 몇 차례 협상을 벌였다. 더욱이 모세

텐 및 레코 원주민들의 '우산조직'(umbrella organization)은 심의 과정에서 제외되었다. 정부 측 주장에 따르면, 그 조직이 지역 주민들 내부에서 합법성이 없다는 게 그 이유였다(CEADL, 2010: 28-31; Martınez Crespo, 2011: 128).

산이시드로(산타크루스 주) 구역에서는 YPFB와 '플러스페트롤'(Pluspetrol)이 타코보와 타히보 유전 탐사를 수행했다. 이곳은 전통적인 탄화수소 채굴 지역으로, 과라니 주민들은 이미 관련 경험이 있어서 협상 기술을 이미 습득하고 있었다. 나중에, 협상 기술은 협의 과정에서 결정적인 것으로 밝혀졌다. 2009년 12월, 정부 당국은 영향을 받는 지역 공동체의 책임자들과 회합을 열었지만 보통 때와 같이 처음에는 불충분한 사전 협의였다. 뒷받침되는 환경영향평가가 불충분한데다가 너무 일반적이었고, 지역 공동체 구성원들은 정보를 제대로 제공받지 못했다. 협의 과정도 투명하지 않았고, 대화가 사회적·문화적으로 적절한 방식으로 이루어지지 않았을 뿐 아니라 지역 조직 과라니민중회의(APG)가 대화에서 배제되어 있었다(Bascopé and Sanjinés, 2010: 159ff.). 그러나 이 사례에서는 과라니 조직들이 이후 협의 과정에서 주도적인 역할을 했다. 그들은 새로운 의제를 만들어 협의 과정에 대처했는데, 지역 공동체 책임자들뿐 아니라 모든 공동체 구성원들에게 제대로 된 정보를 제공하고 불충분한 환경영향평가를 보완하기 위해 정부 대표들과 공동으로 새로운 현지조사를 수행하되 그 과정에서 전문가들과 자문단의 협조를 보장해야 한다고 요구했다(Bascopé and Sanjinés, 2010: 159ff.). 정부와 회사가 굴복하여 애초에 계획한 프로젝트를 변경하는 협약이 체결되었다. 여기에는 수원지를 보호하기 위해 지진대에 있는 광구를 옮길 것, 회사의 용수 사용을 특정한 하나의 우물로 제한할 것, 투명한 조기경보 시스템 같은 엄격한 감시 프로그램을 설치할 것 등이 포함되었다. 보상금과 관련해서 처음에 '과라니민중회의'는 58만 달러를 요구했지만, 최종적으로는 관리 기금과 함께 10만 달러 보상금 제안을 받아들였다.

페루

ILO 조약 169호가 발효된 지 16년이 흘러도 페루에서는 원주민들의 권리가 국내법에 만족스럽게 포함되지 않았고 실제로 보장되지도 않았다. 지난 몇 년 동안 페루에서는 광산과 탄화수소 채굴 활동에 관한 사전 협의는 없었거나 단순히 정보 제공 행사에 한정되었기 때문에 국가와 지역 공동체 사이뿐 아니라 지역 주민들 내부에서도 불만과 심각한 사회적·환경적 갈등이 벌어졌다(Gamboa, 2010; DPLF, 2010, 2011; Luyo Lucero, 2007 참조).

2002년, 탐보그란데 밸리의 농촌 공동체들은 개발에 영향을 주는 결정에 참여할 권리가 없었기 때문에 자기 지역에 예정된 맨해튼 광산 프로젝트에 관한 주민투표를 자체적으로 실시했다. 모든 유권자의 78퍼센트가 투표한 가운데 98퍼센트가 반대함에 따라 그 광산 프로젝트는 결국 취소되었다. 이렇듯 상징적인 저항 행동은 페루와 다른 나라(예컨대 과테말라, Fulmer, 2010)의 다른 지역 공동체를 고무하여, 아야카바와 완카밤바, 카르멘데라프론테라의 지역 공동체들도 2007년에 사전 협의를 자체 조직하여 90퍼센트가 넘는 주민들이 리오블랑코 광산 프로젝트를 반대했다(Bebbington and Williams, 2008; Hoetmer, 2009). 지역 주민들의 반대가 심한데다가 회사가 인권 침해(고문과 납치) 이유로 법적인 제재를 받음으로써 그 프로젝트는 폐기되었다. 사전 협의가 없었던

한 사례는 2011년 6월, 푸노 지방 훌리아카의 아이마라 지역 공동체들이 산타아나 광산의 캐나다 광산 회사 베어크리크에 대해 폭력적으로 저항한 사건이다. 그 과정에서 6명의 사망자가 발생하기도 했다. 저항에 참여한 지역 공동체 구성원들은 신뢰할 수 있는 환경영향평가와 의미 있는 협의를 요구했다. 정부가 결국 굴복하여 푸노 지방에서 새로운 채굴 허가를 승인하기 전에 협의 과정을 조직하기로 결정했다(DS, 083-2007호).[13]

푸노 사건은 정확하게 '바과소'(Baguazo) 사건 2년 후에 일어났다. '바과소'는 2009년 6월 5일 아마조나스 지방의 바과에서 일어난 사건으로, 처음에는 원주민들의 평화적인 저항으로 시작되었으나 페루의 최근 역사에서 가장 비극적인 순간으로 비화된 사건이었다. 수많은 원주민 및 비원주민 개인들과 조직들이 7주 동안 거리를 막고 자신들의 삶에 직접 영향을 주는 채굴 프로젝트에 대해 실질적인 의사결정권을 요구했다. 경찰 특수부대가 저항을 진압하는 과정에서 시위대 여러 명이 죽거나 다쳤으며 경찰 23명이 시위대에 살해당했다. 이러한 갈등의 근원은 가르시아 대통령이 2007년에 체결한 미국과의 자유무역협정(FTA)의 정착을 가속화하기 위해 (협의 없이) 수십 건의 법령을 공포한 2008년으로 거슬러 올라가는 긴 역사를 갖고 있다. 이들 법령 가운데 다수는 토지와 자원에 대한 원주민들의 권리에 직접적인 영향을 주는 것이었다.

과거 몇 년 동안 탄화수소 부문에서는 예정된 프로젝트에 관해 오직 정보제공 행사만 이루어졌을 뿐 유의미한 협의는 없었다. 이러한 불평등한 과정에서 가장 큰 문제는 지역 공동체들이 예정된 프로젝트에 관해 적절한 정보에 접근할 수 없었고, 전문적인 자문을 받을 수도 없었다는 점이다. 예컨대 레프솔 YPF는 채굴 활동을 하고 있는 구역(구역 109, 57, 90)이 마치겡가와 아사닌카, 아와훈 지역에 걸쳐 있음에도 그 지역 주민들과 유의미한 협의를 하지 않았다(Luyo Lucero, 2007). 그 회사는 지역 주민들로부터 '사회적 허가'를 얻기 위해 단 한 차례 회의를 열어, 예정된 프로젝트에 관해 대부분의 지역 주민들이 이해할 수 없는 전문 용어와 기술적인 방식으로 정보를 제공했을 뿐이었다(Luyo Lucero, 2007). 이러한 특별한 행사가 열린 다음에 지역 공동체들은 예상되는 환경적·사회적 영향의 평가 문서에 자신들의 견해가 반영되었는지, 정부 당국과 회사가 협의의 결과를 참작했는지도 통보받지 못했다.

자기결정권 VS '국익'

볼리비아와 페루 경제 모델이 채굴주의로 나아감에 따라 원주민 및 농민 공동체는 자신들의 발전에 영향을 미치는 사안을 놓고 의사 결정에 중요한 참여가 제약받고 있다. 지구적이고 국제적인 영향은 전국적·지역적 수준에서 이러한 과정을 형성하는 데 중심적인 역할을 한다. 국제 인권법과 그 옹호자들은 일반적으로 자기결정권을 갖는 개발을 주장하는 원주민과 지역 공동체를 지지하거나 정당화하는 반면, 세계적 상품 가격 호황과 국제무역 및 경제 시스템은 국가의 전략적인 경제적 이해관계를 강화하고 있다. 지구화가 국가에게 전략의 여지를 제한하지만, 그렇다고 반드시 국가의 몰락을 불러오는 것이 아니라 주어진 초국적 상호 연관의 맥락에서 국가의 변화를 불러일으킬 것이라는 이 책의 전반적인 줄기는 이 장에서 분석한 사례들에서도 입증되고 있다. '분홍 물결' 볼리비아에서는 지난 몇 년간 공기업들이 강화되었지만 그렇다고 해서 국가와 지역 공동체가 저마다 개발을 둘러싸고 추구하는 관점 사이에 존재하는 긴장과 모순이 해결된 것은 아니다. 정부의 관점은 좀 더 국가 중심적이며, 막대한 자원 채굴을 통해 국가 수입을 창출함으로써 광대한 국가기구와 확대된 사회정책에 재정을 충당하는 데 초점이 맞추어져 있다. 이와 대조적으로 비판적인 원주민 조직들은 이른바 다민족 국가 속에서 자신들의 자율성과 의사 결정 권력을 신장시키며, 경제를 다양화하고 자기결정권을 갖는 개발을 강화하기 위해 지역 수준에서 새로운 생산 구조를 만들려고 애쓰고 있다.

볼리비아와 페루에서 공통적으로 정부가 전략적인 경제적 이해관계 또는 이른바 '국익'을, 생활 이슈나 자기결정권을 갖는 개발이라는 지역적 개념보다 우선시함으로써 영향을 받는 지역 공동체의 실질적 의사결정권을 제한하는 경향이 있음을 관찰할 수 있다. 따라서 프레이저(Fraser, 1993), 호웰과 피어스(Howell and Pearce, 2001: 7ff.)에 따르면 페루와 볼리비아의 자원 통치는 심각하게 제약되어 왔는데, 왜냐하면 시민사회의 의견이 일반적으로 청취되지 않거나 고려되지 않고 "경제적·사회적 관계에 대한 대안적 상상력"(Howell and Pearce, 2001: 7ff.)이 정부의 우선순위가 되는 경향이 있었기 때문이다. 두 나라에서는 모두 행정부가 과도한 권력을 갖고 상위 법령을 공포하거나 정책을 수행할 때 환경법과 인권법을 우회함으로써 자원 통치의 민주화를 제약하고 있다. 국가는 일반적으로 자기 이해관계를 가진 심판관으로 행동하기 때문에, 기업과 지역 공동체 사이에서 해야 하는 중재 역할을 제대로 하지 못하고 있다. 페루에서 가르시아 정부는 초국적기업이나 국내 기업과 동맹을 맺거나 영향을 받는 것으로 인식되었으며, 볼리비아에서는 강화된 공기업들이 정부의 지원을 받고 있다. 모랄레스 정부와 가르시아 정부의 담론에서 정부의 경제 모델에 비판적인 목소리는 자주 탈합법화되거나 주변화되어 왔다.

그럼에도 불구하고 우리는 볼리비아 정부가 원주민 및 농민 공동체와의 협상과 소통에 보다 더 개방적이고 사회적 저항에 더 참을성이 있음을 알 수 있었다. 페루의 가르시아 정부는, 원주민 및 농민 조직들을 합법적인 대화 상대로 간주하기를 꺼림으로써 국가 정치에서 그들의 의사결정권을 심각하게 제한했다. 가르시아 대통령 아래에서는 탄압이 지역적 저항에 대한 일상적인 대응이어서 치안 경찰과 동원된 원주민 및 농민 공동체 사이의 폭력적 갈등이 벌어지는 경우가 잦았다. 피우라와 푸노, 바과의 사례에서 살펴본 바와 같이 국가가 폭력적으로 개입하여 원주민운동이나 농민운동을 해치게 되면, 그러한 운동은 잔인한 국가의 희생자로 부각되어 자신들의 주장이 알려짐으로써 국내외의 미디어와 여타 시민사회 부문의 공감을 얻었다. 반면에 볼리비아 정부는 조직된 시민사회와 조합주의적 관계를 유지하고 있으며, 정부에 더 비판적인 조직들보다는 지지하는 조직들을 선호한다. 이러한 일반적인 국가-사회 관계 유형은 사전 협의에 대해 왜곡된 영향을 준다. 즉, 정부를 지지하는 편입된 조직들이 신속하게 프로젝트를 승인하는 것은 정치적 지지의 표현으로 간주되는 한편, 정부에 비판적인 조직들이 예정된 프로젝트에 반대하는 것은 MAS당을 약화시키기 위한 정치 전략의 일부 해석됨으로써 자주 탈합법화되는 것이다.

사전 협의는, 지역 공동체들이 국가 주도의 개발 의제에 대한 불만을 표현하는 새로운 통로를 열어젖힘으로써 국가의 상대인 시민사회를 강화하는 잠재력이 있다. 사전 협의는 대화를 위한 포럼을 만들고 바람직한 발전 모델을 둘러싼 공적 논쟁을 형성한다. 이러한 논쟁에서 채굴주의와 (자연과 사회의 조화를 포함하여) '비비르 비엔'(vivir bien, 좋은 삶) 체제 사이의 양립 가능성은 점점 더 의문시되어 왔다. 더욱이 볼리비아의 차라과 노르테 사례에서 살펴본 바와 같이 유의미한 사전 협의는 지역 공동체에 더 큰 권력을 부여하고 예정된 채굴 프로젝트에 실질적인 변화를 가져올 수 있다. 페루에서는 광산과 탄화수소 채굴이 끼치는 부정적인 환경적·사회문화적 영향과 사전 협의를 하지 않은 것에 대해 비판을 통해 행동을 조정할 수 있는 새로운 기회가 열리고 다양한 원주민 및 농민 집단들 사이에 주장을 공유할 수 있게 되었다. 또한 ILO 조약 169호의 권리에 호소함으로써 많은 농민공동체들의 정체성 전환이 함께 이루어져 점점 원주민 정체성을 강조하게 되었다(Van Cott, 2005: 154; Lucero and García, 2007: 247). 페루의 사례가 보여 준 것처럼 심지어 협의 절차가 부족하거나 결여되었을 때조차도 종종 지역 공동체들이 자신들의 삶에 영향을 미치는 결정에서 발언권을 가질 것을 요구하는 행동 조정이나 동원이 이루어지기도 한다. 사전 협의는 민주화의 잠재력을 가지고 있음에도 불구하고 또한 몇 가지 내재적인 위험을 안고 있는데, 이에 관해서는 앞으로의 연구에서 보다 더 자세히 검토할 만한 가치가 있다.

첫째로, 지역적 요구와 이해관계가 일반적으로 이른바 '국익'에 종속된다는 것이다. 여기서 문제는, 특정한 사회집단에게 심대한 영향을 미치는 어떤 결정을 할 때는 국가 수준의 민주주의와 다수 결정으로는 충분하지 않다는 점이다. 이러한 경우에는 해당 인구 집단과 추가적인 심의 과정이 필요하다. 둘째로, 단일한 목소리를 내는 동질적인 지역 공동체라는 것은 존재하지 않는다. 오히려 서로 다른 개발의 관점과 가치,

이해관계뿐 아니라 구별되는 정치적·경제적 권력 위상을 가지는 다양한 이질적인 지역 행위자들이 있을 뿐이다. 이러한 맥락에서 제기되는 도전은 합법적이고 대표적인 지역 조직들을 확인해야 할 뿐 아니라, 다양한 목소리를 고려하고 지역·국내·국제 행위자들에게 평등한 심의권을 제공함으로써 이들 사이와 내부에 저마다 존재하는 권력 불균형을 줄이는 것이다. 셋째로, 협의 과정에서 재정 문제와 생계 문제를 연계시키는 방식은 재검토되어야 한다. 그러한 방식은 의심스러운 맞대응 전략의 가능성을 불러옴으로써 환경과 인권 보호에 역효과를 낼 수 있기 때문이다. 단기적인 경제적 이익 추구로 인해 지속 가능한 발전의 길이 (국가뿐 아니라 시민사회 행위자들에 의해) 사라져 버릴 수도 있는 것이다. 넷째로, 자원 통치의 민주화를 위해서는 지역 공동체 발전에 우선권을 보장하기 위해, 국가기관뿐 아니라 원주민과 여타 지역 조직들에서도 보상 자금과 혜택의 관리가 투명하게 이루어질 필요가 있다.

우말라 대통령 좌파 정부가 공포한 새로운 협의법은 페루의 자원 통치를 민주화하고 지역 공동체가 개발을 통제할 수 있는 가능성을 열었다. 그럼에도 모랄레스의 볼리비아와 비교하면 진보적인 법적 규범으로는 충분하지 않다는 것을 알 수 있다. 왜냐하면 자원 정치의 민주화를 제약하는 수많은 지구적·국내적·지역적 요인들이 존재하는데, 그 가운데 가장 중요한 것은 이 안데스 국가들이 세계시장에 종속되어 있다는 점과 경제적으로 채굴주의 지향이 변함없이 지속되고 있다는 점이다.

1) 옴부즈맨의 2011년 6월 88호 〈사회갈등 보고〉에 따르면, 페루에서는 6월 한 달 동안 139건의 갈등이 발생했다. 그 가운데 91건(65.5퍼센트)이 사회적·환경적 갈등으로 분류되었으며 이들 중 대다수는 광산 갈등이었다.

2) 최근 2001년 센서스에 따르면(www.ine.gob.bo, 2011년 8월 20일 접속), 볼리비아에서 원주민 인구는 62퍼센트로 비율로 볼 때 다수를 차지하며, 페루에서는 원주민 인구가 전체 인구 중 33~47퍼센트(Van Cott, 2005: 141) 또는 대략 40퍼센트(Lucero and García, 2077: 234)에 이를 것이라고 많은 사회과학자들이 추정한다. 두 나라는 중부 안데스의 역사와 문화를 공유하고 있다(Van Cott, 2005: 140). 두 나라의 경제는 재생 불가능한 자원 채굴에 의존하고 있으며 이는 최근 몇 년간 증가했다. 그리고 사회적 불평등 정도도 비슷한데, 볼리비아는 지니계수가 0.572이고 페루는 0.505이다(hdrstats.un에.org/en/countries/profiles, 2011sus 8월 30일 접속).

3) 그런 것들 가운데는 지역 주민들의 생계 수단 박탈, 수자원과 토지의 오염, 생물종 다양성의 축소, 지역의 생활방식과 사회조직의 심각한 변동 등이 있다.

4) comtrade.un.org/db(2011년 7월 20일 접속).

5) websie.eclac.cl/sisgen/ConsultaIntegrada.asp(2011년 7월 20일 접속).

6) 그 계획은 "신자유주의 모델이 불평등과 분열 및 후진성을 낳는다"고 지적하고 있다 (Gana Perú, 2010: 18).

7) 이와 비슷하게 볼리비아 정부는 '국가를 재발견'하기 위해 '페로세소 데 캄비오' (proceso de cambio, 변화 과정)를 약속했다.

8) www.economist.com/node/21528286(2011년 9월 3일 접속).

9) El Comercio, 2011년 8월 24일.

10) YPFB 대표 카를로스 비예가스는 최근에 이렇게 말했다. "협의와 참여는 [투자에] 장애가 되고 있다. 우리는 이러한 장애가 올해는 제거되기 바란다."(fobomade.org.bo, 2010년 6월 18일 접속; www. cedla.org, 2010년 10월 3일 접속).

11) 그런 것들 가운데는 광산과 탄화수소 부문에서 사전 협의를 규정한 2008년의 두

최고법령(SD 028-2008-EM과 SD 012-2008-EM)과 2011년 에너지광산부가 "광산 및 에너지 관련 채굴 활동에 관한 원주민 협의권을 위해" 설정한 새로운 규제 법령 SD 23-2011-EM가 있다.

12) www.hidrocarburos.gob.bo/sitio/index/php?option=com_content&view=article&id=938(2011년 8월 30일 접속).

13) "Pronunciamientode CONACAMI sobre hechos en Juliaca," www.conacami.org(2011년 8월 30일 접속).

9장 칠레 광산노조와 '신좌파'
1990~2010

주웰로드 T. 넴 싱

> 근본적인 문제는 법을 준수하는가 그렇지 않는가 하는 것이다. 우리
> 는 실제로 피 묻은 구리를 팔고 있다.　　　　　*El Mostrador*, 2010

위의 인용문은 19세기나 20세기 칠레 광산 채광 현장의 노동조건을 묘사한 것이 아니다(그때도 이런 서술은 적절했을 것이다). 인용문은 33명의 구리 광부들이 산호세 광산 지하에 7일 동안 매몰된 2010년 8월의 광산 사고 직후에 칸델라리아 노르테 광산노조 위원장 레라르도 누네스가 한 말이다. 7월에 이미 사고가 발생했음에도 광산 감독 책임이 있는 코피아포 지역사무소는 산에스테반 광산 회사가 환경과 안전, 직업병 기준에 관한 엄격한 기준에 부합한다는 결론을 내리고 새로운 채굴권을 발급했다. 채굴 허가가 갱신된 후 채 한 달도 지나지 않아서 지하 광산이 붕괴한 것이다.

칠레 의회의 조사에서 드러난 바와 같이, 광산 소유주 알레한드로 본

과 마르셀로 케메니는 무엇이 잘못되었는지 설명할 수 없었으며, 허가권을 발급한 공직자 라울 마르티네스 구스만은 사임했다. 사고 1년 후 31명의 광부들은 광산 안전과 노동조건을 제대로 감독하지 않았다는 이유로 (광산 회사가 아니라) 국가를 상대로 소송을 제기하여 정의를 촉구했다. 광부들의 주장에 따르면, 칠레 정부는 그 비극적 사고가 일어나기 전인 2005년과 2007년에 두 명이 사망하는 사고가 일어났음에도 전혀 놀랍지 않은 그러한 광산 기준을 변함없이 그대로 적용해 왔다.[1] 몇 년간의 침묵이 끝나고 이제 민간 부문 노동자들이 국가에게 노동권 보장을 요구하고 있는 것이다. 노동자들은 언제나 칠레가 거둔 경제 기적의 대가를 지불했지만, 현재는 훨씬 더 적극적인 시민사회가 출현함으로써 보통 사람들도 지금껏 칠레가 발전된 세계의 대열에 성공적으로 진입하도록 지탱해 온 신자유주의 정치경제를 거부하고 있다.

간단히 말하면, 구리 정치는 국가의 경제적 역할뿐 아니라 정치 엘리트들이 '노동 문제'를 다루는 방식과 관련이 있다. 여기서 노동 문제란 본질적으로 어려운 상황에서도 자신들의 권리를 방어하기 위한 운동에 참여하는 조직 노동자들과 관련된 문제를 말한다. 역사적으로 노동조합은 시민권을 획득하고 참여 메커니즘을 확장하고, 자신들의 존재와 집단적 이해관계를 인정하도록 정치권에 강제하는 노력을 해왔다. 지구화의 맥락에서 국가가 노동자들의 권리를 보장하는 정도는 시민사회 내부의 행위자로서 노동이 갖고 있는 힘의 척도일 뿐 아니라, 제도 정치를 통해 잠재적인 갈등을 해결하는 국가의 능력과 민주주의의 전반적인 공고화를 나타내는 척도이기도 하다. M. 쿡이 적절하게 지적했듯이, 노동법은 세계시장에 적응하기 위한 것일 뿐 아니라 시민권을 포함한 권리들과 관련되어 있기도 하다(Cook, 2007: 2-3). 노동법은 인간의 결사 권리와 노동자들의 대표 조직인 노동조합에 영향을 끼칠 뿐 아니라 민주주의를 좀 더 포용적이고 사회정의에 부합하도록 만들어야 한다는 주장에도 영향을 준다. 지난 20여 년 동안 라틴아메리카 전역에서 시장이 지배하는 통치에 반대하는 수많은 새로운 행위자들이 출현했지만 (Silva, 2009), 칠레의 노동운동이야말로 (때로는 국가와 협상을 하면서도) 국가가 집단적 권리를 회복시키는 개혁에 나서도록 강제하는 데 결정적인 역할을 하고 있다.

민간 소유 광산과 공공 소유 광산할 것 없이, 칠레 광산 노동자들이 국가와 정치적 관계를 재구성하는 방식은 뿌리 깊은 정치경제와 제도적 역동성을 통해 형성된다. 뿐만 아니라 시민권이 정치 논쟁에서 표현되는 기회를 여는 동시에 차단하는 사회 계급의 균열에 따른 갈등을 비롯한 과거의 유산에 의해 형성되는 것은 너무나 당연하다. 달리 말하면 민주화를 위한 정치적 선택은 경로 의존적이다(Grugel, 2002: 10). 민주화에 대한 노동조합의 영향을 평가하면서, 나는 오늘날 칠레에서 광산노동운동의 성공과 한계를 분석하기 위해 역사적·제도적 접근 방법을 사용하고자 한다.[2] 이 방법은 정치적 유산의 역할과 우발적 사태, 그리고 행위자들 사이의 변화하는 권력 이합집산을 강조한다.

1990년 민주화로 이행한 이후 '민주 정부를 위한 콘세르타시온'(La Concertación por la Democracia Gobierno, '콘세르타시온'으로 줄임) 정부 아래에서 구리 통치의 특징은 신자유주의에서 약간 변화된 채로 지속적인 성격을 띠고 있었다. 피노체트 독재가 '콘세르타시온' 통치에 남긴 주된 유산은 국가와 노동 사이에 이중의 구속을 만든 것이었다. 한편으로 구리에 대한 국가 통제는 칠레가 수출주도형 성장을 통해 1차 상품에 대한 의존을 극복하지도 못했을 뿐 아니라, 가장 전략적인 자연자원에 대한 통제를 완전히 탈정치화하지도 못했다는 것을 의미한다. 다른 한편으로 노동자들과 지역 공동체들이 신자유주의를 받아들인 것은 고용주와 노동자 사이의 긴장을 관리하는 노동통제 방식이 취약하고 일관성이 없었다는 것을 의미한다. 민주주의와 발전이 본질적으로 양립 불가능한 것은 아니지만, 두 가지를 병행하는 엄청난 과업을 이루려면 협상이 필요하며 거기에는 온갖 장애물과 의도치 않은 결과, 실패들이 존재한다.

이 장에서 나는 신좌파의 정치적 프로젝트가 얼마만큼 성장과 민주주의를 가져왔으며, 노동자들이 실질적인 권리와 구리 통치의 재정치화를 얼마나 획득했는지 평가하고자 한다.[3] 여기서 우리는 구리 공기업과 민간 기업 사이에 존재하는 국가-노동 관계의 뚜렷한 차이를 분명히 해 둘 필요가 있다. 국가 소유의 근대적인 국영구리회사(CODELCO)에서는 경영자와 노동자 사이에 일종의 가부장적 노동통제가 출현한 반면에, 민간 부문에서는 노동조건을 둘러싼 분쟁이 금방이라도 폭발할 듯 계속되어 왔다. 수십 년 동안의 경제 구조조정 이후 조직 노동은 과도하게 이윤을 추구하는 광산 기업들의 충동을 순치해 달라고 국가에 요구해 왔다. 노동자들이 고용되어 있는 위치에 따라 그들의 자율성이나 착취와 동원 능력의 수준에서 뚜렷한 차이가 나기 때문에, 칠레 신좌파의 민주화 프로젝트와 관련하여 두 가지 공통적인 주제를 짚어 볼 수 있다. 첫째로 '콘세르타시온'으로 대표되는 정치권과 매우 취약한 정치적 연계를 가지고 있는 새로운 조건 속에서 노동조합들이 구리 통치를 재정치화하는 시도를 하고 있다는 점, 둘째로 신자유주의적 통치에서 팽배했던 경제 관리의 탈정치화로 강화되어 온 지나치게 기술관료 중심의 의사 결정 방식에 국가 엘리트들이 적응할 필요가 있다는 점이다. 요컨대, 이러한 쟁점들은 라틴아메리카 신좌파 정부하의 국가-시민사회 관계가 반영된 것으로서, 노동계의 복잡성을 보여 주는 한편 이 지역에서 민주화가 공고화되어 온 정도에 관한 열린 논쟁을 보여 주는 것이다.

민주화 이행 이전의 국가-노동 관계

1966년 1월, 에두아르도 프레이 정부 시기에 칠레 의회는 '구리의 칠레화'(chienisación del cobre)를 부르짖으며 대규모 구리 광산에 대해 51퍼센트 국가 통제를 규정하는 '법률 16,425호'를 통과시켰다. 하지만 이러한 조치는 노동 갈등을 개혁하기보다는 사회적 분열을 심화시켰다. 그리고 살바도르 아옌데 집권 후에는 엘살바도르, 엘테니엔테, 안디아, (라그란미네리아라고도 알려진) 추키카마타 등 오래된 광산에 대해 외국 회사에게 어떤 형태의 보상도 하지 않고 소유권을 완전히 국가로 이전하는 국유화가 정당들 간의 협약으로 단행되었다. 아옌데의 사회주의 정부를 무너뜨리고 집권한 피노체트 정권은 새로운 경제 프로젝트 창출뿐 아니라 사회의 재조직을 목표로 삼았다. 그 핵심에는 노동의 탈동원화가 있었는데, 노동이 공산주의 세력과 점점 연관이 커져 사회질서에 위협이 된다고 생각했기 때문이다(Vergara, 1985). M. 쿠르츠(Kurtz, 2001)의 설명에 따르면, 칠레 국가는 직접 관리에서 손을 떼는 방식으로 경제적 생산을 재조정함으로써 섬유나 전통적 농업 같은 기존 산업이 몰락했으며, 비교우위가 있는 자연자원에 대한 칠레의 투자 정책이 재정비되었다. 국가는 시장이 생산에서 결정권을 행사할 수 있도록 법률을 제정하고, 수출입 시스템에서 '자유주의적 중립성'을 유지하는 등

규제자로서 중립적인 역할을 수행했다.

시장 개혁을 충분히 실행하는 데 실패한 라틴아메리카의 다른 나라들과 달리 칠레는 두 차원을 모두 완성했다. 1975년부터 1979년까지 '첫 단계' 개혁은 무역과 외국 투자 자유화, 인플레이션 통제, 산업 부문의 탈국유화를 목표로 했다. 1982년 외채 위기에 즉각적으로 대응한 '제2단계' 개혁은 '실용적 신자유주의'라고 알려져 있는데, 여기에는 노동법 개혁과 '복합' 산업의 민영화, 수출 역량 촉진이 포함되었다(Grugel and Riggirozzi, 2009; Naím, 1994; Taylor, 2006; Teichman, 2001). 민주주의 이행 이후 라틴아메리카의 시장 개혁이 적어도 명목상으로는 민주적 절차를 따르는 방식으로 이루어진 반면에, 칠레에서는 매우 억압적인 권위주의 정권이 초기 급진적 개혁을 추진했다. 몇 년 동안의 급진적 시장 개혁과 폐쇄적인 권위주의 지배로 경제적·정치적·사회적 배제가 현저히 커지자 1983년과 1984년에 사회적 저항이 강력하게 분출되었다. 논쟁을 불러일으킨 정치적 행위에도 불구하고 신자유주의 모델은 경제적 붕괴와 정치적 소요, 민간 부문의 불만, 군부의 비판, '경제 그룹'(gropos económicos)이라고 알려진 대자본으로 대표되는 강력한 지지자들의 몰락에 직면해서도 살아남았다.

F. 곤살레스(González, 2008)에 따르면, 자유시장 구조조정에 대한 권위주의 정권의 강력한 정치적 통제가 신자유주의 개혁의 성공적인 완수를 설명하는 핵심 요인이다. 그는 이것을 권위주의의 제도화라고 부르면서 경제적·정치적 이행을 통제한 피노체트 정권의 복원력에 연관시킨다. E. 실바(Silva, 1996)도 비슷하게 좀 더 넓은 스펙트럼의 기업가적 이해관계를 편입하는 국가의 역량이 격동의 시기에 신자유주의의 연속성을 가져온 핵심이라고 주장한다. J. 테이치먼(Teichman, 2001)에

따르면, 일관된 급진적 정책 네트워크와 사적인 인맥, 그리고 세계은행과 IMF의 지원이 결합됨으로써 개혁이 완성될 수 있었다.

하지만 칠레의 정치경제는 대체로 구리 광산에 의해 결정되었으며, 경제가 수출 지향으로 전환한 것은 갈등이 어떻게 국가에 의해 구조화되는가 하는 점에서 정치적·사회적·경제적 분수령이었다. 국가와 조직 노동 및 외국자본 사이의 정치적 갈등을 빚어 낸 것은 바로 1980년 이후 1차상품 수출을 통한 칠레 경제의 세계 자본주의 체계로의 편입이었다(Bergquist, 1986). 그러나 독재 체제가 국가의 역할을 재조정하는 데 결정적인 역할을 하는 가운데 피노체트 정권의 광산 정책은 광산 채굴의 정치화된 성격을 반영했다. '외국인투자법'(DL 600)에서 구체적으로 드러나듯이, 피노체트는 민간인들이 칠레 구리 시장에 참여할 수 있도록 허용하고 1983년의 '광산법'에서 사적 소유권에 대한 존중을 규정했지만 CODELCO의 민영화는 막았다. 대신에 국가는 이 국영기업의 구리 이윤에 의존하여 일상 업무를 처리했으며, 피노체트는 군부 장성들을 기업 관리자로 임명함으로써 기업 지배를 정치화했다. P. 베르가라(Vergara, 1985)가 주장하듯이, 구리 광산은 군부의 국가안보 전략에서 핵심이었기에 그 지배권은 국가권력 아래 놓여 있었다.

CODELCO를 제외한 경제 전반의 광범한 민영화라는 이 역사적 퍼즐이 형성된 기원은, 칠레 경제가 구리에 의존하고 있는 상황에서 여기에 매우 큰 교란 요인이 될 수 있는 노동운동에 국가가 대응해야 하는 모순적 현실에 있다. 이러한 상황 속에서 노동 갈등이 취급된 방식은 국가가 지원하는 억압과 사회적 탈동원이었다. 국가가 대중의 묵인을 얻는 데 실패하자 노동조합을 다시 합법화하는 새로운 노동법이 실시되었다. 비록 호세 피녜라의 '노동 계획'(Plan Laboral)이 노동자들의 실질적인 권리를 거의 규정하지는 않았지만 말이다. 노동법에는 인플레이션에 따라 임금을 조정할 것과 전년도 임금 수준에 상당하는 최저임금을 단체교섭에서 제시하도록 하는 것이 포함되어 있었다. 1982년 외채 위기 이후 생산이 감소하고 임금이 하락하고 실업이 증가하자, 1983~1984년에 광산 노동조합과 노동총연맹의 저항이 분출했다.

1985년 들어 경제가 회복되고 국민투표가 다가오자 정당들은 자신들의 힘으로 독재를 무너뜨리기 위한 전략으로 스스로 전열을 가다듬었다(Garretón, 2003). 군부 정권에 반대하는 최초의 정치적 동원은 군부의 끊임없는 살해 위협을 받아온 광산노동조합 지도자들을 중심으로 노동계에서 나왔다. 피노체트의 대통령 임기 7년 연장 안이 1988년 국민투표에서 실패하고 1990년에 '콘세르타시온'이 대통령 선거에서 승리하여 중도파 지도자 파트리시오 아일윈이 집권했다. 민주화와 더불어 독재 시절에 깨어졌던 국가와 노동조합 사이의 신뢰를 재구축한다는 약속이 나왔다.

콘세르타시온 정부의 자원 관리와 조직 노동

신좌파는 기존의 자원 통치 모델을 수용하였는데, 그에 따른 국가의 노동 갈등 관리 전략은 경쟁력 논리와 노동 유연성에 기초한 것이었다. 그 모델의 핵심에는 칠레가 정치적 안정과 조세 안정성을 갖고 있기 때문에 광산 자원을 가진 다른 나라들에 비해 투자자에게 우호적이어서 비교우위를 가진 국가로 보일 필요가 있다는 콘세르타시온의 믿음이 있었다. 콘세르타시온 안에서 이러한 전략을 옹호한 사람들은 기업의

표 9 칠레 공공 부문과 민간 부문의 구리 생산량 비교(1989~2008년)

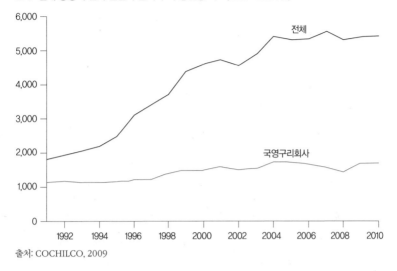

출처: COCHILCO, 2009

사적 소유권을 보장하고 낮은 조세정책을 유지함으로써 대규모 외국자
본을 유치할 수 있다고 보았으며, 그에 따라 경쟁과 민간 부문의 효율성
이라는 경제 논리에 집착했다. 구리 가격이 특별히 낮은 시기였고 외국
회사들에게는 자원이 풍부한 여러 나라에서 수많은 선택지가 있었음에
도 불구하고, 칠레 국가는 콘세르타시온의 믿음에 부응하여 성공적으
로 광산 투자를 유치했다.

[표 9]에서 보는 바와 같이, 칠레의 민간 광산 투자 총계는 CODELCO
가 통제하는 구리 광산을 넘어섰다. 신좌파 정부하의 국가는 광산뿐만
아니라 모든 경제 부문에서 경쟁력과 생산주의를 성장 전략의 중심에
두어 효과를 거두었다. 그것은 칠레의 국가 혁신과 경쟁력 정책 배후에
있는 지도 원리가 되었으며, 이는 칠레 수출 상품의 국제 경쟁력을 보다
더 높이기 위해 민간 투자 계획에 공적 금융을 지원한 데에서 잘 드러
난다(CNIC, 2010).

1990년대 초 CODELCO를 개혁하는 주요 추진력은 신자유주의 논리였는데, 이는 집권 세력 내 우파가 점점 지구적 시장 통합에 대응하지 못한다고 보게 된 것에 기인한다. 콘세르타시온 내부의 친시장 개혁주의자들은 CODELCO가 효율성이 하락하고 있다고 비난하면서 축소가 필요한 전형적인 국가기업으로 묘사했다. 하지만 어떤 민영화 움직임도 없었다. 콘세르타시온이 대중적 지지를 얻기 위해서는 100퍼센트 국가 소유권을 유지하는 것이 반드시 필요한 가운데 국가 관리자들은 회사의 경영을 개혁하라는 압력을 받았다. 국가가 완전히 자본 소유권을 가졌다는 것은 투자 결정이나 노동 갈등, 회사 지배 구조(특히 이사들의 임명) 모두 국가, 특히 대통령과 재무부 장관이 결정하거나 해결해야 한다는 것을 의미한다.

노동자들은 CODELCO가 '현대화' 시도를 하는 과정에서 사용한 편입 전략으로 이끌려 갔다. 현대화에는 갱구 폐쇄, 노동자 해고, 서비스의 외주화 등이 포함되었다. 그 대신, CODELCO와의 단체협약 상대인 노동조합 구리산업노동자연맹(FTC)은 일련의 협약을 통해 '회사 지배 구조의 민주화' 전략을 수용했다. 그 협약에는 생산성과 효율성을 개선하기 위한 노조 및 경영자의 목표와 타협 내용, 구체적인 과제가 상세히 열거되었다. '알리안사 에스트라테히카'(Alianaza Estratégica, 전략 협약)이라고 알려진 그 협약은 1994년, CODELCO의 경쟁력이 떨어졌다는 사실이 인지되고 국가가 CODELCO를 세계 최고의 회사로 만들겠다는 목표를 달성할 수 없을 것이라는 회의주의가 퍼진 상황에서 체결되었다(Villarzu, 2005). 그 프로그램에는 주요한 두 국면이 있었다. 첫 번째 국면(1994~1999)은 채굴 비용을 1파운드당 10센타보 이하로 감축하고 생산을 50만 톤으로 끌어올려 생산성을 50퍼센트 향상시킴으로써 경쟁력과 수익성, 신뢰성을 회복하는 것을 목표로 했다. 두 번째 국면(1999~2006)은 이른바 '회사 공동 프로젝트'를 통해 회사 노동자들의 경제적 가치와 국가로의 이윤(배당) 이전을 극대화하려고 했다. 실제로 이것은 회사의 경제적 가치를 배가하고 CODELCO의 잉여 생산을 증대하는 것을 의미했다.

CODELCO의 현대화를 위해서는 경영자과 노동자 사이의 안정적인 관계가 필요했다. J. 비야르수에 따르면, 과업 성공의 척도로서 갈등지수가 1990~1993년에는 3.3이었지만 1994~2005년에는 1.4로 줄어들었다(Villarzu, 2005: 10-12). 또 1993년 이후로 사고 건수가 절대적 수치로도 감소했는데, 이는 보건과 안전 기준이 개선된 것을 반영하는 것이다. 이와 함께 상시 계약 노동자들(정규 노동자)은 후한 급료와 상여금을 받았으며 이로 인해 갈등과 노동 손실이 줄어들었다. 하지만 민간 기업뿐 아니라 CODELCO에서도 비용과 생산 효율성 제고를 위한 하도급이 지배적인 관행이었기 때문에, 정규 노동자에 비해 급료와 혜택, 작업 조건 수준이 낮은 새로운 노동자 범주(계약 노동자)가 형성되었다. 지난 20년 동안 CODELCO에서 대규모 파업이 전혀 없었다는 사실에서 드러나는 바와 같이 그러한 전략은 광산 부문의 조직 노동자들의 전투성을 순치하는 데 성공했다. 한편 민간 광산에서 회사-노동 관계는 노동자 파업이 (CODELCO의 경우와 비교할 때) 빈발했다는 사실에서 보이듯이 일시적인 평화와 항상적인 마찰이 특징이었다. 이러한 상황은 칠레 광산 지역에서 외국 기업과 광산 노동자들 사이에 역사적으로 계속된 갈등 유형을 반영하는 것이다. 그러한 갈등으로 인해 노동조합 형성 과정이나 정치권이 광부와 농민을 동원하는 과정에서 노동자들의 정치적 정체성이 공고해졌다(Klubock, 1998; Petras and Zeitlin, 1967; Vagara,

2008).

평등과 성장을 결합한 콘세르타시온의 경제 전략은 오늘날 라틴 아메리카 '탈신자유주의' 논쟁에서 핵심적인 위치를 차지한다. 그러한 경제 전략은 단순히 제대로 작동했는지 안 했는지로 평가될 수 없다. 그와 동시에 문제가 되는 것은 자유시장 모델의 결과를 뒤집을 것이라는 기대를 가지고 신좌파를 권좌에 앉힌 사람들에게 그것이 수용될 수 있는가 하는 것이다. 국가 및 대기업과 3자 협약을 체결하고 20년 동안 동맹을 지지한 노동조합은 이러한 평가에서 중심적인 위치를 차지한다. 파트리시오 아일윈 대통령(1990~1994) 시기 노동법 개정에 대한 노동조합의 견해는 실질적으로는 최소한으로 그쳤다. 콘세르타시온의 3번째 임기였던 리카르도 라고스 대통령(2001~2006) 때인 2001년에 와서야 실제로 노동 개혁이 의회에서 다시 논의되었다(Frank, 2004, 2002; Winn, 2004). 칠레노동총동맹(CUT) 위원장 라리사 팔마는 초기 노동 개혁에 대해 이렇게 말했다.

우리는 좀 더 많은 노조 조직화, 노조의 자유, 새로운 단체협상 체결, 파업권, 그리고 해고되지 않을 권리를 추구했다. 하지만 노동권에서 나아진 것은 미미한 수준이다. 최저임금에서 협상과 약간의 개선이 있었지만 공제와 각종 수당이 폐지되었으며 회사들은 법을 최소한으로만 지켰다.[4]

노동 개혁에 대한 노동조합의 영향력이 이처럼 약했다는 사실은 여러 연구에서 다루어졌다(Cook, 2007; Frank, 2002; Winn, 2004). 노동 개혁을 추진한 노력이 에두아르도 프레이 대통령 때에는 강력했지만 점차 약화되었다. 예컨대, 1995년에 광산에 사용료를 부과하려는 첫 번째 움직임은 의회에서 본회의에조차 상정되지 않았다. 국가가 탈정치화된 통치를 옹호함으로써 시장의 힘이 구리 정책과 노동관계를 결정하게 됨에 따라 구리 경영이나 노동권에서 국가의 책임을 강화하려는 시도는 시들해졌다.

말 그대로 탈정치화란 경제의 결정에서 정치를 배제하는 것으로, 그렇게 하는 것이 무엇보다도 합리적이라는 근거로 이루어진다. 국가는 성장의 필요성을 강조함으로써 이러한 전략의 '외부 효과'를 감시하는 책임을 회피한다. 거기에는 느슨한 환경 기준과 낮은 조세(추가적 사용료를 부과하는 데 대한 저항), 물 사용권의 상품화 등이 포함되는데, 이때 국가는 항상 외국인 투자를 명분으로 내세운다. 그러한 접근 방법은 협약에 의한 민주화 이행과 더 큰 시장 개방을 목표로 한 정책 개혁 과정에서 드러나듯이 정치에서 점점 역할이 커진 조직된 기업들의 승인을 받음으로써 정당화된다(Panizza, 2009; Schneider, 2004; Silva, 1996). 이러한 점은 광산 정책에서 아주 분명하게 드러났다. 구리 부문의 민간 부문 이익을 대표하는 양대 조직으로 대규모 구리 회사의 우산조직인 광산위원회와 칠레 광산업자들의 전국 연합회인 전국광산협회(SONAMI)가 있는데, 이들은 하나같이 의회의 논쟁과 미디어에서 사용료에 대해 격렬하게 저항했다(Nem Singh, 2010 참조).

독재 이후 칠레 국가의 역할에 관해 제기되어야 하는 핵심 질문은 안정적인 성장을 계속할 수 있는가 하는 것이다. 사회정책과 빈곤 대처 프로그램, 그리고 산업 프로젝트를 다양화하기 위한 재원 조달은 모두 지속 가능한 경제성장을 가져올 수 있는 국가의 능력에 달려 있다. 여기에서 중도파가 주도하는 콘세르타시온 정부와 좌파가 주도하는 콘세르타시온 정부 사이에 접근 방법의 차이를 구분할 수 있다. 중도파인 아일윈과 프레이 정부는 불평등이나 노동권에 직접 대처하기보다 성장과 정치적 안정을 우선시한 반면에, 혁신 좌파 정부 10년 동안에는 사회 불평등과 시민권에 좀 더 진보적으로 대처했다.

리카르도 라고스는 재임 기간 동안 신속하게 노동 개혁 프로그램에 착수했으며 임기 말에는 사용료법을 도입했다. 콘세르타시온 전통에서 국외자였다는 점에서 인기를 끌었던 바첼레트 정부 하에서는 젠더가 정치의 중심 문제로 부각되었다. 그는 CODELCO의 미네라 가비 같은 새로운 광산촌에서 여성들이 더 나은 노동조건을 누릴 수 있도록 강조한 데서 보듯 심지어 광산에서도 젠더 문제가 부각되었다. 2009년, 칠레는 원주민 공동체에게 조상들의 영역에 대한 문화적 권리를 인정하는 ILO 169호에 서명하고 비준했으며 이와 더불어 원주민법(법률 19,223호)을 제정했다. 이로써 바첼레트는 경제적 목표와 시민권의 균형을 잡는 만만치 않은 과제에 힘쓰고 있다는 점을 재확인했다. 하지만 사회적 권리 담론을 종이 위에 쓰는 것보다 그것을 실현하는 것은 더 어려운 문제이다. 예컨대 칠레 북부 광산 지역 원주민 공동체의 경우 국가는 광산 회사들에게 원주민 권리를 침해하면서 물 사용권을 구매할 수 있도록 허용함으로써 기업의 이익에 부응하는 모순적인 정책을 시행하고 있다. 원주민 지도자 로베르토 살리나스의 주장을 들어보자.

DGA(물관리청)은 실제 존재하는 물보다 더 많은 양을 판매하여 비가 거의 내리지 않고 광산 개발이 많은 요즈음에는 우리가 피해를 보고 있다. …… 구리 가격이 올라가면 물 수요가 급증한다. …… 국가가 여러 기관들을 교육할 책임을 질 때 ILO 169호가 제대로 시행될 것이다. 이 지역의 CONAF(칠레 산림조합)이나 INDAP(농축산발전청) 같은 공공

기관 관리들은 ILO 169호에 관해 잘 모른다. …… 국가는 관리들을 훈련 과정에 보내 ILO 규정을 학습하여 숙지하도록 할 의무가 있다.[5]

국가가 경제적 목표와 민주적 책임성 사이의 균형을 잡을 수 없을 때는 성장과 안정을 유지하는 신중한 전략을 선택하게 된다. 이러한 점은 사용료나 노동권, 그리고 광산 지역에서 영향을 받는 공동체의 참여와 협의를 둘러싼 논쟁에서 분명하게 드러난다. 국가가 두 가지를 모두 성취할 수 없을 때는 경제성장이 우선이다. 요컨대 콘세르타시온 정권 아래 민주주의와 발전 문제에서 국가의 특징은 노동권의 완만한 회복, 탈정치화된 경제 관리, 자연자원의 상품화 등이다.

우파 정부 아래에서 국가와 노동의 갈등

노동 갈등의 협상에서 지구화는 국가와 노동운동의 관계를 이중적으로 규정했다. 한편으로는 경쟁력의 핵심 전략으로서 노동 유연성을 유지하려는 시도와 임금과 사회복지를 방어하려는 노동조합의 압력 사이에 투쟁이 계속되었다. 1990년대 콘세르타시온 정부 아래에서 복합적인 민영화가 심화됨으로써 고용주(사용자)가 "협상 능력의 유리한 고지를 차지하는 반면 노동자들은 그에 대처할 아무런 수단도 가지지 않는" 친기업적 노동법을 단체교섭으로서는 무력화시킬 수 없었다.[6] 다른 한편 콘세르타시온 내부에 모순적인 이해관계들이 존재했다. 하원의 우익 정당들뿐 아니라 콘세르타시온 동맹 내부에서 기업 부문과 연계되어 있는 상원의원들 또한 노동 유연성을 시정하는 데 저항했다. 노동조합들이 콘세르타시온 내의 친노동 정당들과 협력할 수밖에 없는 상황에서, 지배 연합이 점점 탈정치화된 대중들로 지지 기반을 넓히려고 한 것은 분명하다(Silva, 2004, 2008). 20년 동안 국가와 대기업, 조직 노동 사이의 사회협약이 지속된 이래, 조직 노동은 노동 개혁과 시민권 확장 노력에 대해 부정적인 관점을 가지게 되었다. CUT 전국위원장 에스테반 마투라나의 주장에 따르면, "좀 더 많은 사회정의와 확대된 평등을 위한 민주주의에 고무되어 시행된 여러 프로그램의 주요한 기둥들에 관해 말하자면, …… 이러한 세 가지 범주에서 콘세르타시온 정부들은 차변에 빚을 만들어 수지균형에서 적자를 기록했다"(Palma, 2010).

이러한 상황에서 2010년 선거에서 우파 동맹 '알리안사'(Alianza)가 승리한 것은 놀랄 만한 일이 아니다. 취약해진 노동운동, 대중의 무관심, 좌파의 신뢰 상실, 칠레의 지역주의 정당 시스템을 교정할 정치적 대안의 부재 등에 대통령 후보로서 세바스티안 피녜라의 대중적 인기가 결합하여 신좌파 통치에 대한 합의를 약화시켰다(Angell, 2010). 더욱이 [표 10]에서 보는 바와 같이 주요한 두 광산 지역(안토파가스타와 아타카마)은 전통적으로 좌파의 강력한 지지 기반이었던 곳인데, 콘세르타시온의 네 대통령에 대한 투표 성향을 보면 우파와 좌파 사이의 격차가 점점 좁혀지고 있다. 콘세르타시온에 대한 노동의 지지가 무너진 이유는 콘세르타시온이 더 많은 집합적 권리를 보장하지 못하고 정책 결정에서 노동조합의 접근권을 부여하지 못했으며, 대중들을 위한 더 많은 사회적 보호를 도입하지 못했기 때문이다. 그럼에도 불구하고 피녜라가 지지를 받은 것은 개혁을 통해 경제를 다시 활성화시킬 수 있을 거라는 개혁주의자로서의 포퓰리즘 이미지 때문이었다.

피녜라는 집권한 지 2년도 채 되지 않아 심각한 도전에 직면했다. 첫

표 10 주요 광산 지역의 대통령 선거 투표 경향(1989~2005년)

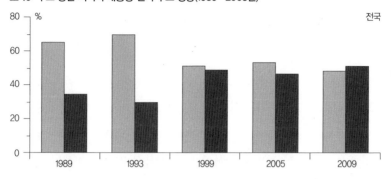

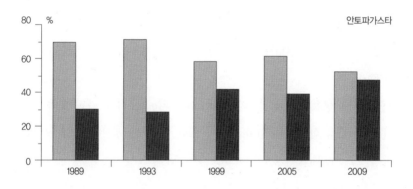

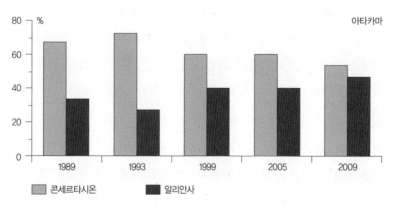

콘세르타시온   알리안사

출처: Ministro del Interior, Gobierno de Chile
* 선거제도가 1999년 대통령선거 전에 결선투표제 도입으로 변화되었다. 그래프는 결선투표 결과이다.

번째 도전은 국가가 복지 기능에서 철수함에 따라 민영화되어 있었던 교육 시스템에 재정을 제공하라는 요구였다. 2011년 7월, 무려 10만 명이 넘는 중고등학생과 대학생들이 산티아고 거리를 점령했다. 그들은 교육에 대한 평등하고 자유로운 접근을 주장하면서 탈집중화된 재정 시스템을 끝내고 고등교육을 다시 공적 소유로 전환하라고 요구했다. 7월 11일에는 CODELCO에서, 7월 22일에는 엘테니엔테의 미네라 에스콘디다에서 광부들의 파업이 벌어지는 등 전국적 저항이 전개되어 아옌데 시기 이후 최대 규모의 가시적이고 대중적인 노동자 동원이 일어났다.[7] 교육 부문에서 '더 많은 국가의 역할' 요구에 피녜라가 여전히 귀를 기울이지 않은 가운데, 어떤 종류의 개혁 조치가 나올지 지켜볼 문제이다(Farje, 2011).

두 번째 쟁점은 국영과 민간 광산 회사의 정규직과 하청 노동자들이 벌인 구리 산업의 파업과 관련이 있다. 이 또한 예상치 못한 일이었는데, FTC로 대표되는 CODELCO의 정규직 노동자들은 통상적으로 전략적 동맹이라는 이름으로 관리자의 결정에 순응해 왔다. 구리 국유화 40주년을 맞아 노조 지도자들이 파업을 벌이기로 결정했는데, 이 파업은 지난 20년에 걸쳐 가장 주요한 집단행동이었다. 15,000명의 정규직 노동자와 30,000명의 하청 노동자들이 참가한 24시간 파업은 CODELCO를 마비시켜 4,100만 달러 손실을 입혔다. CODELCO가 민영화로 가는 단계의 하나라고 간주된 현대화 계획이 이 역사적 저항의 핵심에 있었다. 광산에너지부 장관 로렌스 골보르네가, 파업은 불법이며 국가는 "투자 프로그램을 통해 CODELCO를 강화하려는 것"이라고 주장했음에도 노조 지도자들은 우파 정부가 회사를 민영화하려는 어떠한 시도에 대해서도 계속 투쟁할 것이라고 선언했다(El Mostrador,

2011). 주목할 점은 파업이 전개된 시점이 2010년 초 단체협상 결렬 후 FTC가 '전략적 동맹'의 갱신을 거부한 다음이었다는 사실이다.

국가는 민간 부문에서 노동 현장의 요구를 옹호하고 노동권을 보장하기 위한 제도적 통로를 확대하라는 압력을 점점 더 심하게 받고 있다. 산호세 광부들이 제기한 소송 이전에 2001년 라고스 대통령 때 시작하여 바첼레트 대통령 시기까지 계속 논의를 거쳐 노동 유연성을 규제하기 위한 두 가지 주요한 노동 개혁이 의회에서 통과되었는데, 그중 하나가 2007년의 '하청법'이었다. 그 추동력은 경제적 의제를 더 '노동 친화적'으로 만들라는 국제 무역협정(특히 NAFTA)의 압력뿐만 아니라 노동조합들로부터 점점 커진 압력이었다. 더 포용적인 민주적 제도를 선호하는 국가-사회 관계를 재형성하는 문제에서 국내 사회적 힘(노동)의 역할이 결정적인 요인이라는 점은 분명하다. 요컨대 칠레에서는 신자유주의의 시행에도 불구하고 고도로 제도화된 정책 아래에서 행동이 전개되었다. (1990년대의 상대적인 노동 안정성의 시기 이후에)

2006년에는 대규모 파업이 일어나 거대 (외국) 기업 미네라 에스콘디다의 생산이 중단되었다. 2009년 10월, 미네라 에스콘디다는 파업이 다시 일어날 것을 염려하여 노동자들에게 후한 급료와 보너스를 제시했다(Vial, 2009). 노조에 따르면, 2011년 7월의 파업은 어려운 결정이었지만 회사가 2009년 10월의 합의를 이행할 의사가 없었다는 점에서 정당화되었다. 노동법은 파업에 참여한 노동자를 해고할 권리를 부여하고 있어 단체교섭 합의를 거부하는 결정은 늘 어려운 선택이기 때문에, 최근 논란을 불러일으킨 노동자들의 정치적 행동은 국가 규제가 최소한의 법률 준수를 넘어서야 한다는 강력한 요구를 반영하는 것이다. 게다가 2006년 파업과는 달리 '전략적 동맹'이 붕괴되고 CODELCO에서 벌어진 24시간 파업 이후에 이루어진 2011년의 결정이 FTC와 하청 노동자들의 지지 또한 받았다. 현재 더 커진 노동의 단결과 노조들 사이의 더 강력해진 연계가 나타나는 것 같다. 이것은 피노체트와 콘세르타시온 정부 시기에 사라졌던 활발한 노동운동의 핵심 요소이다.

　CODELCO 파업에서 심각하게 나타나고, 정도는 약하지만 대규모 민간 광산 회사 노동자들의 행동에서 나타나고 있듯이 국가와 노동조합 사이의 긴장이 재연되고 있다. 칠레 광산의 노사관계가 세계에서 가장 원만하다고 생각되어 왔기 때문에 (피녜라 정부하에서) 노동 갈등을 관리하는 국가 전략 배후의 모순이 더 두드러져 보인다. 그리고 그러한 파업들은 아옌데 시절의 마비 정도까지는 미치지 못하지만 지금까지 노동이 취약하고 탈동원되었다고 간주되어 왔다는 점에서 상당히 심각하다. 최근의 파업들은 역사적으로 형성된 광산 노동자들의 조직적 힘을 꽤 생생하게 보여 주고 있다. 광산 노동자들이 신자유주의 모델과 우파 정부가 도입한 개혁에 도전하기로 결정했다는 점에서 노동운동의 적절함이 부각되고 있는 것이다. 피녜라가 노동조합을 완전히 주변화하지 않고 구리 산업, 특히 CODELCO를 현대화할 수 있는가 하는 것은 노사관계의 미래에 결정적으로 중요하다. 노동 관리는 CODELCO의 회사 통치에 가장 중요한 도전이 될 것이다.[9] 국가기업과 노동자 사이의 건설적인 관계가 유지되지 않으면 지속적인 긴장이 고조될 것이다. 민간 부문에서도 국가는 국제적으로 칠레의 경쟁력 있는 위상을 유지하기 위해 노동 안정성의 붕괴에 대응하고 노동자의 권리와 성장의 균형을 재조정할 필요가 있다. 전체적으로 볼 때 지난 5년 동안 광산 부문에서 자원 소유와 노동 규제, 민간 자본의 과도한 자유가 다시 정치적 쟁점이 되어 왔다. 노동조합들은 다시 '노동 문제'뿐 아니라 신자유주의의

표 11 칠레 노동조합의 정당성

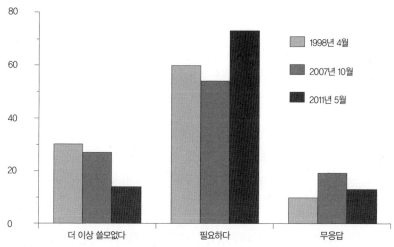

출처: CERC, Barómetro, 1998, 2007, 2011. 그래프는 CERC, Barómetro de la Política, 2011년 5-6
월에서 재작성.
주: 설문조사의 문항은 다음과 같다. "다음 두 가지 입장 가운데 귀하의 견해에 어느 쪽이 가깝습니까?"
a) 노동조합은 더 이상 쓸모없다. b) 노동조합은 필요하다.

재분배 결과에 대해 문제를 제기해 왔다. 수출주도형 성장 전략에서 과
연 누가 이익을 보는가? 경제 발전은 반드시 포용적 정치를 가져오는가?
 억압적인 피노체트 정권 아래에서 사라졌던 이러한 폭넓은 사회적 질
문은 노동조합의 정당성에서 핵심적인 위치를 차지하는 문제이다. 민주
화라고 하는 것이 경쟁적 이해관계들 사이의 갈등을 국가가 관리하는
현재진행형 과정이라면, 칠레의 민주화에 대한 좀 더 확실한 평가를 위
해서는 노동조합 전체의 정당성 정도에 세심한 관심을 기울일 필요가
있다. 과거에는 노동조합이 국가 안보라는 명분으로 억압되고 탈동원화
되고 탈정치화되었지만 민주화 시기에는 사회정치적 권리와 경제성장
사이의 균형을 재조정하는 데 노동의 동원이 효과가 있다는 사실에 대
한 대중의 인식이 더 커졌다. 2011년 7~8월의 학생과 노동자들의 시위

가 있기 이전에도 실질적인 노동권에 대한 대중적 지지가 분명하게 나타났다. 최근의 여론 조사에 따르면, 노동에 대한 긍정적 견해는 2007년의 54퍼센트에서 2011년에는 73퍼센트로 19퍼센트 상승한 것에 반영되고 있다([표 11]). 같은 조사에서 노동자들은 개인적으로 사용자와 협상하기보다는 노동조합을 통해 집단적으로 교섭해야 한다는 견해가 66퍼센트로 2003년 9월의 56퍼센트보다 증가했다.

활발한 노동운동이 다시 천천히 노동 문제를 둘러싼 대중적 토론을 재정치화할 수 있다는 점은 분명해 보이며, 이는 칠레를 극단적인 소비자 사회 내지 탈정치화된 사회로 보는 학문적 판단에 도전하는 것이다. 학생 시위와 광산 노동자들의 파업은 기술관료가 주도하는 의사 결정의 정당성에 대한 의문과 신자유주의 발전 모델에 대한 불만이 커지고 있다는 사실을 보여 준다. 하지만 집권 우파연합이 이러한 압력에 저항할 것이라는 사실 또한 엄연하며, 콘세르타시온이 참신한 민주 정치를 할 수 있을 것이라는 점에 관해서는 회의주의가 여전하다. 이러한 점을 고려하면 민중 계급의 참여, 특히 노동조합이 국가기구에 얼마나 접근할 수 있는가에 대한 장애물들이 신자유주의 정책 틀 속에 여전히 도사리고 있다.

민주주의와 노동조합

칠레의 신좌파는 참여민주주의를 약속하고 시민권을 다시 정의했는가? 구리에 대한 국가 소유권과 통제 확대를 주장하는 광산노조들의 사회적 행동주의는 개인적 안전을 위한 작업장 요구와 광산 관리에서 국가의 역할이라는 광범한 문제를 결합함으로써 정체성을 다시 찾으려는 소박한 시도를 보여 준다. 이것은 역사와 우발적인 사태, 그리고 구조화된 전략적 정치 행동이 결합된 것에서 비롯되었다. 전 세계적으로 주목을 끈 칠레 광산 사고는 광부들이 재분배적 사회정의를 추구함으로써 국가에 도전할 수 있는 기회를 만들어 냈다. 광부들의 주장을 뒷받침한 근거는 공무원들이 적절한 광산 시설 부족을 계속 무시한데다가 국가가 인명을 희생해서 이윤을 취하지 못하도록 보증해야 할 일차적 책임을 방기했다는 것이었다. 이제 와서 보면, 콘세르타시온 정부에서 이루어진 일련의 점진적인 정책 변화, 예컨대 하청에 관한 법률, 사용료 조세, CODELCO의 구조조정 등이 경제성장과 민주주의를 가져오는 데 아직 충분하지 않았음이 입증되었다.

마찬가지로, 칠레는 여전히 구리에 의존하고 있고 이에 따라 노동 갈등을 관리하는 국가의 시도 또한 거의 변하지 않았다. 이 장에서는 특히 구리 광산에 초점을 맞추어 '노동' 문제를 놓고 복잡하게 뒤얽힌 노동계의 현실과 경제적 통치에 대한 신자유주의의 함의, 1차상품 수출에 의존하는 경제에 대한 더 많은 국가 통제를 주장한 콘세르타시온 정부의 시도 등을 살펴보았다. 칠레의 신자유주의 이후 시기를 전망할 수 있는가 하는 질문에 답하려면 아마도 더 폭넓은 연속성 속에서 변화를 살펴보는 것이 최선일 것이다. 콘세르타시온 정부는 정치적으로 더 포용적인 민주주의와 지속적인 경제성장을 향해 달려왔다. 모든 것을 감안할 때 콘세르타시온 정부의 주요한 성취는 노동계에 평화와 안정을 가져왔다. 그리고 콘세르타시온 정부가 맞닥뜨린 가장 큰 도전은 칠레에서 공정과 정의, 나아가 민주적 노동 관리를 추구하고 있다는 신뢰를 다시 한 번 얻는 것이다.

1) 그들은 보상금으로 전체 1,626만 달러, 1인당 54만 달러를 요구하고 있다.

2) 역사적 제도주의와 정치경제학적 관점을 종합하여 라틴아메리카의 발전과 민주화에 적용한 연구로는 Collier and Collier(2002), Cook(2007), Evans(1995), Hunter(2010) 등을 참조하라.

3) 콘세르타시온 정부가 성장과 평등 의제 사이의 갈등을 어떻게 다루었는지에 관해서는 Nem Singh(2011, 2010) 참조하라.

4) 칠레노동총동맹(CUT) 위원장 라리사 팔마와 인터뷰한 내용(칠레 산티아고, 2009년 10월 16일).

5) 콜라 데 리오 호르케라 이 수스 아플루엔테스 원주민 공동체의 자연 보호 및 영토 보존 책임자 로베르토 살라나스와 인터뷰한 내용(칠레 코피아포, 2009년 11월 9일).

6) 북부 고지대 엑스스트라타 구리기업연합 노동조합 지도자 라토레 리소와 인터뷰한 내용(칠레 안토파가스타, 2009년 11월 4일).

7) 2008년에 또 다른 동원이 있었는데, 헌법재판소가 긴급피임을 금지하려고 시도하자 핵심적인 복지 이슈인 재생산 권리를 둘러싸고 산티아고에서 15,000여 명이 시위를 벌였다. 이 점을 지적해 준 실케 스타브에게 감사한다.

8) 이러한 사실은 놀랄 만한 일로 보일지 모르지만, 칠레의 광범한 노동 유연성으로 인해 칠레가 NAFTA와 OECD에 가입하고자 할 때 국제적 노동 기준을 충족할 능력이 있는지 우려가 제기되었다.

9) CODELCO의 2010년 이사였던 전 CEO 마르코스 리마와 인터뷰한 내용(칠레 산티아고, 2009년 11월 13일); 2010년 CODELCO 사장 니콜라스 말루프와 인터뷰한 내용(칠레 산티아고, 2009년 10월 21일).

참여의 확대인가?

지구·국가·지역 수준에서

10장 볼리비아, 온두라스, 니카라과의 빈곤감축 전략

사라 헌트

'빈곤감축 전략'(PRS, Poverty Reduction Strategy)은 전 세계 발전도
상국들에 대한 '제2과다부채빈국계획'(HIPC II, heavily indebted poor
countries initiative)의 일환으로서 채무 구제를 조건으로 1999년에 시
행되기 시작했다. 이 전략의 혁신적 성격은 시민사회의 참여를 통한 빈
민들에 대한 채무 구제를 시행할 때 현지 국가의 통제권을 보장하는 데
초점을 둔 것이었다. 이 계획에 포함된 볼리비아와 온두라스, 니카라과
는 저마다 국가 전략을 마련했지만 세 나라 모두 내용면에서 시민사회
참여의 영향력이 낮은 것으로 인식되었다. PRS는 시행 과정에서 참여
를 제도화하려는 몇몇 시도가 있었지만, 2006년에 이르면 그러한 시도
는 사실상 폐지되었다. PRS 과정에서 시민사회의 영향력이 저조했던 이
유에 대한 설명은, 원조국이 개입하여 어떻게 현지 국가의 정치적 공간
을 장악하고 시민사회를 무력화함으로써 민주주의를 저해하고 참여의
영향력을 가로막았는가 하는 점에 주로 초점을 맞추고 있다. 그러나 세

나라 사례에서 드러난 경험적 증거로 볼 때 빈곤 의제와 참여가 뿌리를 내리지 못한 이유는 시민사회의 광범한 구성과 정당들의 경쟁, 그리고 신자유주의 하의 시민사회-국가 관계의 유형에 기인한다고 할 수 있는데, 이러한 요인들은 신좌파의 출현과 현재의 공고화 국면에서 시민사회-국가 관계를 다룰 때 중요한 문제들이다.

이 장에서는 볼리비아와 온두라스, 니카라과의 PRS 과정에서 시민사회 참여의 한계를 설명하기 위해 이러한 정치적 요인들의 중요성을 평가해 보고자 한다.

빈곤감축 전략

1990년대 말, 구조조정 프로그램이 실시되는 상황 속에서 외채가 경제의 전환을 가로막고 있다는 우려와 함께, 빈곤과 사회적 지표의 개선이 제한적이어서 개혁 의제를 추진하는 현지 정부에 대한 지지가 떨어져 신자유주의 프로젝트 전체의 실행 가능성이 의문시되고 있다는 우려가 커지고 있었다(Birdsall and Szekely, 2003: 66). 게다가 발전도상국 정부들이 빈곤 문제에 초점을 맞추도록 하는 것은 원조국들에게도 중요한 문제로 인식되었다(Booth et al. 2006: 9; Stewart and Wang, 2003: 2). 제2과다부채빈국계획은 이러한 문제들에 대처하기 위해 발전도상국 정부들에게 시민사회의 참여를 조건으로 채무 구제를 제공함으로써 현지 국가가 통제하는 빈곤감축 전략을 통해 채무 구제와 원조, 국내 자원의 조달을 꾀하고자 했다. PRS는 빈민들이 시민사회조직들을 통해 개입함으로써 지역 수준의 원조 프로젝트를 설계하고 실행하는 데 효율성 목표를 높이고 과거에 배제된 행위자들의 참여와 권능을 보장함으로써 민주주의에 기여한다고 하는 점에 근거를 두었다(Booth, 2005: 4). PRS는 참여에 대한 이러한 생각을 국가 수준의 정책 결정에 적용했다. 참여는 이해 당사자를 중요시하는 신자유주의 기구 기술 관료들의 직접적인 관심을 끌었을 뿐 아니라, 국가-사회 관계의 민주화를 위해 투쟁해 온 사회운동 세력의 광범한 소망과도 공명하는 것이었다(Kaldor, 2003: 9; Molyneux, 2008: 782).

PRS에 들어 있는 시민사회 개념은 '제3부문'이라는 신자유주의적 이념을 반영하여, 빈민들에게 원조를 제공하고 접근하는 데 주로 시민사회 행위자들, 특히 비정부기구(NGOs)에 강조점을 두었다(Kaldor, 2003: 15). 하지만 PRS는 또한 시민사회와 발전에 대한 대안적 접근을 모색했다. 즉, 전통적으로 엘리트의 관심이나 신자유주의 개혁 우선순위에서 주변적이었던 시민사회, 특히 빈민들이 권능을 발휘할 수 있는 기회를 제공하는 수단으로 참여를 강조했다(Trócaire, 2006). PRS에 함축된 변동 이론은 시민사회 참여가 어떻게 비판적 지지 대중을 만들어 냄으로써 국가가 통제하는 전략을 가져오는 데 기여하고(Booth et al. 2006: 16; Lazarus, 2008: 1206; Morrison and Singer, 2007: 722) 빈곤감축 효과를 높이는가 하는 것이었다. 하지만 참여가 가져올 수 있는 결과에 대한 낙관적이고 야심찬 주장은, 발전이나 민주주의에서 시민사회의 역할이 무엇이어야 하는가에 대한 명확한 인식에 근거한 것은 아니었다. 원조를 제공하는 과정에 NGO를 강조하다 보니 노동조합이나 기업가 단체 등 다른 종류의 시민사회조직들은 빈민을 대표하지 않는다고 간주되어 열외로 밀려남으로써(Tendler, 2004: 131) 참여의 범위가 제한되었다. 특히 불평등이 크고 법치가 취약한 사회에서는(Eberlei,

2007: 2) 허약하고 불완전한 민주화가 변화를 추구하는 시민사회의 역량에 제약을 가한다는 사실(Dijkstra, 2005: 445)에 대한 고려가 부족했다. 끝으로 무엇이 참여를 구성하는지, 다시 말해 시민사회가 정책 계획에 관한 자문과 정보 공유를 통해 권능을 가지게 됨으로써 정책 토론이나 의사 결정에 참여할 수 있는 상황이 어떻게 조성되는지를 평가할 수 있는 명확한 기준이 정의되지 않았다(Stewart and Wang, 2003: 6).

1999년 이래 PRS의 실제에 관해 광범한 문헌이 생산되었다. 초기의 '기술적' 조사 연구들에서 주요 관심 사항은 원조국의 처지에서 빈곤 의제에 관해 시민사회의 참여를 촉진하는 현지 국가의 능력과 관리 문제였다(Lazarus, 2008: 1208). 현지 국가가 계산 가능한 구조 속으로 PRS를 편입시킴으로써 참여를 제도화하는 것이 국가 통제권을 강화할 수 있는 방법으로 추천되었다(IEO, 2003: 4; Lazarus, 2008: 1213; Morrison and Singer, 2007: 723). PRS에 함축된 변동 이론에 근본적인 문제가 있다는 인식에서 '수정주의적' 연구들이 나왔다(Lazarus, 2008: 1209). 여기에서는 시민사회와 참여가 발전도상국 민주주의에 관련된 정치적 문제에 만병통치약이 될 수 있다고 하는 단순한 관점을 원조국이 단순히 사들이려는 경향이 있다는 점이 부각되었다(Brown, 2004: 249; Booth, 2005: 10). 의회와 정당 대신에 시민사회 참여에 초점을 맞추는 것이 정당한지에 대한 의문이 제기되었다(Eberlei, 2007: 19).

하지만 이러한 연구들의 실질적인 관심사는 PRS를 개선하기 위해 원조국이 실행하고 있는 것을 변화시키는 것이었다. 이와 대조적으로 '급진적' 접근은 PRS 과정이 '통제권'이라는 가면을 쓰고 국가 정책에 대한 신자유주의적 의제를 계속 강요한다는 점을 지적함으로써 PRS가 선량하다는 가정에 도전했다(Craig and Porter, 2003: 4-5; Gould and

Ojanen, 2003: 9). PRS 과정은 국가-시민사회 관계의 선순환을 만드는 대신에 국내 정치를 우회하고 잠식했으며, 참여를 통해 저항을 중립화시킴으로써 시민사회 행위자들의 힘을 빼앗았다는 것이다(Lazarus, 2008: 1215-17). 참여는 단순히 '공연장'에 그치지 않았으며, 더욱 좋지 않았던 점은 갓 형성되어 활발했던 시민사회가 신자유주의의 틀 속으로 편입되고 희석되는 결과를 불러왔다는 것이다(Brown, 2004: 249; Lazarus, 2008: 1210). 이런 점에서 수정주의자들조차 더 '민주적인' 발전 결과를 조종하는 순진한 시도에 참여한다고 공격받았다(Cammack, 2004: 190). 이러한 급진적 관점의 기여는 매우 중요하다. 왜냐하면 그것은 PRS에 함축된 변동 이론의 문제점과 원조국이 취하는 행위의 문제점을 부각시키기 때문이다. 하지만 이런 관점에는 원조국의 헤게모니가 너무 과장되어 있는데, 왜냐하면 이러한 사례 연구들에서 나온 증거가 시사하는 바에 따르면 원조국도 발전도상국 정부도 그들 자신의 방식으로 모든 일을 추진하지 않았기 때문이다. 더 정확하게 말하면 참여와 통제권에 기초하고 있는, PRS에 함축된 변동 이론은 현지의 정치적 요인들을 고려하지 않고 있기 때문이다.

PRS 이전의 시민사회와 신자유주의, 그리고 참여

발전도상국 현지의 정치적 요인들은 PRS 과정이 시행되기 전부터 신자유주의적 개혁 의제 수립에 영향을 미쳐왔다. 볼리비아는 1985년에 신경제정책을 선구적으로 도입했으며(Grindle, 2003: 6), 온두라스에서는 1990년, 니카라과에서는 1993년 시민 갈등이 끝난 뒤에 광범한 구조조정 프로그램을 도입했다. 초기의 개혁은 인플레이션과 재정 적자를 줄이고 외국 투자를 끌어들이기 위해 무역과 금융을 자유화하고 성장의 동력으로 수출을 촉진하는 '워싱턴컨센서스'의 표준적인 처방에 초점을 맞추었다(Kirby, 2003: 13; Williamso, 2000). 두 번째 시기의 개혁은 국가와 공공 서비스를 현대화하고 국가 소유 기업과 시설을 민영화하는 데 초점을 맞추었다(Gamarra, 1998: 78). 개혁이 외채를 통제하지 못했을 뿐 아니라 기대했던 고성장이나 낙수효과를 가져오는 데 실패한 것으로 드러난 1990년대 중반에 이르러 빈곤에 대한 새로운 관심이 고조되었으며 원조국들은 목표 지향적 사회 기금과 사회 부문 프로그램, 탈중앙집중화 과정을 지지했다. 신자유주의 개혁 의제는 원조국과 긴밀하게 협력하는 현지 국가의 기술관료 엘리트들에 의해 추진되었다 (Nickson, 2005: 399; Seppanen, 2003: 26; Marti I Puig, 2004: 143). 그러나 빈곤에 대한 관심이 정당 시스템에서 나오는 정치적 의제에 의해 추동되거나 빈민들의 요구에 대응하여 나온 경우는 거의 없었다.

민주화는 기껏해야 부분적이었으며, 정당 시스템이 고착되어 있었고 정책 의제가 외부에서 고안되었기 때문에 집단적 행위자들이 공식 통로를 통해 국가에 영향을 미칠 수 있는 여지는 거의 없었다. 1990년대에 세 나라의 정당 시스템은 외부에서 강요된 신자유주의적 개혁을 지지하는 토대가 되었지만, 다른 한편으로 그러한 정당 체제는 후견주의와 정실주의를 온존시켜 국가를 현대화하려는 시도를 가로막기도 했다 (Whitehead, 2001: 15; Ruckert, 2007: 104; Torres-Rivas, 2007: 163). 전통적인 시민사회 행위자들은 다양한 방식으로 정당 시스템과 국가에 개입했다.

세 나라에서 하나같이 기업가 집단은 신자유주의 의제를 광범하게 지지했을 뿐 아니라 후견주의와 정실주의의 돈줄이 되었다. 볼리비아에서는 산업 부문 노동조합이 신자유주의 아래에서 정치적 중요성이 약해졌으나 거리 저항을 동원하는 데는 상당한 힘을 유지하고 있었다. 다른 한편 원주민 조직과 새로운 형태의 조직의 중요성이 커져 1990년대 말에는 신자유주의와 정치적 부패에 반대하는 새로운 사회운동의 저항이 커졌다(Woll, 2006: 2; Gray Molina, 2003: 360). 온두라스에서는 강력한 공공부문 노동조합이 정부를 상대로 한 임금 협상에서 상당한 힘을 유지하고 있었으나 신자유주의적 개혁의 대안을 지향하는 광범한 사회운동의 한 부분이 되지는 않았으며, 농민 조직은 양당 체제 아래에서 전국적 수준에서 효과적으로 정치화되어(Biekart, 1999: 195) 행동의 여지가 거의 없었다. 니카라과에서는 산디니스타 혁명의 유산으로 인해 노동조합과 사회운동이 산디니스타 정당의 정치적 관심에 종속되었다(Grisby, 2005). 산디니스타 지도자 다니엘 오르테가와 자유당 아날도 알레만 대통령 사이에 성립된 협약 정치로 인해 정치적 양극화가 고착되어 의회를 통한 공식적 대표 체계가 작동하지 않았다(Close, 2004: 11).

이러한 상황으로 인해 볼리비아와 온두라스, 니카라과의 신자유주의 시대에는 새로운 시민사회 행위자들의 출현이 용이했다. 새로운 틀에 따라 원조가 제공됨으로써 NGO가 급증했으며, 정책 결정과 서비스 제공에서 참여와 협력이 지역 수준의 정치에서 새로운 특징이 되었다(Komives et al., 2003: 15). 정책에 대한 영향은 분산적이었는데, 왜냐하면 참여가 분절적인 국가 체계로 나뉘어져 있었고 지역과 중앙 사이에 연결이 잘 되지 않았기 때문이다.

하지만 가장 눈에 띄는 것으로 부채 구제 문제를 둘러싼 새로운 전국적 시민사회 플랫폼이 출현했다. 1996년에 볼리비아에서는 가톨릭 교회가 부채 탕감을 위한 국제 캠페인의 일환으로 NGO와 연대하여 전국적 주빌리 플랫폼을 건설했다(Morrison and Singer, 2007: 728; Eyben, 2003: 17). 온두라스에서는 1990년대 말, 외채 문제를 둘러싸고 FOSDEH(온두라스 외채및발전사회포럼)라는 전문적 활동 단체가 등장하여 인터포로스(Interforos)라고 불린 광범한 전국적 플랫폼을 주도했다(Seppanen, 2003: 47). 니카라과에서는 이전의 산디니스타 활동가들이 수많은 NGO를 설립했다. 전국적 NGO 우산조직인 '시민 조정자'(CCER, Coordinadora Civil)가 1999년에 창립되어 'HIPC II' 계획을 둘러싼 로비에서 두각을 드러냈다(Bradshaw et al., 2002: 17). 또한 PRS 과정이 시작되기 전에 전국적 수준에서 시민사회 참여를 촉진하는 몇몇 노력들이 있었다. 볼리비아에서는 1997년에 '전국 대화'(National Dialogue)가 전국적 프로그램을 설계하기 위해 각 부문 시민사회조직의 지도자들과 행정부를 묶어 주는 역할을 했다. 하지만 합의가 이루어지지 않아 시민사회 참여자들에게 커다란 환멸과 분노를 안겼다(Woll. 2006: 6). 그 결과 PRS가 도입되었을 때 정부 주도의 참여에 대해 냉소주의가 팽배했다. 이와 대조적으로 온두라스와 니카라과에서는 1998년 허리케인 '미치'로 인한 재해 때문에 대규모 원조가 유발되어, 복구와 변환을 어떻게 할 것인가를 둘러싼 광범한 전국적 협의가 추진되었다(Vos et al., 2003: 27). 이러한 상황 속에서 1999년부터 PRS 과정이 시행되었으며 그에 따라 전국적 시민사회 단체 플랫폼이 주요한 참여자가 되었다.

PRS와 시민사회 참여의 경험

PRS 과정은 모든 나라에서 대체로 'HIPC II' 일정표에 따라 진행되었다. 첫째로 어떤 나라가 부채 구제를 받으려고 하면 먼저 잠정적 빈곤감축 전략을 만들어 세계은행과 IMF의 승인을 받아야 했다. 시민사회 참여를 조직하는 문제는 현지 정부와 국내의 원조 자문가들의 재량에 맡겨졌다. 세 나라의 경우 정부 전문가 기구에 PRS 과정의 책임이 지워졌다. 잠정적 빈곤감축 전략 단계에서는 전문가 기구에게 'HIPC II' 일정표를 준수하라는 압력이 컸으며 시민사회 참여는 별로 중요한 관심사가 아니었다. 볼리비아와 온두라스에서는 잠정적 빈곤감축 전략을 준비하는 과정에서 시민사회 행위자들은 의도적으로 배제되었다(Komives et al., 2003: 24). 니카라과에서는 잠정적 빈곤감축 전략 단계에서 협의는 있었지만 시민사회의 참여가 포함되지는 않았다(Guimaraes and Avendaño, 2003: 27).

전체 빈곤감축 전략을 잘 수행하려면 참여를 좀 더 개방하는 것이 필요하다고 생각되었다. 니카라과와 온두라스에서는 지역 차원의 협의가 있었으며, 볼리비아에서는 각 지자체 대표들을 포함하여 광범한 협의 과정이 지역과 전국 수준에서 이루어졌다. 주요한 시민사회 행위자들은 처음부터 공식적인 참여 과정에 만족하지 않고 자체적으로 참여 형식과 내용을 내세웠다. 니카라과에서 CCER은 PRS 과정이 고도로 중앙집중적이고 하향식으로 통제된다고 비판하면서 시민사회가 개입할 수 있도록 전국 수준의 공간을 만드는 데 계속 헌신했다(Vos et al., 2003: 28). CCER은 토론과 풀뿌리 참여를 위한 광범한 의제를 가지고 공식 과정과는 별도로 참여 과정을 출범시켰다. 볼리비아에서는 공식적 과정이 시작되기 전에 주빌리재단이 교회 조직을 이용하여 상향식 과정을 따로 진행함으로써 이러한 상황을 사전에 방지했다. 이는 최종적인 공식 과정 설계에 영향을 미쳐 공식 과정도 지자체 대표에 기초한 상향식 접근 방법을 채택했지만 전국적 원탁토론은 여전히 하향식이었다(Komives et al., 2003: 30). 온두라스에서는 참여 과정에 광범한 시민사회 행위자들의 개입이 있었지만 하향식 노력에 머물렀다. 최종적인 전략에서 시민사회의 제안들이 포함되지 않자 인터포로스와 FOSDEH는 빈곤퇴치 전략을 위한 과정을 상향식으로 따로 출범시켰다(Hunt, 2004b).

　시민사회 행위자들은 2000~2001년에 PRS 의제를 둘러싸고 정력적으로 개입했다. 하지만 공식적 과정은 모두 촉박한 시간 계획, 특정 쟁점에 제한된 의제, 참여자들이 준비할 시간 부족 등으로 인해 비판받았다. 실제로 참여는 기껏해야 정부가 PRS에 포함시키려는 계획에 관한 정보를 공유하는 것에 불과한 경우가 많았다. 협의 내용이 종합되기는 했지만 희망 사항 목록에 불과했으며 전략의 실체를 드러내는 데 핵심적인 우선순위나 균형점에 대한 구체적인 논의는 매우 제한적이었다(Vos et al., 2003: 61). 오직 볼리비아의 경우에만 'HIPC II' 자원의 사용과 배분에 관해 참여자들과 구체적인 합의가 이루어져 빈곤 인원수와 빈곤감축 기준에 따라 지방 정부가 자원을 사용하도록 제한되었다. 하지만 온두라스와 니카라과에서와 마찬가지로 참여자들과 정부 사이에 좀 더 광범한 정책 합의는 확보되지 않았다(Booth et al., 2006: 13-14). 실질적인 전략 수립은 참여 과정이 교묘하게 배제된 채로 전문가 기구 내에서 이루어졌다(Vos and Cabezas, 2004: 56). 최종적인 전략은 반(反)빈곤으로 재분류된 기존의 정책과 프로그램 중에서 원조국이 정하는 우선순위를 따르는 경향이 있었다. 그 결과 시민사회 행위자들에게 커다란 환멸과 참여 피로감을 불러일으켰다.

2002년, 세 나라 모두에서 정권 교체는 PRS에 대한 국가 통제권이 확립되지 않았다는 점을 보여 주었다. 새로 선출된 대통령은 모두 기존의 PRS와 거리를 두었으며 대신에 국가 차원의 새로운 계획을 출범시켰다. 볼리비아 산체스 데로사다 대통령의 노력은 정치적 위기로 중단되었다. 2003년 그가 권좌에서 물러난 뒤 PRS 과정은 다시는 공공 정책의 중심으로 복귀하지 못했다(Komives and Dijkstra, 2007: 24). 리카르도 마두로 온두라스 대통령은 IMF와의 실효된 합의를 재협상하는 과정에서 결국 수정된 '실행 PRS'로 낙착했다(Hunt, 2004a). 엔리케 볼라뇨스 니카라과 대통령은 국가개발계획을 시작했지만 명시적으로 빈곤감축에 초점을 맞추지는 않았다(Hunt and Rodriguez, 2004). 세 나라 모두에서 PRS는 개발정책과 원조 관계에서 느슨한 조직틀로 남아 있었으나 구체적인 전략은 수립되지 않았다.

시민사회 참여를 제도화하기 위한 몇몇 노력이 있었다. 볼리비아와 온두라스에서는 그러한 노력이 HIPC 기금 사용에 대한 시민사회 감시를 허용하는 법률의 형태로 나타난 반면에, 니카라과에서는 정부가 국가경제사회계획위원회(CONPES)의 역할을 둘러싼 기존 법률로 규정했다. 그러나 PRS는 참여 피로감이 나타나면서 동력을 상실했으며 관여한 시민사회 행위자들은 변화된 정치 역학으로 인해 주변으로 밀려났다. 볼리비아와 니카라과에서 '신좌파' 정부는 2006년과 2007년에 각각 PRS를 완전히 폐기했다. 마누엘 셀라야 대통령이 집권한 온두라스에서는 PRS 담론이 지속되었지만 참여 메커니즘은 2006년과 2007년에 급속히 신뢰를 잃었으며 결국 그는 2009년 6월에 쿠데타로 물러났다(이 책의 Cannon and Hume의 글 참조).

세 나라 모두, 전략의 최종 내용에서 원조국의 영향력은 매우 컸던 반면에 시민사회의 영향력은 상대적으로 작았다(Vos et al., 2003: 31). 원조국의 영향력이 컸던 까닭은 현지 정부 전문가 기구의 협조가 있었고, 세계은행과 IMF가 마련한 기준에 따른 일정을 준수해야 하는 압력을 받았기 때문이다. 원조국은 참여자의 선정에 커다란 영향력을 행사했다. 원조국 기금을 받는 전국 플랫폼과 NGO 네트워크는 강력한 존재감을 드러낸 반면에 국회의원, 노동조합, 여성, 지역 조직, 빈민 등은 체계적으로 과소 대표되었다(Stewart and Wang, 2003: 11-12). 더욱이 원조국은 참여 과정에 고도로 기술적이고 비정치적인 접근 방법을 채택하도록 영향을 미쳤으며 구체적인 선정의 단계마다 강력한 영향력을 행사했다(Vos et al., 2003: 56-7). 그 결과 PRS 과정은 정부와 의회의 광범한 참여에서 고립된 채로 진행되었으며, 이 때문에 이들 나라에서 '원조국의 권한'이 현지 국가의 행위자들을 몰아내어 국가 통제권을 가로막았다는 생각을 확인시켰다.

이러한 참여 경험은 또한 시민사회 참여가 성취하려는 것이 무엇인가에 대해 원조국들 사이에 공유된 이해가 없었다는 사실을 잘 보여주고 있다. 예컨대 PRS 공식 과정과 별도로 진행된 시민사회 과정들을 지지한 기구들은, 참여에 의한 투입이 배제되었다는 비판에도 불구하고 여전히 공식적인 PRS 전략을 승인했다(Dijkstra, 2005: 447). 원조국들은 애초의 전략을 포기함으로써 PRS 전략이 노린 직접적인 목표를 거의 달성하지 못했다. 2002년 이후에는 원조국들이 현지 정부에 압력을 가하는 한편 시민사회 행위자들의 참여를 계속 지원함으로써 참여의 제도화를 촉진했다. 하지만 이러한 참여 메커니즘은 원조국의 압력과 자원에 심하게 의존했으며 다른 정책 결정 과정과 통합되지 않았다 (Eberlei, 2007: 4). 더욱 중요하게는 2005년이 되면 세 나라 모두에서 PRS가 국가적 의제에서 퇴색되었으며 전국적 수준의 PRS 유형의 참여는 신뢰와 적합성을 잃어버렸다. 그래서 이들 세 나라에서 원조국들이 자신들의 의제를 강요할 수 있다는 주장이 약화되고, PRS 과정이 어떻게 국내 정치 역학과 상호작용하는지를 평가할 필요가 있다는 점이 부각되었다.

참여에 대한 기술적이고 고립적인 접근 방법은 또한 정치적 효과를 낳았다. 볼리비아에서 (사회적 쟁점에 대한 토론을 제한하면서) 지자체의 대표성에 초점을 맞춘 것은, 가장 정치화된 시민사회 행위자와 정책 쟁점을 PRS 과정에서 제거함으로써 참여를 탈정치화시키고 전국적 시민사회조직들을 소외시키는 정치적 결정으로 해석되었다(Molenaers and Renard, 2005: 140). 온두라스에서는 지역적·전국적 협의가 광범한 시민사회 참여에 개방되었지만 의제가 빈곤 문제로 제한되고 중요한 행위자들이 참여하지 않고 정당들이 효과적으로 무시되었다(Cuesta, 2003: 29). 그와 동시에 교사 노동조합은 임금협상 문제로 시위를 벌이고 기업 부문은 중앙아메리카자유무역협정(CAFTA)을 협상하고 있었다. 이러한 과정들은 교묘하게 분리되어 진행되었으며, 결과적으로 PRS 과정을 탈정치화시켜 다른 정치적 협상에서 고립시키는 결과를 가져왔다. 니카라과에서는 참여 과정에 초대받는 사람과 토론되는 주제가 엄격하게 통제되었다. CCER은 참여를 확대하여 노동조합과 농민단체, 협동조합 등의 지역적 참여를 포함시키려고 시도했다(Guimaraes and Avendaño, 2003: 24). 하지만 전문가 기구는 PRS 과정을 정당 정치와 관련되는 양극화에서 분리시키려는 분명한 목표를 가지고 있었으며,[1] 그리하여

PRS 과정은 동시에 진행된 CAFTA 협상과 결코 중첩되지 않았다. 세 나라 모두에서 참여의 의제와 범위를 제한함으로써 시민사회는 국가에 개입하여 효과적으로 영향력을 행사하는 데 곤란을 겪었다.

시민사회가 주도하는 대안적인 참여 과정이 있었다는 사실은 PRS 과정에 참여한 시민사회 행위자들이 원조국 지배와 정치적 '조종'에 대해 이의를 제기했음을 보여 준다. 참여에 영향을 미치고 제도화하려는 나중의 노력들은, 비록 원조국의 지원에 심하게 의존적이었지만 시민사회가 참여를 위한 더 넓은 공간을 확보하고 영향력을 더 크게 행사하려고 한 진정한 시도로 해석될 수 있다. 볼리비아에서는 2001년에 통과된 전국적 대화 법률에 포함된 참여 메커니즘이 주빌리 과정을 선도하는 제안으로서 출현했다(Morrison and Singer, 2007: 731). 2003년 온두라스에서 통과된 PRS 기금 법률에 대한 시민사회 행위자들의 영향력은 상대적으로 약했지만, 대표자들은 부채 구제 자원의 사용을 감시할 수 있는 기회를 얻었다. 니카라과에서는 이런 유형의 시민사회 참여 가능성이 일찍이 사라졌다. 니카라과에서는 CONPES가 PRS보다 먼저 있었다. 2002년부터 CONPES를 규제하는 법률이 제정되어 그 구성원은 오직 시민사회 대표자들만을 포함하도록 변화되었다. 하지만 CONPES는 공식적인 권한이 없었으며 오직 대통령에게 제안만 할 수 있었다(Guimaraes and Avendaño, 2003: 30). 이는 시민사회의 정치력을 중립화하려는 시도로 해석되었으며 CCER은 저항의 표시로 철수했다.

볼리비아에서 2001년 법률 아래의 참여는 원조국 자원에 심하게 종속되었으며 시민사회 행위자들 사이의 심각한 분열도 나타났다. 이러한 참여 메커니즘은 공식적 예산 감시 과정에서 분리되어 있었으며 대중적·정치적 지지를 형성하는 데 실패했다. 이러한 시민사회 행위자들은 원조국이나 신자유주의적 개혁과 연관되어 있었기 때문에 정치의 지배권이 좌파로 이동하면서 정당성에 타격을 받았다. 온두라스에서는 위원회에 대한 시민사회의 대표 방식이 정치적으로 통제되었으며 내부의 분열은 대표로서의 신뢰를 떨어뜨렸다(Hunt, 2004a). 2005년 말, 퇴임을 앞둔 마두로 대통령은 'HIPC II' 자원의 사용에 관해 빈민들과 협의하기 위해 전국 순회 여행에 나섬으로써 위원회의 역할을 뺏는 결과를 가져왔다(Hunt, 2005). 국회의원들이 예산을 둘러싼 위원회 권한에 도전하기 시작하여 직접 결정권을 행사하고 통제권을 장악했다. 위원회 참여는 셀라야 대통령이 재임하던 2006년부터는 공공연히 정치화되었으며 시민사회 대표자들은 사임하거나 존중받지 못하게 되었다(Hunt, 2006). 니카라과에서는 볼라뇨스 대통령 시기에 빈곤 쟁점이 사라졌다. 의회와 행정부가 계속 갈등하는 상황에서 공식적 참여가 공공연히 정치화됨으로써 정책 결정 과정이 마비되고 말았다(Dye and Close, 2004: 130).

PRS 과정을 둘러싼 이러한 정치적 역학을 살펴보면, 더 나은 정책 결과와 더 책임 있고 민주적인 국가-사회 관계를 만들어 내는 과정에 시민사회 참여가 하는 역할과 정치적 변동에 대한 PRS의 접근 방법이 순진했음을 알 수 있다. 볼리비아에서는 PRS 과정에 시민사회의 투입을 고려하지 못함으로써 통상적인 국가-시민사회 상호작용을 통한 변화를 성취할 수 있는 잠재력에 대한 냉소주의를 확인시켜 주는 결과를 가져왔다. 참여에 대한 이러한 '신자유주의적' 접근 방법은 기껏해야 부분적이어서 전국적 수준의 사회적 불만을 전달하거나 완화할 수 없었음이 드러났으며, 2005년에는 정치적 변동으로 빛이 바래 버렸다.

그럼에도 불구하고 시민사회의 전통적인 '반국가' 정서가 있다는 점에서 볼리비아의 PRS 과정은 건설적인 대화를 향한 긍정적인 노력으로 간주되었으며, 이전에는 공공 정책 과정에 결코 참여할 수 없었던 조직들과 대표자들을 참여시켰다. 정치적 변동에서 계속 양당 역학이 지배적인 온두라스와 니카라과의 경우에는 PRS 효과에 대한 논평자들의 평가가 더욱 더 관대하지 않아, 시민사회 참여가 국가에 편입되었다고 하는 냉소적인 해석으로 기울고 있다. 온두라스에서 전통적으로 영향력이 거의 없었던 시민사회 행위자들에게 제공된 공간은 이전에는 기대하지 못한 것이었다. 하지만 참여는 거의 영향력을 행사하지 못하였으며 이런 유형의 공간을 제공한 정치적 관용은 겉치레에 불과한 것으로 드러났다(Booth et al., 2006: 18). 일단 시민사회가 기득권을 가진 의회의 이해관계에 도전하자 시민사회 대표자들의 의견은 무시되고 주변화되었다. 셀라야 대통령이 재임한 2006년부터는 참여 과정의 설계를 둘러싸고 정치적 양극화가 가중되었다. 방법론은 이러한 정책 결정 과정이 '협약'의 정치에 감염되지 않도록 하여 합의를 도출하는 데 의도적으로 초점이 맞추어졌다. 실제로 이처럼 참여가 불모화된 것은 조종의 증거였으며 시민사회 행위자들은 저항의 표시로 철수했다. 2007년에 오르테가 정부는 새로운 유형의 빈곤 의제를 도입했지만 시민사회 참여의 공간은 계속 정치적 목적을 위해 조종되었다.

시민사회와 참여 메커니즘

실제로 PRS 과정에서 시민사회 참여는 즉흥적·부분적이고 중앙의 통제를 받았으며 최종 전략에 거의 영향력을 행사하지 못했다. 세 나라에서 치러진 2002년 선거 이후 현지 국가 통제권이라는 환상은 사라졌으며 PRS 전략은 공공 정책 의제에서 중요성이 줄어들었다. 원조국의 개입은 시민사회 영향력을 몰아냈지만 일률적이고 일관된 방식으로 이루어진 것은 아니었다. 제한적이지만 '차세대' 전략으로의 단계 이동과 참여의 제도화는 원조국들에 의해 긍정적으로 평가되었지만, 그 결과가 PRS의 원래 목표에는 한참 미치지 못했으며 그 마저도 2006년 이후에는 지속되지 않았다.

이러한 경험으로 미루어볼 때 PRS 접근 방법은 이론적으로 취약하며, 원조가 국가-시민사회 관계를 재정의할 수 있는 잠재력이 있다고 하는 것은 순진한 생각이라는 점을 알 수 있다. 참여에 대한 PRS 접근 방법은 뿌리 깊은 정치적 역학을 극복할 수 있는 수단을 제공하는 데 실패했으며 빈곤 의제를 위한 지원을 조작하지도 못했다. 결국 국내 정책 결정에서 시민사회는 선출된 대표자들을 대체할 수 없었다. 시민사회를 위한 새로운 형태의 참여는 사회 내에 깊숙이 뿌리 내린 양극화를 극복하지도 못했으며, 법률적 틀을 만들었어도 그러한 공간이 정치화되는 것을 막을 수 없었다. 이런 점을 미루어볼 때 공식적인 정치제도가 아무리 결함이 있다 하더라도, 대안적이거나 별도의 과정으로 공식적 대표 기능을 건너뛰는 것은 어떤 경우든 참여자나 민주주의 일반에 위험하다는 점을 알 수 있다.

세 나라에서 '신좌파' 정부가 들어섰다는 점은 빈곤 의제가 계속 주요한 정치적 쟁점이며 빈민들이 정부 안에서 대표되고 있다는 점을 보여준다. 세 나라의 경우 PRS 접근 방법은 신자유주의적 의제와 밀접하게 연관되어 있었지만, 빈곤 의제를 둘러싼 참여에서 얻은 교훈은 여전히 의미가 있다. 즉흥적이고 반쯤 공식적인 형태의 참여는 빈곤과 심한 불평등, 취약한 민주주의의 맥락에서는 쉽게 고립되고 조종되고 정치화되고 비합법화될 수 있다.

온두라스에서 셀라야 대통령은 의회의 저항을 극복하는 토대의 하나로 노동조합과 시민사회 행위자들의 지지를 얻기 위해 PRS 기금과 참여 메커니즘을 이용했다(De Jong et al., 2007: 23). 셀라야 대통령이 이런 방식으로 공식적 정치를 건너뛰어 앞지르려 한 시도는 확고한 법적 기반이나 충분하게 광범한 지지가 없었기 때문에 위험했다. 2009년 6월, 주요 정당들은 그를 축출하는 쿠데타를 모의하고 지지했는데, 이는 양당 이해관계가 뿌리 깊다는 것을 잘 보여 주었다(Torres-Rivas, 2010: 59).

니카라과에서는 산디니스타 대통령 오르테가가 집권함으로써 펼쳐진 '협약'의 정치는 국가 기구들에 더욱 침투하는 결과를 가져왔다. 억압과 당파적인 참여 메커니즘을 통해 모든 시민사회 부문을 지배하고 통제하려는 공공연한 시도가 있었다(Anderson and Dodd, 2009: 164). 이러한 움직임은 공식적인 민주주의 제도들의 힘과 합법성을 약화시켰다. 두 경우 모두 이러한 움직임을 깨기 위해서는 시민사회의 새로운 동맹과 정치적 전략이 필요할 것이다.

2005년 볼리비아에서 펼쳐진 상전벽해와도 같은 정치 변동은 PRS 시기가 끝나는 시점과 일치했는데, 정책 결정에서 빈민들이 지속 가능하고 더 많고 대표권을 얻기 위해서는 시민사회에서 정치사회로의 도약이 요구될 터이다. 2006년 이후 모랄레스 대통령은 헌법의 근본적인 개정을 추진하는 과정에서 커다란 정치적 도전에 직면하여 더 많은 시민사회 참여를 끌어들였다. 여기에 대해 강한 반대 의견이 제기되고 있지만, 모랄레스는 PRS 접근 방법과는 대조적으로 변화와 정당화의 추진력으로서 원조국의 압력보다는 민주적인 권한에 의존하고 있다(Crabtree, 2008: 4). 볼리비아의 사례가 시사하는 바는 빈민들의 참여와 대표성이 외부에서 강요된 조건들을 통해 성취될 수 없으며, 빈곤감축과 참여에 대한 하향식의 대응으로서는 지속 가능한 사회 변동과 국가-사회 관계의 민주화를 가져다 줄 수 있는 복잡한 정치적 과정을 대체할 수 없다는 것이다.

---

1) 1999년 SETEC 전문가 기구 위원을 지낸 클라우디아 피에다와 인터뷰한 내용
    (2009년 1월 19일, 마나과).

11장 메르코수르와 신좌파 정부

호세 브리세뇨 루이스

이 책의 핵심 가운데 하나는 1998년 이후 라틴아메리카에 들어선 좌파와 중도좌파 정부의 물결이 국가와 시민사회의 관계를 재구성하는 데 한몫했다는 주장이다. 서장에서는 국가를 억압 행위자로, 시민사회를 해방의 힘으로 보는 대신에 국가와 시민사회가 지속적이고 역동적 과정으로 서로를 구성한다고 본다. 이러한 틀 속에서 민주화의 이념이 재구성된다. 민주화란 단순히 몇 년 만에 치르는 자유선거로 이해되는 것이 아니라 사람들의 삶의 질을 개선하고 의사 결정 과정에서 참여가 증가하는 것을 포함한다. 또한 그러한 역동적 과정은 지구화가 라틴아메리카 나라들에게 부과하는 도전에 대처하여 새로운 대응이 출현한 것에 주목한다. 새로운 정부들은 무역 자유화와 세계경제로 편입되는 방식으로 지구화에 대응하기보다는 '자유무역으로는 충분하지 않다'는 이념을 각인시키고 있다. 그 결과로 이 지역에서는 산업화를 강조하고 사회정책을 수립하려는 움직임이 다시 나타났다.

이 장에서는 국가-시민사회 관계와 민주화, 그리고 지구화에 대한 대응에 관한 이러한 이념 변화가 최근 라틴아메리카의 지역 통합을 발전시키는 데 얼마나 영향을 미치고 있는지를 분석하고자 한다. 여기서는 메르코수르(Mercosur, 남반구공동시장)을 하나의 사례로 살펴본다. 메르코수르가 창설된 것은 수십 년 동안 이어진 군부 정권이 종식된 후 자유시장 정책을 선호하고 초기 민주화 이행 단계에 있었던 정부들이 집권하던 시기였다. 메르코수르는 지구화에 대한 대응으로서 세계경제로의 편입과 자유무역, 열린 지역주의에 바탕을 둔 대응이었다. 그리하여 1991년 메르코수르를 창립한 '아순시온 조약'은 기본적으로 무역협정이었으며 사회적 목표는 전혀 없었다. 이와 동시에 산업화를 통해 생산적 구조의 전환을 촉진하기 위한 메커니즘으로 메르코수르를 활용한다는 생각도 없었다.

넓은 의미에서 보면 메르코수르에서 채택된 이러한 지역 통합 모델은 아순시온 조약의 협상에 참여한 정치적 행위자들의 이해관계 산물이었다. 그것은 기본적으로 신자유주의 정부들이 주도한 정부 간 협상으로서 사회적 행위자들은 참여하지 않았다. 아순시온 조약을 보충하기 위해 이어서 체결된 '우로프레토 의정서'(1994) 또한 협상 과정에서 몇몇 기업 부문과 다국적기업들이 역할을 했지만 기본적으로 신자유주의 정부들의 행동 결과였다(Briceño Ruiz, 2011 참조). 이 때문에 사회적 행위자들은 메르코수르 통합 모델을 생산 부문의 이해관계를 보호하기 위한 프로젝트라고 보고 격렬하게 비판했다. '경제 발전'과 '사회정의'라는 목표를 달성하기 위해서는 메르코수르에 사회적 관점이 필요했다.

이 장에서는 2003년 이후 메르코수르에서 사회적 관점이 형성된 과정과 그 과정에서 좌파 정부가 주도한 국민국가와 시민사회 사이의 상호작용이 어떤 역할을 했는지 분석하고자 한다. B. 디콘 등(Deacon et al., 2007)과 N. 예이츠(Yeates, 2005)의 논의에 근거하여 메르코수르에 사회적 지역주의 모델이 점진적으로 채택되었다고 주장할 수 있다. 사회적 지역주의란 어떤 사회적 규범이 형성되고 재분배적인 사회정책이 수립되고 시민들이 자신들의 사회적 권리를 보호하는 지역적 제도들이 만들어지는 것을 말한다. 이러한 사회적 지역주의 모델은 1990년대에 노동과 교육 부문에서 구성되기 시작했다. 노동 부문에서 다소 중요한 진전이 이루어진 것은 '남부원뿔노동조합총연맹조정위원회'(CCSCS)가 정치적으로 동원된 결과였다. 2003년부터 아르헨티나와 브라질에서는 신좌파 정부가 등장함으로써 메르코수르에서 사회적 관점이 공고화되기 시작했다. 그해부터 메르코수르의 사회적 관점은 노동과 교육 중심에서 벗어나기 시작했다. 복지 정책과 평등을 촉진하는 정책을 수립하는 것을 목표로 하는 계획들이 수립되기 시작했는데, 이는 대부분 신좌파 정부의 행동에서 비롯된 것이었다. 이와 동시에 사회적 행위자들의 정치적 행동을 위한 새로운 공간으로 사회정상회의와 남반구민중정상회의가 만들어졌다.

메르코수르의 사회적 관점은 국가 행위자들과 시민사회가 함께 만들어 낸 복합적인 과정이라는 것이 이 장에서 주장하는 요점이다. '아래로부터의 통합'이나 '위로부터의 통합' 같은 그릇된 이분법과는 반대로 메르코수르 사례가 보여 주는 것은, 지역 통합 과정에서 사회적 관점을 추진하는 데 관심을 가진 시민사회와 몇몇 정부 부문들 사이의 실용적 연합이다. 이러한 유형의 연합은 비록 맹아 형태이지만 노동조합과 노동부가 메르코수르에 사회-노동 관점을 구축하기 위해 일종의 비공식적인 동맹을 맺은 1990년대에도 존재했다. 하지만 이러한 과정이 진정으로 심화된 것은 2003년 이후 사회적 쟁점에 강한 관심을 보인 신좌파 정부들이 메르코수르에 사회적 관점을 구성하기 시작한 때부터이다. 새로운 정부들이 사회적 행위자들을 포함시킨 것은 지역적 사회정책을 촉진함으로써 지역 통합 과정을 민주화하려는 시도의 하나였다. 그 결과 메르코수르는 이제 지구화에 대한 대응으로서 개방적 지역주의에 기초한 단순한 자유무역협정을 넘어섰다. 그 대신 새로운 정부들은 메르코수르를 통해 세계경제의 현실에 대응하여 사회적·생산적 관점으로 무역을 보완하는 새로운 방식을 찾으려는 목표를 추구했다.

메르코수르에서 사회적 관점의 구성

메르코수르에서 사회적 관점을 구성하기 위한 첫 번째 정치적 동원은 CCSCS로 조직된 노동조합에 의해 조성되었다. 이 노동조합 지역 네트워크는 1990년대 내내 노동 영역에서 사회적 제도와 규범, 정책을 요구했다. 하지만 메르코수르에서 사회적 관점의 구성은 노동 문제에 국한되지 않았다. 1992년에는 교육 영역에서 이른바 '교육 메르코수르' 또는 '메르코수르 교육시스템'(SEM)이 설립되는 진전이 있었다.

새천년이 시작된 후 메르코수르에서 사회적 관점에 대한 요구는 더욱 넓어져 패러다임의 전환이 일어났다. 1990년대에 진전된 사회-노동 메르코수르는 지역 통합이 가져올 잠재적으로 부정적인 영향에 대한 대응으로 간주된 반면에, 2000년대에 계획된 새로운 사회적 제도들은 사회정책을 조정하고 사회적이고 온정적인 경제를 촉진하기 위한 공간으로 지역 블록을 전환하는 것을 목표로 했다. 나아가 1990년대의 '사회적 메르코수르'에 대한 요구는 기본적으로 CCSCS에서 나왔지만, 2000년 대에는 다른 시민사회 행위자들이 강력한 사회적 관점을 가지고 '새로운 메르코수르'를 요구했다. 메르코수르 모델에 대한 시민사회의 이러한 비판은 '아메리카자유무역지대'(FTAA)에 도전하는 지역 운동의 맥락 속에서 시민사회 행위자들이 추구한 글로벌 전략의 일환이었다. 미국이 추진한 FTAA가 미국 정부와 다국적기업들의 이해관계를 반영하는 것으로 간주되었다면, 메르코수르 또한 그때까지는 사회적 쟁점에 대한 성취가 제한적이라는 비판을 받았다.

2003년은 메르코수르에서 사회적 관점이 건설되는 과정의 분수령이었다. 한편으로 아르헨티나가 심각한 경제 위기를 벗어나 점진적으로 회복됨으로써 지역적 프로젝트를 재출범시킬 수 있는 적절한 조건이 창출되었다. 다른 한편으로 브라질에서 루이스 이나시오 룰라와 아르헨티나에서 네스토르 키르치네르의 집권이 결정적이었다. 왜냐하면 두 대통령 모두 강력한 사회적 관점에 서서 더 많은 국가 개입에 기초한 경제정책을 선호했기 때문이다.

그리하여 메르코수르에서 사회적 관점은 룰라와 키르치네르 정부 초기에 추진력을 얻어 형성되었다. 메르코수르의 재출범을 가져온 아르헨티나와 브라질의 관계 회복은 키르치네르 집권 이전에 이미 시작되었다. 2003년 1월, 룰라는 아르헨티나 전직 대통령 에두아르도 두알데를 만나 양국 이해관계를 둘러싸고 다양한 쟁점을 논의했다. 두 대통령은 공동성명을 통해 아르헨티나와 브라질의 관계가 기초해야 하는 원칙들에 합의했다. 특히 그들은 통합 과정을 심화하고 더 많은 남아메리카 국가들을 끌어들이기 위해 메르코수르를 확대하기로 합의했다. 2003년 6월에는 두 정상이 지역 블록을 부활시킬 수 있는 메커니즘을 만들기 위해 만났다. 그 정상회의의 결과물인 '브라질리아 문서'에서 아르헨티나와 브라질 사이에 전략적 동맹을 강화할 필요성을 재확인한 것은 메르코수르 통합 과정을 이어 나가는 데 핵심 요인이었다. 그 문서에서는 무역과 제도적 영역에서의 개혁을 통하여 통합 과정의 질 개선이 근본적인 것으로 간주되었다. 이와 동시에 블록의 대외 관계, 사회적·생산적 관점, 지역적 하부구조 개선과 같은 문제들이 논의되었다. 양국 정상은 메르코수르든 남아메리카 통합이든 경제성장과 사회정의, 시민들의 존엄성이 촉진되는 지역 통합 모델의 형성을 목표로 해야 한다고 주장했다(Vázquez and Briceño Ruiz, 2009 참조).

2003년 6월에는 '관세 통일의 강화와 공동시장 재개를 위한 프로그램 의제 2006'이 파라과이 아순시온에서 열린 메르코수르 정상회의에서 승인되었다. 그것은 지역 통합을 심화하는 과정이 공식적으로 시작된 계기였다. 그 프로그램에는 아순시온 조약에서 합의한 것을 넘어서는 네 가지 중심축이 있었다. ① 정치·사회·문화 발전을 위한 프로그램, ② 관세 통일을 위한 프로그램, ③ 공동시장 프로그램을 위한 토대, ④ 새로운 통합 프로그램이 그것들이다(Bizzozero, 2003; Vázquez and Briceño Ruiz, 2009 참조).

메르코수르 재출범을 위한 아르헨티나와 브라질의 전략적 동맹은 2003년 10월에 룰라와 키르치네르가 서명한 '부에노스아이레스 합의'(Concenso de Buenos Aires)에서 확정되었다. 두 대통령은 더욱 더 자율적이고 사회 지향적인 발전을 요구하면서 지구화에 대응하기 위한 새로운 전략을 세웠다.

지역 통합은 우리 지역 나라들의 세계 편입을 강화하고 협상력을 높이기 위한 전략적 선택지이다. 의사 결정 과정에서 더 큰 자율성을 가지게 되면 우리는 안정을 해치는 투기적 금융자본의 움직임뿐 아니라 선진 블록들의 갈등적인 이해관계에 효과적으로 대처할 수 있을 것이다. …… 그러므로 우리는 남아메리카 통합이 성장과 사회정의, 모든 시민의 존엄성을 동시에 추구하는 발전 모델의 형성을 목표로 모든 참가국들의 이해관계에 기초하여 촉진되어야 한다는 입장을 견지한다(부에노스아이레스 합의, 2003년 10월 16일).

끝으로 2003년 12월에 열린 공동시장위원회에서 '실행 프로그램 2004~2006'(WP 2004~2006)이 합의되었다. WP는 무역 자유화와 '새로운 통합 의제'의 진전을 위한 완전한 로드맵을 수립했다. 이와 함께 WP는 통합 의제에 새로운 영역의 쟁점들을 도입함으로써 무역은 이제 더 이상 초석이 아니게 되었다(Vázquez and Geneyro, 2007: 50). 통합 과정에서 메르코수르의 새로운 두 축이 된 사회적 관점과 생산적 관점을 포함하는 다른 관점들에 초점을 맞추는 것이 주요 목표가 되었다.

2004년부터는 메르코수르의 사회적 관점 구성에서 두 가지 과정이 눈에 띈다. 하나는 새로운 술어('사회적 메르코수르')가 나타난 것이다. '사회-노동 메르코수르'와 '교육 메르코수르'에 더하여 이른바 '사회적 메르코수르'는 지역 블록의 사회적 관점을 구체적으로 표현하는 것이다. 여기에는 사회발전 장관회의와 사회적 쟁점에 관한 새로운 특별 기구들의 설립이 포함된다. 이러한 새로운 지역적 제도들은 자유무역이나 정치적 차원의 메르코수르와 아무런 관련이 없다. 이 제도들의 목표는 지역적 사회정책을 개발하는 것으로 메르코수르 참여국들의 지역적 복지 프로젝트의 일종이다. 다른 하나는 특히 2006년 이후 사회적 영역에서 시민사회 참여의 새로운 통로가 만들어진 것이다. 그러한 통로들 가운데 하나는 각국 정부들이 발전시킨 시민사회 참여 공간인 사회정상회의이며 다른 하나는 남반구민중정상회의이다.

지역 블록에서 사회적 관점의 새로운 측면

여기서 메르코수르의 공식 용어상에서 '사회적 메르코수르'와 '사회-노동 메르코수르' 및 '교육 메르코수르' 사이에 구분이 있다는 점을 분명히 할 필요가 있다. 제도적 관점에서 볼 때 그것들은 서로 다른 영역들로서 상이한 정부 기구들이 관장하며 항상 다른 것과 잘 결합되는 것은 아니다. 사회적 메르코수르는 아동 영양실조, 보건, 식량 주권 등과 같은 사회 발전을 맡은 장관 및 고위 공무원 회의의 권한 아래 있는 정책들을 기술하는 개념이다. 나아가 이 차원에는 사회발전 장관회의 같은 사회적 메르코수르를 위한 제도적 구조의 설립이 포함된다.[1]

경제 통합 정책의 부정적인 영향의 결과이든 아니든 관계없이, 사회적 메르코수르는 이 지역의 사회적 문제들을 다루는 제도와 기준, 정책을 만드는 것을 목표로 한다. 그것은 재분배 정책을 통해 평등을 신장하고, 소외된 부문의 사람들을 위해 교육과 보건, 주택, 양질의 공공 서비스 관련 정책을 수립하기 위해 만들어졌다. 따라서 사회적 메르코수르는 빈곤을 줄이고 부를 재분배하고 사회정의를 촉진하고 시장 제도를 규제하는 복지국가 정책에 관심을 가진다(Vázquez, 2011).

메르코수르의 사회적 관점의 발전에서 이러한 전환은 네 나라 국민국가 수준에서 나타난 정치적 변화와 일치했다. 그러한 정치적 변화의 공통점 가운데 하나는 1990년대에 채택된 경제 모델에 대한 비판이었다. 메르코수르의 지주 가운데 하나로 2007년에 승인된 '몬테비데오 헌장'은 그러한 경제 모델을 신랄하게 비판했다.

> 통합 과정은 1990년대 초에 너무 경제주의에 편향된 채로 태어났다. 메르코수르는 맹아적인 복지국가에 위기를 불러온 한 포퓰리즘 정부와 수십 년간의 권위주의 체제의 정치적·사회적·경제적 유산에 대처하지 않으면 안 되었다. 그러한 유산은 또한 이 지역 나라들의 정치적·경제적 불안정을 가져와 빈곤과 역사적인 사회적 불평등을 뿌리 뽑는 데 장애가 되어 왔다. 이 모든 것은 1980년대와 1990년대의 (워싱턴컨센서스와 같은) 신자유주의 이념에 기초한 강요된 경제정책으로 악화되어 대부분의 경우 사회의 광범한 부문들을 배제하고 그들의 삶의 조건을 불안정하게 만들었다(Declaración de Principios del Mercosur Social, 2007: 3).

이 지역에서 좌파 정부의 등장으로 조성된 새로운 정치적 상황은 경제성장과 사회 발전의 맥락에서 지역의 문제 해결을 모색하는 데 있어서 국가를 중심적으로 보는 라틴아메리카의 관점을 재확인했다. 그리하여 메르코수르는 민중의 복지와 발전을 촉진하는 것을 목표로 하는 역사적 과정의 일부로 여겨졌다. 이러한 맥락에서 지역 통합은 단순히 자유무역 프로젝트가 아니며, 통합의 사회적 관점은 곧 무역 자유화의 부정적 효과에 대한 대응이다. 사회적 메르코수르는 사회정책을 발전시키고 그 효과가 모든 부문의 사람들에게 퍼질 수 있는 사회적 경제를 건설하기 위한 이 지역의 제도적 틀이 될 것이다.

새로운 좌파 정부와 사회적 메르코수르 건설

새로운 좌파 정부들은 2003년 이후 사회적 메르코수르의 구성에서 결정적인 역할을 했다. 좌파 정부들은 지역 블록에서 강력한 사회정책의 강화를 선호했으며 그러한 목표를 비국가 행위자들의 요구와 연결시키는 데 성공했다. 그리하여 각국 정부는 시민사회가 메르코수르에서 사회적 관점을 위한 요구 사항들을 제시할 수 있는 공간을 만들어 내었다. '메르코수르 사회정상회의'라고 불린 그러한 공간은 2006년 이래 순번제로 지역 블록 의장국이 된 정부가 마련했다.

아르헨티나에서 그러한 과정이 시작되었다. 외무부가 시민사회의 참여 공간을 만드는 데 주요한 역할을 했다. 네스토르 키르치네르 정부 시기에 외무부의 라틴아메리카 통합 및 메르코수르 담당 차관은 지역 통합 문제에 관해 아르헨티나 정부와 시민사회 사이의 대화를 위한 공간 설립을 추진했다. 외무부 장관 라파엘 비엘사는 2003년 외무부에 새로운 부서로서 '지역 통합과 사회 참여를 위한 특별 대표'(에스파냐어로 REIPS)를 제안했다(Racovschik, 2009: 17). 목표는 외교정책과 지역 통합, 특히 메르코수르에 관한 정보를 시민사회에 제공하는 메커니즘을 만드는 것이었다. 그 전인 2002년 12월, 아메리카자유무역지역 협상에서 사회적 행위자들의 참여를 촉진하기 위한 '시민사회 자문위원회'가 만들어져 있었다. 비엘사는 이 자문위원회를 REIPS로 전환했으며, 그 과정에서 아메리카통합 차관 에두아르도 시갈과 '지역 통합과 사회 참여를 위한 특별대표' 우고 바르스키도 중요한 역할을 했다. 그리하여 'FTAA 자문위원회'는 메르코수르 과정에서 '남부원뿔' 시민사회의 참여를 촉진하는 것을 목표로 하는 새로운 위원회로 전환되었다. 이 새로운 제도적 틀은 '메르코수르 시민사회 자문위원회'(CCSC)로 불렸으며 (마리아나 바스케스와의 인터뷰, 2009) CCSC는 REIPS에 부속되었다.

우고 바르스키에 따르면 CCSC는 세 가지 쟁점에 기초하여 시민사회 와 더불어 실행 프로그램을 개발하는 것을 목표로 삼았다. 첫째는 정보 였는데, 사회 지도자들이 지역 통합과 외교정책을 잘 알아야 했기 때문 이다. 둘째는 지역 통합과 무역, 메르코수르 문제에 관해 사회 지도자들 을 훈련하는 것이었다. 이를 위해 외무부는 이 문제들에 관해 전문적인 관료들이 지도하는 과정과 세미나를 조직했다. 바르스키에 따르면, "국 가 대외서비스 연구소, 즉 아르헨티나 외교 스쿨의 문은 사회 지도자들 을 초대하기 위해 열려 있었다."[2] 셋째는 '조직'이었는데, '기술위원회'를 설립함으로써 사회 지도자들이 지역 통합 문제를 토론하고 분석할 수 있게 했다.

아르헨티나의 경험은 이 지역의 다른 나라들에서도 되풀이되었다. 브 라질에서는 2003년 룰라 다 실바 집권 이후 메르코수르의 사회적 관 점이 점점 더 중요해졌다. 정부는 메르코수르에 관해 사회적 행위자 들과 정보를 제공하고 그와 연관된 주제들을 토론하기 위해 여러 주 에서 일련의 회의를 조직했다. 이러한 회의들은 '엔콘트로 콤오메르 코술'(Encontro com o Mercosul, 메르코수르에 관한 회의)이라고 불리 었는데, 대통령 비서실, 외무부, 사회적 메르코수르 브라질 지부, 자문 포럼, 메르코수르 의회의 공동 계획으로 이루어졌다(Secrearia-Gerl da presidência da República Comissão Parlamentar Conjunta do Mercosul and Ministério das Relações Exterores, 2005 참조).

'엔콘트로 콤오메르코술'은 참여 통로를 강화하고 지역 블록에 관한 정보를 제공하고 메르코수르에 '지역 정체성'을 형성하는 것을 촉진함으로써 메르코수르 통합 과정을 지역 사람들에게 '내면화'하는 것을 목표로 만들어졌다(Váquez and Geneyro, 2007: 105). 레시페(2005년 3월), 살바도르(2005년 5월), 벨렘(2005년 6월), 벨로 오리존테(2005년 10월), 포탈레사(2006년 5월), 리우데자네이루(2008년 7월) 같은 브라질 도시에서 여섯 차례 회의가 개최되었다. 브라질은 2008년 하반기에 메르코수르의 순번제 의장을 맡았다. 룰라는 2008년 11월, '사회적 메르코수르와 참여를 위한 브라질 협의'의 설립을 승인했다. 그것은 메르코수르에 관련된 브라질 정부 정책을 대중화하기 위한 새로운 정부 기구로서 지역 블록의 다양한 주제에 관한 논의를 촉진하고 시민사회의 제안을 수용하는 통로 역할을 했다(Martins et al., 2011: 151-2) 참조).

우루과이에서는 2004년에 사회적 행위자들과의 관계를 촉진하기 위한 작은 기구가 외무부 장관의 지원을 받아 만들어졌는데 아직은 그 중요성은 제한적이었다(마리아나 바스케스와의 인터뷰, 2009). 타바레 바스케스 대통령이 이끄는 '프렌테 암플리오'(FA)가 집권한 2005년에 전환이 일어났다. 메르코수르에 대한 우루과이의 사회적 참여에는 그전에 이미 중요한 진전이 있었다. 예컨대 1991년의 '메르코수르 사회위원회'(COMISEC)나 '사회-노동 메르코수르'를 촉진하기 위한 '우루과이 노동조합 상호간 전원회의'와 '노동자 전국대표자회의'의 정치적 동원이 그런 것들이었다. 이러한 정치적 동원이 있었던 확실한 이유는 우루과이에는 아르헨티나와 브라질에서 키르치네르와 룰라가 촉진한 것과 비슷한 기구를 수립하려는 압력이 더 작았기 때문이었다. 하지만 FA는 선거운동에서 지역 통합, 특히 메르코수르 촉진에 힘을 쏟았으며 그것을 '우루과이 통합'(Uruquay integrado)이라고 불렀다(Frente Amplio, 2004 참조).

FA 정부의 출범은 우루과이가 메르코수르의 순번제 의장을 맡은 시기와 일치했다. 의장국 지위를 이용하여 메르코수르에 '또 다른 종류의 통합' 또는 '시민' 통합을 진전시킬 필요성을 강조하는 논의가 FA 내에서 일어났다. 그 결과 2005년 6월에 열린 메르코수르 정상회의에서 바스케스 대통령은 '소모스 메르코수르'(Somos Mercosur, 우리는 메르코스르다!) 프로그램을 발의했다. 그때 바스케스는 이렇게 주장했다.

메르코수르가 경험하고 있는 특별한 정치적 계기는 우리가 지역의 문화 통합과 시민 통합에서 진전시킨 것 이상을 요구하고 있다……. 지금은 메르코수르 시민권의 구축으로 나아갈 때다. 왜냐하면 그것은 우리가 어렵게 합의를 이끌어 낸 민주적 영역이 될 것이기 때문이다. '우리는 모두 메르코수르이며'(에스파냐어로 Somos Mercosur) 이 거대한 정치적 프로젝트의 성패는 우리 모두에게 달려 있다고 생각해야 한다 (Tabaré Vázquez, Vázquez and Geneyro, 2007: 24에서 인용).

'소모스 메르코수르'를 만든 배후의 힘은 지역 통합 과정의 사회적·정치적·문화적 관점이 강화된 것이었다. 그러한 관점은 메르코수르의 경제와 무역 측면을 보충하는 데 필수적인 것으로 간주되었다. '소모스 메르코수르'는 또한 지역 블록을 민주화하는 데 기여하는 것으로 생각되었다. 특히 '소모스 메르코수르'는 지역 의회의 필요성을 강조했는데 그것은 메르코수르 안에서 시민사회와 정치적 행위자들에게 목소리를 내게 하는 데 필수적인 것으로 여겨졌다. 그 계획은 또한 보통 사람들에게 더 가까운 지방 정부와의 전략적 동맹을 수립하여 그 결과 메르코수르 정체성을 형성하는 잠재력을 촉진했다. 이러한 동맹은 대부분

'메르코시우다데스'(도시 메르코수르) 프로그램을 통해 건설될 것이었다 (Pereira, 2006: 6-7).

파라과이에서도 우루과이처럼 시민사회와의 연계를 진전시키는 작은 기구가 외무부 장관 산하에 만들어졌다. 하지만 시민사회와의 관계를 촉진하려는 공간을 만들려고 한 그 계획은 거의 성과를 내지 못했다. 2008년 페르난도 루고가 대통령이 되었을 때 파라과이에서도 아르헨티나와 브라질, 우루과이에서 만들어진 것과 비슷한 공간이 만들어질 것이라고 기대되었다. "우리는 남반구 시민들이다"라고 강조한 루고의 담론은 그러한 기대를 강화했다. 그럼에도 불구하고 별다른 진전이 이루어지지는 않았다.

두 가지 결론을 끌어낼 수 있다. 첫째로 메르코수르에서 시민사회를 위한 공간의 건설을 상당한 정도로 좌파 정부가 지배한 국가의 계획으로 추진되었다. '시민사회 자문위원회'(Condejo Consultivo de la Sociedad Civil)와 '엔콘트로 콤오메르코술'(Encontro com o Mercosul), '소모스 메르코수르'(Somos Mercosur)는 모두 각국 정부의 계획이었다. 둘째로 이러한 모든 제안들은 처음에는 국민국가 수준에서 시작되었다. 왜냐하면 시민사회 행위자들과의 대화 상대가 통합 정책에 책임이 있는 정부 당국, 특히 외무부였기 때문이다.

참여 공간의 지역화와 사회정상회의

아르헨티나가 메르코수르의 순번제 의장을 맡은 2006년에 이러한 계획들을 지역화하는 과정이 시작되었다. REIPS 대표 우고 바르스키는

'소모스 메르코수르'를 국가의 시민사회 참여 공간이 초점이 되는 지역 프로그램으로 전환할 것을 제안했다. 그리하여 '소모스 메르코수르' 지역 프로그램(Programa Regional Somos Mercosur)이 우산조직으로 만들어지고(마리아나 바스케스와의 인터뷰, 2009; 우고 바르스키와의 인터뷰, 2009) 그 산하에 다양한 사회조직들과 정부의 행동, 제안, 계획이 연결되었다. 모든 행위자들은 자신들의 독자성과 자율성을 유지하면서도 동시에 의제들을 교환하고 활동을 결합하고 공통적인 기준을 마련했다(Varsky, 2006: 189).

'소모스 메르코수르' 지역 프로그램의 지원 속에 '생산과 연대의 메르코수르를 위한 제1차 회의'라고 불린 정상회의가 2006년 6월 아르헨티나 코르도바에서 메르코수르 정상회의가 열리는 가운데 개최되었다. 그것은 (베네수엘라를 포함하여) 메르코수르 나라들에서 약 500개 조직이 참여한 첫 번째 메르코수르 사회정상회의였다. 이어 브라질이 2006년 하반기에 메르코수르 순번제 의장을 맡았을 때 룰라 정부는 제1차 메르코수르 사회정상회의의 조직을 제안했다. 첫 번째 정상회의가 이미 코르도바에서 열렸다고 생각한 아르헨티나의 일부 정부 부문에서 이러한 결정에 대해 비판이 나왔다. 하지만 룰라 정부는 2006년 12월 브라질리아에서 제1차 메르코수르 사회정상회의를 개최했다. 약 500개 조직이 참여했다. 코르도바와 브라질리아 정상회의 이후 '사회정상회의'가 발전되었는데, 메르코수르 공동시장위원회 대통령 정상회의와 동시에 열렸다. 사회정상회의는 몬테비데오(2007), 아순시온(2007), 투쿠만(2008), 살바도르데바이아(2008) 아순시온(2009), 몬테비데오(2009), 차코(2010), 포스데이과수(2010), 아순시온(2011)에서 잇따라 열렸다.

사회정상회의의 성격과 방법에 관해서는 비판이 제기되었다. 특히 정상회의가 시민사회 참여를 위한 공간으로 묘사되지만 실제로는 공식적인 행사이며 그 주요 목표는 정부와 사회적 행위자들 사이의 의사소통 통로를 구축하는 것이다. 이 때문에 마리아나 바스케스는 이러한 행사를 '대안적 정상회의'라고 부르는 것은 정확한 표현이 아니라고 주장한다. 그렇게 부름으로써 '사회정상회의'가 정부 수뇌의 '공식 정상회의'에 반대하는 것이라는 인상을 줄 수 있다는 것이다. 오히려 '사회정상회의'는 메르코수르의 순번제 의장을 맡은 국가가 공식적으로 조직하는 정상회의와 동시에 열리는 것으로 보아야 한다(마리아나 바스케스와의 인터뷰, 2009). 사회정상회의의 방법에 관해서는 그것들이 진정한 참여 공간인가에 대한 문제가 제기되었다. 비판적인 사람들은 사회정상회의가 사회적 행위자들과 국가 사이의 대화와 정보 교환의 장소에 불과하다고 주장한다. 더욱이 사회정상회의가 메르코수르의 정책 결정 과정에 영향을 미치는 능력은 매우 제한적이다(Almany and Leandro, 2006 참조).

이러한 비판에도 불구하고 사회정상회의는 자신들의 관점을 제시하고 메르코수르의 경제 모델을 비판하고 자신들의 이해관계와 관점이 더 많이 반영되는 새로운 유형의 지역 통합 구상을 제안할 수 있는 사회적 행위자들의 정치적 동원 공간이 되었다. 하지만 정부가 만든 이러한 공간에 참여한 사람들은 이른바 '내부 행위자들'이었다. '외부 행위자들'은 '남반구민중정상회의'라는 또 다른 공간에 참여하는 쪽을 선택했다.

아웃사이더들의 공간, 남반구민중정상회의

시민사회 '외부자들'[3]은 정부가 조직한 메르코수르 사회정상회의에 연연하지 않는다. FTAA 협상이 진행되는 상황에서 1997년에 결성된 사회 네트워크 '대륙사회동맹'(Alianza Social Continental) 또는 '반구사회동맹'(HSA, Hemispheric Social Alliance)을 중심으로 조직된 사회운동과 NGO가 그런 경우이다. 이 네트워크는 FTAA 모델의 지역 통합이 미국과 기업의 이해관계를 반영하는 메커니즘이라고 생각하여 거부한다. HSA는 '또 다른 세계는 가능하다'라는 슬로건 아래 건강과 교육, 사회적 포섭, 평등 같은 민중의 구체적 문제들을 다루는 새로운 지역 통합 모델을 주장했다.

HSA는 코르도바 정상회의에 참여했지만 이것이 사회정상회의에 참여한 유일한 경우였다. HSA는 그 이후에 정부가 조직한 정상회의에 참여하는 대신 '남반구민중정상회의'라는 대안적인 독자적 참여 공간을 만들었다. 그것은 FTAA 협상이 진행되는 가운데 1998년부터 열린 '민중정상회의'의 연장이었다. 이러한 정상회의는 칠레 산티아고(1998), 퀘벡(2001), 마르델플라타(2005) 같은 곳에서 열렸다. 2005년 FTAA가 결렬된 이후 HSA는 메르코수르나 '남아메리카국가공동체'와 같은 하위 지역 통합 틀에 관심의 초점을 맞추었다. HSA는 그러한 지역 통합 틀 또한 신자유주의적 이념에 과도하게 영향을 받고 있으며 강한 사회적 관점이 결여되어 있다고 비판했다.

2006년 12월 볼리비아 코차밤바에서 열린 정상회의는 HSA를 비롯한 여러 외부자들이 핵심적인 역할을 한 새로운 남아메리카 '정상회의'(남반구민중정상회의)의 시작이었다. 남반구민중정상회의는 FTAA 정상회의 모델을 채택하여 공식 메르코수르 정상회의 전에 열렸다. 그것은 정부 주도에 의한 참여나 '소모스 메르코수르' 지역 프로그램의 일부로 조직된 사회정상회의와 무관하게 HSA가 조직한 것이었다. 남반구민중 정상회의는 코차밤바 정상회의 이후에 칠레 산티아고(2007), 아순시온(2007), 몬테비네오(2007), 리마(2008), 아르헨티나 포사다스(2008), 사우바도르데바이아(2008), 아순시온(2009) 등에서 열렸다.

사회정상회의에 대한 외부 행위자들의 반응은 정부가 '사회적 메르코수르'에 부여하려 한 '국가 형식'에 대한 대응이라고 보는 것이 타당하다. HSA가 조직한 정상회의는 메르코수르를 비롯하여 현재 라틴아메리카에서 진행 중인 여러 지역 통합 계획들의 전면적인 재구성을 요구하는 급진적인 전략을 채택했다.

새로운 공간의 창출

메르코수르의 강력한 사회적 관점이 공고해진 것은 국가가 민주주의를 강화하는 데 헌신하는 과정의 일부였다. 새로운 정부들에게 시민사회와의 동맹은 이러한 전략의 지주 가운데 하나였다. 지금까지 살펴본 것처럼 정부의 행위는 두 방면에서 이루어졌다. 각국 정부는 한편으로 메르코수르의 사회적 관점을 새로운 접근 방법으로 이해했으며, 다른 한편으로 시민사회 참여를 위한 공간을 마련했다.

이처럼 새로운 접근 방법은 자유무역으로 영향을 받은 사회 부문들에게 보상 차원에서 접근한 1990년대에 지배적인 방식을 넘어서서 지역 통합의 사회적 관점을 채택했다는 것을 의미한다. 좌파 정부들이 추진한 새로운 접근 방법은 지역주의 이념 그 자체를 전환하여, 무역에 초점을 맞추는 데서 벗어나 메르코수르 과정의 사회적·생산적 관점에 초점을 맞춘 것이다. 이런 점에서 '메르코수르 과정의 사회적·생산적 관점'은 지구화에 대한 새로운 대응 방식을 의미한다.

시민사회 참여의 새로운 공간들을 창출하는 것은 통합 과정을 민주화하려는 시도이다. 동시에 메르코수르의 경험은 국가와 시민사회가 자유무역과 신자유주의를 넘어서는 통합 모델을 구축하는 데 함께 협력할 수 있다는 것을 보여 준다. 하지만 협력이 동화가 아니라는 것은 분명하다. 남반구민중정상회의는 일부 시민사회 부문들이 자신들의 독자적인 정치적 행동 공간을 마련하고자 한 것이었다.

현재 진행 중인 메르코수르의 전환은 이 지역의 정치적 기회 구조가 변화된 결과라고 할 수 있다. 시드니 태로가 처음 제시한 정치적 기회 구조라는 개념은 "사회적·정치적 행위자들에게 사회운동을 형성하기 위해 자신들의 내적 자원을 사용할 수 있도록 고무하거나 그렇지 않으면 좌절시키는 (반드시 공식적이거나 영구적이지는 않지만) 일관된 신호"를 묘사하는 개념이다(Tarrow, 1994: 54). 카를로스 메넴과 룰라 다 실바 정부는 메르코수르의 정치적 기회 구조에서 매우 다른 두 계기라고 할 수 있다. 메넴 시기에는 자유무역이 지배적인 의제였다면, 룰라 정부는 빈곤을 줄이기 위한 국가 정책의 수립을 강조했다. 메넴이 기본적으로 기업 부문과 동맹을 구축했다면, 룰라는 다양한 사회 부문들과 더 가까웠다. 달리 말하면 2003년 이후 정치적 기회 구조가 변했으며 사회적 행위자들은 정부와의 새로운 대화 통로와 자신들의 요구를 들어줄 수 있는 메커니즘을 발견했다. 이러한 국내 정세의 변화는 메르코수르의 발전과 지역 통합 과정에서 강력한 사회적 관점을 구성하려는 시도에 영향을 미쳤다.

1) 전직 아르헨티나 경제부 관료이며 외무부의 아메리카 통합 및 메르코수르 담당 차관의 시민사회 자문위원회 조정기구 위원장을 지낸 부에노스아이레스대학 강사 마리아나 바스케스와 인터뷰한 내용(부에노스아이레스, 2009년 7월 22일).

2) 아르헨티나 외무부 생산적 통합 조정위원회 우고 바르스키 대사와 인터뷰한 내용(부에노스아이레스, 2009년 6월 3일).

3) 스미스와 코르제니비츠는 시민사회 행위자를 '내부자'와 '외부자'로 구분한다. 전자는 사회정상회의와 같이 정부가 만든 공간에 참여하기로 결정한 행위자들을 말하고 후자는 정부가 만든 공식적 참여 메커니즘의 외부에서 압력을 넣는 행위자들을 말한다(Smith and Korzeniewicz, 2005).

결론 좌파 주도 라틴아메리카의 민주화

배리 캐넌, 피다 커비

냉전이 끝난 후 시민사회 개념은 라틴아메리카에서 민주주의와 발전을 고양하는 핵심적인 수단으로 채택되었다. 래리 다이아몬드 같은 주류 학자들은 자유민주주의 구조를 공고히 하고 시장 지향적 경제정책을 발전시키는 시민사회 모델을 제시했다(Diamond, 1999). 이 이론의 핵심은 국가와 시민사회를 분명하게 구분하는 것이다. 시민사회는 국가의 행위를 감시하는 역할을 함으로써 국가에 정당성을 부여하지만, 시민사회 대중은 의사결정 구조와 과정에 거의 또는 아예 참여하지 않는다. 이 모델은 1980년대 대부분의 라틴아메리카 나라에서 민주화 '이행'을 지도했다.

1998년 베네수엘라의 차베스 대통령 당선을 시작으로 이 지역에서 좌파 정부가 들어선 이후 대부분의 좌파 운동과 정당들은 국가–시민사회의 관계를 재정립하려고 시도했다. 그러한 시도는 브라질 포르투알레그레의 참여예산제(PB)나 베네수엘라 정부가 설립한 '공동체위원회' 프로그램 같은 데서 확인할 수 있다. 이러한 실험들은 자유주의 원칙을 버리고 낸시 프레이저(Fraser, 1993)가 말한 '강한 공공성' 쪽으로 이동한 것으로 볼 수 있다. 프레이저에 따르면, '강한 공공성'이란 시민사회가 단순히 여론 형성이나 권위주의적 의사 결정에 대항하는 것을 넘어 참여를 통해 더 큰 역할을 하는 것을 의미한다. 이 개념은 국가와 시민사회를 분리하는 자유주의 관점을 해체하고 대신에 두 영역이 서로 중첩되어 있다고 본다.

또한 그러한 실험들은 최근의 포스트-신자유주의에 관한 이론의 틀속에서 고찰할 수 있다. J. 그루겔과 P. 리지로치는 한편으로 "시장과의 관계에서 국가를 '재구성'하려고 하는 포스트-신자유주의 정책과, 다른 한편으로 사회적·경제적으로 배제된 공동체나 집단이 자신들을 위해 국가를 '환원'하려는 포스트-신자유주의 열망"을 적절하게 잘 구분하고 있다(Grugel and Riggirozzi, 2012). 위에서 언급한 참여적 정책들은 다소간 포스트-신자유주의 열망의 방향으로 이동하고 있는 것으로 볼 수 있는데, 그렇게 되면 그러한 정책들이 국가 형성 수단들에 얼마나 영향을 받으며 거꾸로 얼마나 영향을 미치는가 하는 문제가 제기된다. 또한 서장에서 말한 것처럼 국가와 시민사회의 이러한 관계는 더 폭넓은 지구화의 맥락에서 고찰할 필요가 있다. 왜냐하면 지구화는 경제성장을 위해 자원 수출에 의존하는 나라들에게 특별한 유인 구조를 강요하기 때문이다.

이 장에서는 이 책에 글을 쓴 필자들의 발견들에 기초하여 결론을 끌어내고자 한다. 시민사회와 국가의 관계에 관해서는 주요한 두 가지 주제가 책 전체를 관통하고 있다. 첫째, 한편으로 참여 이론의 이상주의와 다른 한편으로 그것을 실제로 실천하는 과정에서 국가가 만들어 내는 타협, 즉 지역적·일국적·국제적 수준에서 기존의 권력관계라는 엄연한 사실이 강요하는 타협 사이에 긴장이 확인된다. 둘째, 현안 문제들을 둘러싸고 기존의 자유민주주의적 대표 기구와 부상하는 참여적 모델 사이에 더 큰 긴장이 확인되는데, 몇몇 장에서는 결국 하나가 다른 하나를 압도하게 된다고 주장한다. 실제로 우리가 주장하고자 하는 바는 "시장과의 관계에서 국가를 '재구성'하려고 하는 포스트-신자유주의 정책"(Grugel and Riggirozzi, 2012)이 앞에 언급한 국가를 '환원'하려는 포스트-신자유주의 열망을 방해할 수 있다는 것이다. 그리하여 결국 전자가 후자를 이길 수 있는 것이다. 이러한 긴장과 딜레마는 세 수준, 즉 일국적·지역적·국제적 수준에서 확인된다. 그러한 세 수준은 분석의 목적을 위해서는 분리될 수 있지만 실제로는 깊이 서로 관련되어 얽혀 있다.

무어, 와일드, 캐넌과 흄, 데 라 토레, 레우볼트, 하라 레이스의 글은 몇몇 좌파 국가에서 기존의 대표 체계와 참여 기구의 요구 사이에 모순이 어떻게 내재적으로 갈등을 일으키며, 하나가 다른 하나에 강제력으로 작용하여 방해할 수 있는 상황을 발생시키는지를 보여 주고 있다. 호겐붐, 실링바카플로르와 볼라드, 넴 싱의 글은 지구화의 맥락에서 좌파 정부들이 빈곤을 줄이기 위해(프레이저에 따르면, 효과적인 민중 참여의 핵심적인 목표이다)자원 수출 산업에 의존함으로써 그 자체가 특히 그러한 산업 활동에 관련되어 있는 원주민 집단을 포함하여 지역 수준에서 그러한 참여의 이념 및 실천과 어떻게 충돌하는지를 보여 주고 있다. 마지막으로 헌트와 브리세뇨 루이스는 일국적 수준에서 민중의 요구들과 지역적·국제적 상황의 영향 사이에 복합적 역학이 그러한 요구들을 어떻게 어느 정도로 충족시키는지를 매우 상이한 두 가지 맥락에서 보여 주고 있다.

이상이 이 책이 포괄하는 내용이다. 먼저 좌파 주도 라틴아메리카의 민주화 전망에 관한 결론을 끌어내기 위해 신좌파에 관한 최근 문헌들이 내리고 있는 결론을 간단히 요약한다. 그다음에는 세 항목으로 나누어 이 책의 각 장들이 그러한 문헌들에 보탤 수 있는 바를 중심으로 살펴보고, 마지막에는 민주화의 전망에 관해 결론을 내려 볼까 한다.

'분홍 물결,' 라틴아메리카의 민주화와 시민사회

'분홍 물결'이 출현한 배경은 신자유주의가 약속한 번영을 가져오는 데 실패하고 자유민주주의 정치체제에 대한 '민주주의 환상'이 퍼진 것이었다. 신자유주의, 그리고 몇몇 나라에서 자유민주주의에 대한 거부를 주도한 것은 사회운동이었다. 사회운동 세력은 신자유주의 프로그램의 도입과 시행에 종종 책임이 있었던 낡은 사회민주주의 또는 포퓰리즘 정당들을 인정하지 않고, 자신들의 목소리를 형성하여 좌파를 강화하고 활성화했다(Silva, 2009). 이런 역학 속에서 나타난 신좌파 정부들은 공통적으로 이 지역에서 신자유주의가 남긴 불평등과 빈곤의 현저한 증가에 대응하여 평등을 공공연하게 추구했다(Ramirez Gallegos, 2006). 평등은 두 가지 주요한 방식으로 추구되었는데, 하나는 민주적 혁신이고 다른 하나는 사회적 불평등을 줄이기 위한 정책 의제였다.

현재의 라틴아메리카 '분홍 물결'의 맥락에서 시민사회는 점점 사회운동(여성운동, 환경운동, 반세계화운동, 원주민운동 등)으로 간주되고 있다. 이러한 사회운동은 '억압이라는 사회적 힘'에 반대로 작용하여 균형을 잡아주는 힘으로 나타났으며 "사회적·정치적 변화의 주요한 추진력"이라고 평가된다(Barrett et al., 2008: 32). 변화를 위한 이러한 잠재력은 참여민주주의를 채택함으로써 가장 잘 실현될 수 있다. 참여민주주의란 "한편으로 민주주의의 심화와 …… 다른 한편으로 시민사회의 재활성화와 국가와의 결합이 수렴"하는 것으로 간주된다(Ramirez Gallegos, 2006: 30). 국가의 핵심적인 속성이 사회경제적 관계에 개입하는 역량에 있다고 보기 때문에 국가는 경쟁하는 사회적·정치적 세력들이 자신들의 전략을 실현하기 위해 투쟁하는 '전략 지형'으로 간주된다(Ramirez Gallegos, 2006: 34). 따라서 사회운동은 자유주의 이론에서 시민사회에 부여된 협소한 역할을 넘어서서 (사회경제적 불평등을 줄임으로써 사회 세력들의 균형을 변화시키기 위해) 국가의 개입 방식을 재조정하고 (더 쉽게 접근할 수 있도록 하여 아래로부터의 압력에 더 민감하도록 만들기 위해) 국가의 대표 형태를 전환하는 것을 목표로 한다. 따라서 (사회운동으로 간주되는) 시민사회와 국가의 관계는 "변증법적 관계로 이해되어야 한다"(Ramirez Gallegos, 2006: 35).

신좌파 이념은 이처럼 국가-시민사회 관계에 대한 자유주의적 개념을 거부하고 변증법적인 개념을 채택함으로써 낸시 프레이저의 '강한 공공성' 개념에 가까워진다. 국가와 시민사회의 엄격한 분리에 기초한 자유주의적인 국가-시민사회 개념은 프레이저가 말한 '약한 공공성'을 불러왔다. '약한 공공성'이란 공공의 사려 깊은 실천이 여론 형성에만 국한되고 의사 결정까지는 포괄하지 않는다(Fraser, 1993: 134). 대신에 프레이저가 말하는 '포스트-부르조아 개념'이 필요한데, 그것은 시민사회의 역할을 단순한 여론 형성을 넘어 권위 있는 의사 결정에 관여하는 것을 말한다.

다수의 신좌파 정부들, 특히 안데스 지역 신좌파 정부들은 이론적으로나 실천적으로 국가와 시민사회 사이의 새로운 관계를 향해 나아가려고 했지만 그러한 노력이 언제나 실현된 것은 아니다. 예컨대, 브라질에 관한 S. 브랜포드의 글(Branford, 2009)을 참고할 수 있는데, 그는 그렇게 된 세 가지 이유를 제시한다. 첫째, 시장의 힘이 커져 시장 이해관계를 방해하는 것으로 보이는 정책을 도입하려는 정부에 대해 (자본 도피나 투자 파업과 같은) '협박 능력'이 증대되었다. 둘째, 제국주의가 지속됨으로써 부채 재조정에 대한 반대급부로 세계은행이나 IMF 같은 국제금융기구(IFIs)의 강요가 있을 뿐 아니라, '마약과의 전쟁'이나 상호 원조에 관련된 조건들과 관련하여 미국의 직접적인 정치적 요구가 계속되고 있다. 이러한 것들은 둘 다 "우리 시대 '상식'의 창조자인 매스미디어에 대한 대자본의 거의 배타적인 통제로 가능해진 이데올로기 조작"을 통해 관철되고 있다(Boron, 2008: 247). 셋째, 이전 십수 년 동안에 가치가 떨어진 민주주의가 사회생활에 대한 국가의 개입 능력을 약화시켜 온데다가(Boron, 2008: 247) 라틴아메리카 국가의 역사적 취약성으로 사정이 더욱 악화되었다(Panizza, 2009: 226). 게다가 많은 라틴아메리카 좌파 정부들은 자원 채굴을 우선시하는 발전 모델을 추구함으로써 어떤 경우에는 그러한 채굴로부터 나오는 수입이 사회적 요구를 충족하는 데 사용됨에도 불구하고 환경운동이나 원주민 집단과 같은 사회운동 세력과 갈등을 빚어 왔다(Dangl, 2010).

이러한 모든 요인들은 지구화 시대에 힘이 커진 외부의 경제적·정치적 힘이 국민국가 공간으로 침투한 데서 비롯된다고 할 수 있다. 또한 이러한 요인들은 신좌파 정부들이 자신들의 약속을 이행할 수 있는 여지를 심각하게 제약함으로써 신좌파가 집권하도록 한 수많은 사회운동 세력들 사이에 환멸과 소외를 불러오는 한편, 국가-시민사회 관계의 새로운 '강한 공공성' 모델의 전망을 해친다. 나아가 역설적으로 국가와 시장 관계의 강화에 집중하는 것을 통해 포스트-신자유주의 열망을 실현하려고 하는 시도는 오히려 좌파의 사회적 지지 기반 일부를 소외시키는 결과를 가져올 수 있다.

'강한 공공성' vs '약한 공공성'

이 책 서장에서 우리는 민주화 과정을 분석하고자 할 때 장기적 분석의 관점, 특히 폭넓은 신자유주의 지구화의 맥락에서 국가-시민사회의 상호작용에 초점을 맞출 필요가 있다고 주장했다. 나아가 우리는 시민사회를 특정한 역사적 국면에서 경쟁하는 사회 세력들이 벌이는 헤게모니 투쟁에 의해 끊임없이 형성되는 공간으로 성격 규정했다. 이 책의 각 장은 대체로 이러한 입장을 견지하면서도 몇 가지 관점을 추가했다. 추가된 관점을 확인하기 위해 여기서는 세 항목으로 나누어 이 책의 기여를 살펴본다. 첫째로 새로운 국가-시민사회 관계, 둘째로 현실 권력이 참여 메커니즘 약속에 부과한 한계, 셋째로 경제성장의 주요한 기초로서 자원 채굴에 의존한 방식이 국가-시민사회 관계에 미친 영향이 그것들이다.

이 책은 라틴아메리카 좌파 국가들이 의사 결정에서 시민사회를 포함시키는 새로운 방식을 개척하고 있다는 사실을 입증하고 있다. 가장 야심적인 경우는 '베네수엘라 플랜'이다. 그것은 국민국가 수준에서뿐 아니라 ALBA-TCP 무역 연대 연합을 통해 지역 수준에서도 신자유주의와 자유주의 질서에 대안을 제공하려고 한다. 베네수엘라 플랜은 우고 차베스 개인에 대한 광범한 적대감 탓에 대체로 무시되고 있다.

1장에서 무어는, 볼리비아 정부가 어떻게 시민사회와 국가를 엄격하게 분리하는 고전적인 자유주의 개념을 거부하고 그것을 직접적·참여적 민주주의로 전환하려고 하는지 보여 준다. 볼리바르 베네수엘라에서 대의제 민주주의는 일정한 역할을 하지만 민중권력과 공권력이라는 층위의 수립을 통한 직접적·참여적 민주주의에 보조적인 것으로 간주된다. 민중권력이란 공동체위원회와 지역의 이웃공동체들이 운영하고 그것의 지속적인 발전에 필요한 기본적인 서비스를 제공하기 위해 설립된 각종 위원회를 민중이 직접 운영하는 것을 말하며 공권력이란 정부 부처와 같은 공식적 국가기구를 말한다. 중요한 점은 유일하게 주권을 가진 민중권력의 촉진자로서 공권력의 주요한 기능이라는 것이다. 민중권력 실험의 한 가지 핵심적인 측면은 볼리바르 정부가 보편적으로 접근할 수 있는 서른 남짓의 미션들을 설립했다는 점이다. 사회적·정치적·문화적 영역 등 광범한 영역에 영향을 미치는 미션들은 상호 책임성에 기초하여 운영되며 국가와 공동체가 그 헌법적·사회적 기능의 완수에 동등하게 책임을 진다. 미션들은 빈곤과 불평등을 줄이기 위한 기본적 서비스를 제공할 뿐 아니라, 공동체가 "사회적 평등과 해방적 개인(긍정적인 자기 이미지), 집단적 정체성"을 가질 수 있도록 하는 수단으로서 직접적·참여적 민주주의의 성취에 필수적이다. 끝으로 베네수엘라 플랜은 ALBA-TCP를 통해 라틴아메리카 지역 수준에서 새로운 국가-시민사회 관계를 적용하는 계획으로서 신자유주의 지구화에 직접적으로 도전하고 있다.

나머지 장들에서 발견되는 증거는 우리가 신좌파 정부의 계획들이 어떻게 수립되는지를 검토할 필요가 있음을 알려준다. 2장에서 와일드는, 자본의 이해관계가 지배적인 국제 체계의 맥락 속에서 일어난 2001년의 갑작스런 금융 붕괴 이후 아르헨티나 네스토르 키르치네르 정부(2003~2007)가 아르헨티나 경제에서 국가의 역할과 사회계약을 어떻게 재정의했는지에 대해 경험적으로 접근한다. 와일드가 지적한 바와 같이 키르치네르는 편입과 복지, '분절된 조합주의'를 통해 위기 직후에 번창한 피케테로스(piqueteros)나 이웃공동체위원회, 교환 클럽 같은 급진적 시민사회의 대응을 중립화함으로써 "대항 헤게모니적 이념을 페론주의 국가에 흡수"시키려고 애썼다. 그러한 전략은 두 가지 핵심적 목표를 성취하는 데 성공적이었다. 첫째, 비록 복지국가 제도를 통한 체계적인 재분배 시도는 없었지만, 사회적 재화를 다소간 준비하고 자유시장의 지배에 상당한 정치적 제약을 가하는 몇몇 사회적 이전 수단을 통해 빈곤이 줄어들었다. 둘째 정책 결정 과정에서 노동 부문이 다시 발언권을 얻었다. 3장에서 캐넌과 흄이 살펴보았듯이, 중앙아메리카에서도 민주화가 확대될 조짐이 있는 잠재력이 발견되었다. 다만 필자들은 그러한 잠재력이 가로막히거나 심지어 기존에 획득한 민주주의가 역전될 가능성을 경고한다.

4장에서 데 라 토레는, 에콰도르 코레아 정부가 사회 변화 프로젝트를 추구하고자 하는 약속을 개괄하고 있다. 코레아의 프로젝트는 "중앙집중적 계획과 관료제의 확대, 경제적·문화적·사회적 행동주의에 대한 규제와 통제를 통해 국가를 다시 되찾고," 사회적 지출을 대폭 확대하는 한편 최저임금을 인상하고, 빈민을 위해 가스와 전기, 연료에 보조금을 지급하고, 코레아 정권이 '조합주의적 이해관계'라고 부르는 집단들, 즉 교사, 학생, 공무원, 노동, 여성, 원주민 등을 대표하는 단체나 시민사회조직들에 대한 규제를 강화하는 것을 기초로 하고 있다. 코레아 정권은 애초에 의사결정 과정에 더 많은 민중의 참여를 요구한 적극적이고 광범한 시민사회의 지지를 기반으로 집권했지만, 더 사려 깊고 참여적인 민주주의는, 코레아의 말에 따르면 국가가 제공하는 '교육과 보건, 주택'에 대한 접근을 통해 성취되는 '평등과 정의, 존엄성'을 의미하는 '실질적 민주주의' 개념에 기초한 민주주의의 뒷전으로 밀려났다. 하지만 코레아의 '시민혁명'이 원래의 참여적 개념에서 이탈했지만, 여전히 사회정책을 통한 사회적 포섭을 제기하고 생산하는 공간을 열었다는 점에서 민주화의 특징을 띠고 있다.

6장에서 하라 레예스는, 2006년 칠레 '펭귄 혁명'과 이를 계승한 2011년의 학생 저항운동이 칠레의 '타협적' 국가의 경직성과, 참여의 확대를 요구하는 시민사회에 대한 국가의 대응에 어떻게 도전했는가를 보여 준다. 국가 교육 서비스의 개선을 요구한 수많은 칠레 중고등학생들이 지속적으로 저항한 '펭귄 혁명'은 시민사회의 수동성으로 이름 높았던 피노체트 이후 칠레에서 예상치 못한 저항운동이었다. 펭귄 혁명은 사회당 대통령 미첼레 바첼레트가 '교육에 관한 대통령자문위원회'를 구성하도록 강제했다. 이 위원회는 저항 학생 대표들뿐 아니라 국가 대표자들과 교육 전문가, 교사 등으로 구성되었는데, 이는 국가가 새로운 형태의 참여 메커니즘을 만든 시도라고 할 수 있다. 그러한 시도가 약속한 바대로 성과를 내지 못했기 때문에 2011년 세바스티안 피녜라 대통령은 더 결정적인 시민사회 저항에 직면했다. 이 저항은 피노체트 독재에서 유래된 국가-시민사회 관계의 종말과 사회변동을 위해 더 성장한 힘으로써 칠레 시민사회의 출현을 알리는 것처럼 보인다.

11장에서 브리세뇨 루이스는 '사회적 메르코수르'를 통해 라틴아메리카 지역 수준에서 국가-시민사회 관계의 변화를 다루고 있다. 메르코수르를 단순히 무역 자유화와 세계경제로의 편입 프로젝트로 보는 경제적 기구로 이해하는 것을 넘어서서 그는 이 지역에서 사회정책에 대한 헌신과 산업화에 대한 강조가 다시 등장하고 있다는 점을 보여 준다. 메르코수르는 처음 몇 년간은 폭넓은 신자유주의 프로젝트로 간주되어 사회적 행위자들의 혹독한 비판을 받았으나, 2003년 이후에는 브라질과 아르헨티나에서 신좌파 정부가 등장하여 메르코수르의 사회적 관점을 추진했다. 메르코수르에서 지역적 복지 정책을 수립하고 평등을 촉진하는 것을 목표로 하는 계획들이 진전된 것은 신좌파 정부에 힘입은 바가 크다. 이와 동시에 사회적 행위자들의 정치적 행동을 위한 새로운 공간도 조성되었는데, '사회정상회의'와 '남반구민중정상회의'가 바로 그런 것이다. 이런 설명은 그러한 계획들로 인해 메르코수르가 신자유주의를 어느 정도로 넘어설 수 있는가 하는 흥미로운 문제를 제기한다.

이 책에서 발견된 사실들은, 이 지역의 좌파 정부들이 시민사회 참여를 조성하는 데 저마다 무척 다른 방식을 보인다는 점을 상기시킨다. 아르헨티나 같은 몇몇 나라에서는 시민사회의 참여가 좀 더 성공적으로 제도화된 반면, 에콰도르 같은 나라에서는 시민사회 참여 문제가 강한 갈등과 긴장의 영역이 되었으며, 칠레 같은 나라에서는 시민사회의 압력이 국가를 수세에 몰아넣어 새로운 국가-시민사회 관계를 약속하는 새로운 공간을 열고 있다. 따라서 시민사회 참여는 시민사회의 일부가 다른 부분보다 선호되는 현재진행형의 투쟁 영역이지만, 시민사회가 현실적 권력을 주장해 온 영역으로 남아 있기도 하다. 따라서 이 책에서 발견된 사실들은 앞에서 기존 문헌들에 대한 간략한 검토를 통해 끌어낸 결론보다 좀 더 희망적인 그림을 보여 주는 것 같다. 하지만 이 책은 또한 신좌파 정부가 개척한 참여 메커니즘의 한계도 상당히 자세하게 보여 준다.

참여 메커니즘에 부과된 한계

실링바카프로르와 볼라트와 데 라 토레는 에콰도르와 볼리비아 새 헌법의 배후에 있는 참여 이론과 실제로 전개된 과정 사이의 간극을 지적한다. 두 경우 모두 중앙 집중적 국가와 수직적 권력이 주도함으로써 나타나는 국가 우선권으로 인해 참여의 잠재력이 제한되고 있다. 더욱이 국가가 시민사회의 어떤 부문에 다른 부문보다 특권을 부여함으로써 국가 우선권이 확보되는 경우가 흔하다. 예컨대 칠레에서 지역 수준에서는 노동조합에게 노동조건에 영향을 미칠 수 있는 제한적인 공간이 허용되지만, 정책 결정이 이루어지는 국민국가 수준에서는 민간 부문 광산 기업들이 우선권을 가지고 있다. 더욱이 노동조합들 가운데서도 정규직 노동자들을 대표하는 노동조합은 계약직 노동자들을 대표하는 노동조합에 비해 특권을 가지고 있다. 아르헨티나에서는 새로운 형태의 '분절적 조합주의' 속에서 기업 및 정부와 나란히 노동조합의 개입이 증가하고 있다. 하지만 여기서도 오직 공식 부문의 노동조합만이 포함되고 비공식적으로 일하는 사람들은 제외되어 있다. 에콰도르에서는 원주민 조직이 코레아 대통령에 의해 '국외자'로 취급되고 있다. 코레아의 담론에서는 '시민들'에게 특권이 부여된다면 대통령 자신도 에콰도르 시민 이상도 그 이하도 아니다.

또 칠레에서는 교육 '전문가들,' 특히 우파 싱크탱크에서 차출된 전문가들이 대통령자문위원회를 지배했으며, 결국 최종적인 정책을 좌우한 것은 '타협 국가' 기구였고 위원회의 심의는 거의 관심을 받지 못했다. 저마다 국가의 대화 상대자로서 시민사회의 어떤 부문이 다른 부문보다 특권을 부여받았으며 이 경우에 시민사회를 지배하는 것은 국가이다. 따라서 국가의 우선권이 시민사회와 국가의 관계를 형성하며 국가가 대체로 우위를 유지한다. 또한 우리는 국가의 대응이 신자유주의적 국가 지배와 연속성이 있다는 점도 볼 수 있다. 국가는 정책 형성 과정에서 기술관료에 의존하고 있으며 하향식 의사 결정 유형이 지속되고 있는 것이다.

5장은 신좌파 정부에서 참여 통치의 전형적 메커니즘인 참여예산제(PB)를 검토하면서 대의제 모델과 참여 모델 민주주의의 요구들 사이에 존재하는 근본적인 갈등을 다루고 있는데, 이는 대개 PB 분석에서 간과되어 온 것이다. 브라질 포르투알레그레와 오자스쿠 두 사례의 참여민주주의 경험에 대한 비판적 분석에서 핵심은 두 가지이다. 첫째로, PB는 자율적인 시민사회가 장악하고 있는 하버마스식 이상적 공론장과는 거리가 멀고, 다른 공공 포럼과 마찬가지로 그람시적인 헤게모니 투쟁이 일어나는 곳이다. 따라서 "시민사회의 권력관계는 국가에 영향을 미치며 거꾸로 국가권력에 의해 영향을 받는다." 둘째로, 필자들이 이러한 상호 변증법적인 영향을 미치는 것으로 보고 있는 주요한 통로는 정당 또는 정치사회이다. 국가는 정당을 통해서 '전략적 선택성'으로 특정 부문에게 다른 부문보다 특권을 부여한다. 전략적 선택성이란 보통 "국가의 공식적 범위를 넘어서서 존재하고 작동하는 힘과 권력"에 의존하지만, 국가의 목표를 좀 더 많은 공공 이익의 관점에 연결함으로써 특수한 것과 보편적인 것을 조화시키려고 하는 헤게모니적 관점을 추구하여 궁극적으로 통일성을 확보하려고 하는 것이다.

시민사회와 정치사회의 이러한 상호 침투는 PB에서 다양한 방식으로 표현된다. 첫째, 포르투알레그레에서 PB는 지배 정당인 브라질 노동자당(PT)이 의회에서 절대다수가 아니었기 때문에 국가 법률로 통과시킬 수 없었을지도 모르는 법률을 통과시키는 것을 용이하게 했다. 둘째, 오자스쿠에서 PB 위원들 다수가 정당 당원이거나 후원자들로 구성되었다는 점으로 볼 때 PB는 정치적 경력을 쌓는 발판으로 이용되었으며 사회적·정치적 지도자들에게 선거에서 지지를 받을 수 있는 원천이 되었다. 따라서 시민사회와 정치사회는 상호 중첩되어 있다고 필자들은 주장한다. PB는 새로운 자율적인 '공론장'을 만들어 내었다기보다는 단순히 지방 정부의 전략적 선택성을 변화시켰을 뿐이라는 것이다. PB는 민중 계급에게 지역의 의사 결정 과정에 참여할 수 있도록 함으로써 민중 계급을 강화하고 특히 주민 조직들에게 유리했을 뿐 아니라 정당 활동가들에게 새로운 정치적 장을 열어 주었다. 그것은 지방 정부의 제도적 성격에 영향을 끼쳤지만, 동시에 그러한 제도적 성격에서 나오는 새로운 정치적 다수에 의해 변형되기도 했다. 따라서 PB는 이상화된 그림이라기보다는 "특정한 맥락에서의 구체적인 권력 관계에 더 많이 의존한다." 이러한 분석은 폭넓은 국가-시민사회 관계의 분석에서 종종 간과되는 정치사회 영역, 그리고 시민사회와 정치사회의 접점을 확인하고 있으며, 좌파가 더 확고하게 권력을 확립하게 되면 PB가 어떻게 진화하게 될 것인지에 관한 질문을 던지고 있다.

그런가 하면 10장에서 헌트가 지적하고 있는 것처럼, 참여 메커니즘들은 또한 여러 가지 한계를 드러내었다. 헌트는 볼리비아에서 신좌파의 등장에 크게 영향을 미친 시기를 다루고 있다. 그는 IMF와 세계은행의 감독 아래 추진된 빈곤감축 전략(PRS)의 일환으로 수립된 참여 메커니즘이 어떻게 전혀 의도하지 않은 결과를 낳았는지에 관해 가치 있는 분석을 하고 있다. PRS 방식의 참여는 사회적 서비스를 민간에서 (NGO를 통해) 제공하는, 넓게 보면 신자유주의 패러다임 속에서 개발 원조 제공의 효율성을 높이고 지역 수준에서 민주화를 촉진하기 위해 구상되었다. 하지만 PRS는 볼리비아와 니카라과, 온두라스에서와 같이 분명한 정당성에 근거하지도 않았고 인과적 연속성으로 연결되지도 않았기 때문에 불완전하고 모호했다. 대부분 외부의 원조국이 지지하는 NGO들로 제한된 시민사회 참여가 어떻게 최종적인 전략에 기여할 것인지에 대한 생각이 분명하지 않았다. 결국 빈곤감축 전략은 실질적으로는 참여 국면에서 의도적으로 배제되었던 현지 국가의 전문가 집단에 의해 수행되었다. 그것은 기존의 정책과 프로그램, 그리고 원조국의 우선권을 반영했다. 따라서 결과는 현지국가의 통제권이라기보다는 헌트가 말하는 '원조국의 권한'(donorship)이었다. 즉 원조국 우선권이 현지 국가 행위자들을 몰아내었으며 최종적인 빈곤감축 전략에서 현지 국가의 통제권을 손상시켰다.

그런데 역설적으로 라틴아메리카 정치에서는 이전의 '신자유주의' 국면에서 마련된 유형이 현재의 신좌파 정부들에 의해 반복되고 있다. 참여와 기존 대표체계 사이의 우선권 갈등, 전국적 수준과 지역 수준 사이의 우선권 갈등, 지역 수준과 전국 수준 및 세계적 수준 사이의 갈등이 존재하는 것이다. 이러한 분석을 통해 우리는 국가-시민사회 영역이 어떤 쪽도 자신에게 유리한 결과를 결정할 수 없으며 상호 관계가 종종 어느 한 쪽을 다른 쪽보다 유리하게 할 수 있는 의도하지 않은 결과를 가져올 수 있다는 점을 알게 된다. 어느 한 쪽에 다른 쪽보다 특권을 부여하고 실제로 일어나는 사태를 파악하지 못하는 몇몇 문헌들에서는 권력 경쟁의 이러한 변증법적이지만 개방된 과정이 간과되는 경향이 있다. 국가-시민사회 관계라는 주제가 매력적이고 예측 불가능한 이유는 바로 그 때문이다. 그러나 정치 지도자들이 시민사회 참여에 매우 공감하는 국가에서조차 선택의 여지를 제한하는 구조적 제약을 피할 수 있는 것은 아니다. 이 또한 이 책의 중요한 주제이다.

자원 채굴에 대한 의존성

국가 우선권은 또 지구적 우선권에 의해 규정된다. 볼리비아와 에콰도르, 아르헨티나, 칠레를 다루는 장들에서 본 바와 같이, 시민사회에 대한 국가의 대응은 자본과 세계시장의 조건에 의해 영향을 받고 규정된다. 각 나라에서 국가는 국가 발전의 현안을 성취하기 위해 최근의 세계 상품 호황을 이용하려고 했다. 각 나라에서 빈곤 감축은 그러한 현안들 가운데 하나였는데, 이 책에서 검토한 어떤 국가도 재분배의 근본적인 변화에 착수하지 못했다. 그렇다고 해서 각 나라가 엄격한 신자유주의 원칙에 경도되어 있었다고 말하는 것은 아니다. 엄밀히 말하면 칠레조차도 그러한 신자유주의 용어로 정의될 수 없다. 그럼에도 불구하고 가능한 재분배 변화에 대해 적대적인 국제 시장 이데올로기와 연관된 국내의 정치적 조건(예컨대, 우파의 반발에 대한 두려움) 때문에 각국 정부는 사회정의 정책에 자금을 대기 위해 상품 수출에서 나오는 수입에 크든 작든 의존할 수밖에 없었다. 하지만 이미 지적한 바와 같이 그러한 정책은 많은 나라에서 광산 산업 활동을 둘러싸고 지역 수준에서 마찰을 일으켰다. 따라서 역설적이게도 민주주의 심화 정책(국가 차원의 반빈곤 전략)은 정부 편에서 민주주의를 제한하는 태도와 절충되었다. 더 많이 포섭하려는 포스트-신자유주의 열망은 국가권력을 재구성하는 것을 목표로 하는 포스트-신자유주의 정책과 충돌했다.

7장에서 호겐붐은, 라틴아메리카에서 경험하고 있는 상품 호황이 신좌파 정부들에게 '장애물이자 기회'가 된다는 점을 꽤 정확하게 지적한다. 그는 2000년대 초 자원 소유권과 통제권을 둘러싼 저항의 맥락에서 자원 채굴 통제의 역사를 추적했다. 그러한 저항의 핵심적인 요구는 새로운 참여 정치와 포스트-신자유주의 발전 모델이었다.

신좌파 정부들은 일단 집권하면 다시 규제 정책을 채택하고 '조세를 부과'하는 한편, 사회적 프로그램 비용을 조달하기 위해 광산을 다시 국유화했다. 하지만 이러한 조치가 갈등 없이 이루어진 것은 아니었다. 국가 수준에서는 이 지역의 여러 나라에서 반대 집단들이 진보적 정부들의 이른바 포퓰리즘적이고 자의적인 성격에 불만을 표시하면서 저항했으며, 지역 수준에서는 세계적인 상품 호황으로 증가된 광산 활동을 둘러싸고 불만과 동원이 증가했다. 이러한 저항은 보통 원주민, 농민, 환경운동가, 주변화된 도시 공동체 등이 주도했다. 그들은 결국 편입되거나 주변으로 밀려났으며, 심지어 탄압을 받기도 했다. 한편 이러한 저항은 전국적으로는 고립된 채로 전개되었는데, 왜냐하면 전국적 빈곤 프로그램이 전국적 사회운동의 지지 가능성을 중립화하는 데 성공했기 때문이다. 따라서 한편으로 자원 채굴에 대한 의존과 다른 한편으로 포섭과 다원성, 민중 참여라는 원칙 고수 사이에 근본적인 괴리가 있다.

8장에서 실링바카플로르와 볼라스는 볼리비아와 페루에서 이러한 긴장의 구체적 사례를 검토했다. 필자들은 두 나라 모두 광산 채굴이 증대되었지만, 그것을 다루는 통치 전략이 서로 달랐다는 점을 지적한다. 볼리비아에서는 수입 확대와 증가된 채굴 작업에서 나온 자원 수입을 사회적 프로그램 확대로 돌리는 등 국가의 개입과 통제가 더 커졌다. 자유주의 대통령 알란 가르시아 하의 페루는 반대로 채굴 활동의 민영화를 선호했으며 광산 부문에 외국 투자를 유치하기 위해 조세와 로열티를 낮게 책정하는 등 신자유주의 정책을 시행했다. 그로 인해 채굴 산업이 엄청나게 확대되었으며 페루의 정책 결정 집단과 국가에 대한 외국 광산과 에너지 기업의 영향력이 커졌다. 하지만 오얀타 우말라가 대통령으로 선출되면서 광산 계약을 재협상하고 공기업의 역할을 증가시키고 채굴 수입을 늘려 증가된 사회적 지출 비용을 조달하는 등 국가의 새로운 역할을 약속하고 있다. 지역 공동체와 관련하여 필자들은 페루의 몇몇 사례에서 사전 협의가 어떻게 이루어지는 지를 보여 주고 있다. 하지만 볼리비아에서는 참여가 헌법적 위상을 가지고 있고 사전 협의가 법률적 인정을 받고 있는 반면에 페루에서는 법률적으로 인정받지 못한다. 그럼에도 불구하고 두 나라 모두 협의가 축소되거나 부적절하며, 법률적으로 또는 저항을 통해 다툼의 대상이 되고 있다. 필자들은 "볼리비아 및 페루 경제 모델의 채굴주의 지향으로 인해 원주민 및 농민 공동체는 자신들의 발전에 영향을 미치는 사안에 대한 의사 결정에 유의미한 참여가 제약받고 있다"고 결론짓는다. 두 나라 모두 "정부가 전략적인 경제적 이해관계 또는 이른바 '국익'을 생활 이슈나 자기 결정권을 갖는 개발이라는 지역적 개념보다 우선시함으로써, 영향을 받는 지역 공동체의 실질적 의사결정권을 제한하는 경향이 공통적으로 있으며," 종종 반대하는 공동체들을 불법화하거나 주변화하고 있다.

9장은 칠레의 전략 산업인 구리 부문 노동조합의 역할을 다루고 있는데, 여기서도 지역과 국가 수준 사이, 시민사회와 국가 사이의 비슷한 긴장을 지적하고 있다. 그가 보여 주는 바와 같이 국가와 시민사회 및 시장은 지역 수준에서는 상호작용하지만 전국적·세계적 맥락에서는 제한적이다. 주요 구리 광산 부문의 노사관계를 칠레의 신자유주의적 전환의 맥락 속에서 파악하고 있는 넴 싱은 주로 국가와 시장 및 노동 사이의 새로운 삼각관계에 뿌리박은 권력관계와 제도적 제약, 그리고 자원 채굴 모델을 비판하는 노동 간 연대의 결핍으로 인해 노동의 교섭 능력이 제한되고 있다는 점을 보여 준다. 칠레의 구리 거버넌스는 구리 산업이 국가적으로 중요함에도 불구하고 광산 갈등을 지역 수준으로 묶어 놓고 있다. 국가는 분쟁을 회사 수준으로 떠넘기고 노동조합의 정책 결정을 동결하고 노동조합의 참여를 임금과 노동조건으로 엄격하게 제한하여 폭넓은 구리 거버넌스에서 노동조합의 영향력을 최소화하고 있는 것이다. 그에 반해 영향력 있는 광산위원회(Consejo Minero) 같은 민간 부문의 이해관계는 국가 수준에서 구리 및 채굴 산업 정책을 형성하는 데 특권을 부여받는다. 게다가 노동자들은 정규직과 계약직 노동자로 분리되어 있고 정규직이 계약직보다 임금이 더 많고 노동조건이 더 낫기 때문에 노동자들 사이에 마찰이 있으며, 노동자와 관리자 사이에도 분쟁이 지역과 회사 수준으로 제한되어 있기 때문에 마찰이 있다. 그럼에도 불구하고 광산노조는 노조 조직률이 높고 전투성이 강할 뿐 아니라 신자유주의에 대해서도 강력하게 비판하고 있다. 그러나 노동조합 활동의 효과와 영향력은 매우 제한적인데, 칠레 국가가 노동조합에 부과하는 구조적 조건이 주요한 이유이지만 노동조합이 원주민 공동체와 같이 채굴 산업에 대해 비판적 목소리를 내는 다른 부문과의 동맹을 구축하는 데 무능한 것도 한몫하고 있다. 이러한 것들은 국가가 시민사회를 어떻게 분리시키고 그럼으로써 그 변화의 추진력을 약화시키는지를 보여 주는 두드러진 사례이다. 비록 2011년 피녜라 대통령이 직면한 저항의 물결을 보면 국가가 이런 전술로 시민사회를 지배하는 능력이 약화되고 있는 듯이 보이지만 말이다.

결론적으로 이 책에 실린 여러 글들은 국가와 시민사회 및 시장 관계의 변증법적 성격에 대한 우리의 주장을 입증하는 데 도움을 준다. 더욱이 그것들은 민주화가 의존하는 국가-시민사회 관계의 끊임없는 관계에서 지구·국가·지역 수준 사이의 복합적이고 변증법적인 상호 관계를 보여 주고 있다. 라틴아메리카의 '분홍 물결' 정부들은 이러한 복합성에 관해 좀 더 예리하게 인식하고 있다. 그러나 비록 나라마다 정도의 차이는 있지만 오래된 중앙 집중적이고 수직적인 통치 유형을 각국 시민사회의 사회운동 부문들이 만족할 정도로 충분히 변화시키는 것이 어렵다는 사실 또한 필자들은 알고 있다.

하지만 분명한 것은 시민사회가 동질적인 행위자는 결코 아니며 신좌파 국가들이 여러 방식으로 시민사회의 특정 부문들에게 특권을 부여하고 다른 부문들은 주변화함으로써 시민사회 행위자들 사이에 분리를 가중시키고 있다는 것이다. 이러한 어려움은 신자유주의적으로 고착화된 지구화라는 조건과 거기에 매우 밀접하게 연결되어 있는 국내의 시민사회와 정치 부문들에서 비롯된 바가 적지 않다. 그들이 자본의 자율성을 극대화하기 위해 그러한 수직적 권력관계를 조장하고 있기 때문이다.

그러나 이러한 구조적 제약에도 불구하고 시민사회는 여전히 일상의 삶을 해치는 국가의 행동에 기꺼이 맞서는 강력한 행위자이다. 그런

만큼 이 책이 보여 주는 결론은 좌파가 주도하는 라틴아메리카의 특징이 프레이저의 표현을 빌리면 '강한 공공성'이라는 점이다. 왜냐하면 비록 나라마다 차이는 있지만 시민사회의 역할이 단순히 여론 형성을 넘어, 숙의를 통하건 반대를 통하건 간에 의사결정 과정에 개입하는 쪽으로 옮아갔기 때문이다. 따라서 '분홍 물결' 라틴아메리카 국가들은 한편으로 더 큰 참여와 생활 조건의 개선을 위한 핵심적인 사회운동이 만들어 내는 대중적 요구와 다른 한편으로 친시장적 정통성과 자본 이해관계의 보호를 위한 세계적 요구 사이에 끼여 있다. 달리 말하면 좌파 국가들은 포스트-신자유주의 국가 건설 정책과 포섭적이고 참여적인 포스트-신자유주의 열망 사이에 끼여 있다고 할 수 있다. 이러한 변수들 사이의 관계는 오늘날 라틴아메리카 민주화 과정의 성패와 미래의 포스트-신자유주의를 규정하는 열쇠이다. 그러한 관계는 긴장으로 가득 찬 매력적인 공간인 동시에 사회 변화와 민주주의 심화의 가능성 또한 충만한 공간이며, 다른 한편 우리가 어떻게 민주주의와 시민권, 라틴아메리카 민주화의 궤적을 이론화할 것인지에 관해 중요한 질문을 제기하기도 한다.

용어 줄임말

ACES, Asamblea Coordindora de Estudantes Secundarios 중등학생조정위원회

ALBA-TCP, Alianza Bolivariana para los Pueblos de Nuestra América-Tratado de Comercio de los Pueblos 우리 아메리카 민중을 위한 볼리바르동맹-민중무역협정

ANEP, Asociación Nacional de Empresas Privados 전국민간기업협회

AP, Alianza País 조국동맹

APG, Asemblea del Pueblo Guaraní 과라니민중회의

ARENA, Alianza Republicana Nacioalista 전국공화주의동맹

CAFTA, Central American Free Trade Agreement 중앙아메리카자유무역협정

CAP, Consejo Asesor Presidencial para la Calidad de la Educación 양질의 교육을 위한 대통령자문위원회

CCER, Coordinadora Civil 시민 조정자

CCSCS, Comité Coordinadora de la Confederación de Sindicatos del Cono Sur 남부원뿔노동조합총연맹 조정위원회

CFP, Concetración de Fuerzas Populares 민중의힘연합

CGT, Confederatión General de Trabajo 노동자총연맹

CNPC, China National Petroleum Corporation 중국국영석유회사

COCHILCO, Comisión Chilena del Cobre 칠레구리위원회

CODELCO, Nacional de Cobre 국영구리회사

COMIBOL, Corporación Minera del Bolivia 볼리비아광산회사

COMISEC, Comisión Sectorial del Mercosur 메르코수르 부문위원회

CONAF, Corporación Nacional Forestal 칠레산림조합

CONAIE, Confederación de Nacionalidades Indígenas de Ecuador 에콰도르원주민연맹

CONAMAQ, Consejo Nacional de Ayllus y Markas del Qullasuyu: 카야수유의 아이유와 마르카 전국위원회)

CONFECH, Confederación de Estudiantes Chilenos 칠레대학생연합

CONPES, Consejo Nacional del Planificación Económica y Social 국가경제사회계획위원회

CPCs, Consejos de Poder Ciudadano 시민권력위원회

CRUCH, Consejos de Rectores del las Universidedes 칠레대학총장협의회

CSOs, civil society organizations 시민사회조직

CTA, Confederación de Trabajadores Argentina 아르헨티나노동자연맹

CTC, Confederación de los Trabajadores del Cobre 구리노동자연맹

CUT, Cntral Única de los Trabajadores del Chile 칠레노동총동맹

DGA, Dirección General de Aguas 물관리청

DOT, Dirección del Trabajo 노동청

EIA, environmental impact assessment 환경영향평가

FDI, foreign direct investment 해외직접투자

FEI, Federación Ecuatoriana de Indígenas 에콰도르인디언연맹

FMC, Federación Minera de Chile 칠레광산노동자연맹

FMLN, Frente Farabundo Martí para la Liberación Nacional 파라분도마르티민족해방
전선

FNRP, Frente Nacional de Resistencia Popular 민중저항국민전선

FOSDEH, Foro Social de Deuda Externa y Desarrollo de Honduras 온두라스 외채및
발전사회포럼

FSLN, Frente Sandinista de Liberación Nacional 산디니스타민족해방전선

FTAA, Free Trade Area of the Americas 아메리카자유무역지대

FTC, Federación de los Trabajadores del Cobre 구리노동자연맹

FUSADES, Fundación Salvadorean por el Desarrollo Económico y Social 엘살바도
르 경제사회개발재단

GANA, Gran Allianza por la Unidad Nacional 거대국민통합동맹

GSL, Governança Solidária Local 지역연대거버넌스

HIPC, heavily indebted poor countries 과다부채빈국

HSA, Hemispheric Social Alliance 반구사회적동맹

ICMM, International Council on Mining and Metals 광산과 광물에 관한 국제위원회

IFIs, international financial institutions 국제금융기구

INDAPINDAP, Instituto de Desarrollo Agropecuario 농축산발전청

INGO, international non-governmental organization 국제 비정부조직

ISEN, Instituto del Servicio Exterior de la Nación 대외서비스기구

IS, Import Substitution Industrialization 수입대체 산업화

LAC, Latin America and the Caribbean 라틴아메리카와 카리브

LGBT, lesbian, gay, bisexual and transgender 성소수자집단(레즈비언, 게이, 양성애자,
트랜스젠더

LOC, left-of-center 중도좌파

LOCE, Ley Orgánica Cinstitucional de Enseñanza 교육기본법

MA, S Movimiento al Socialismo 사회주의를 향한 운동

Mercosur, Mercado Común del Sur 남반구공동시장(메르코수르)

MNCs/TNCs, multi-/transnational corporations 다국적/초국적기업들

NAFTA, North American Free Trade Agreement 북아메리카자유무역협정

NED, Nation Endowment for Democracy 민주주의를 위한 국가기금

OAS, Organization of American States 아메리카국가기구

OCMAL, Observatory of Latin American Mining Conflicts 라틴아메리카 광산갈등관
측소

PB, participatory budgeting 참여예산제

PBC, Participatory Budgeting Council 참여예산평의회

PCMLE, Partido Comunista Marxista-Leninista de Ecuador 에콰도르 마르크스레닌
주의공산당

PDT, Partido Democrático Trabalhista 노동자민주당

PDVSA, Petroleos de Venezuela SA 베네수엘라국영석유회사

PIT-CNT, Plenario Intersindical de Trabajadores-Cinvernción Nacional de
Trabajadores 노동조합 간 총회-전국노동자대회

PMDB, Partido do Movimento Democrático Brasileiro 브라질 민주운동당

PPPs, private-public partnerships 공사간 동반자관계

PRS, Poverty Reduction Strategy 빈곤감축 전략

PT, Partido dos Trabalhadores 브라질 노동자당

REIPS, Representación Especial para la Intergración Regional y la Participación
Social 지역 통합과 사회 참여를 위한 특별 대표

RN, Renovación Nacional 국민혁신

SEM, Sistema Educativo de Mercosur 메르코수르 교육시스템

SENPLADES, Secretaría Nacional de Planificación y Desarrollo 국가개발계획처

SONAMI, Sociedad Nacional de Minería 전국광산협회

UDI, Union Democrática Independiente 독립민주연합

UNDRIP, United Nations Declaration on the Rights of Indigenous Peoples 유엔 원
주민인권선언

YPFB, Ymcimentos Petroliferos Fiscales Bolivianos 볼리비아 국영석유회사

촛불시민항쟁이 박근혜 대통령을 끌어내리고 막을 내렸다. 1960년 4월혁명과 1987년 6월항쟁 이후 30년 만에 다시 시민사회운동이 국가권력에 일격을 가했다. 대략 30년, 한 세대를 주기로 폭발해 왔으나 패배와 좌절, 미완으로 점철되어 온 한국 사회운동사에서 이번 촛불시민항쟁이 새로운 도약을 이루어 낼 수 있을까?

박근혜 파면 이후 정치 무대가 광장 정치에서 선거 정치로 급속하게 이동하면서 적폐청산 담론이 사회통합 담론에 자리를 내어주고 능동적 시민은 다시 선거에서 한 표를 행사하는 데 그치는 수동적 시민으로 돌아가고 있는 듯하다. 시민사회가 정치사회(국가)와 직접적인 연결고리를 만들어 내지 못한 한국 정치 지형의 한계가 드러나고 있는 것이다. 21세기 초 '분홍 물결'이 휩쓴 라틴아메리카의 경험은 현재 한국 사회가 당면하고 있는 국가와 시민사회의 관계를 성찰하는 데 유용한 거울이 될 수 있다. 최근에 베네수엘라에서 차베스가 사망하고 브라질에서 룰라 뒤를 이은 호세프가 탄핵되면서 '분홍 물결'이 퇴조하고 있다지만, 한때 '21세기 사회주의'로 세계시민에게 희망을 불러일으킨 역사적 경험을 곱씹어 보는 것은 이론적으로도 실천적으로도 의미 있는 일이라 생각된다.

이 책은 Barry Cannon and Peadar Kirby ed., *Civil society and the state in left-led Latin America: Challenges and Limitations to Democratization*(Zed Books, 2012)을 번역한 것이다. 원서 제목에서 보듯 이 책은 국가와 시민사회에 초점을 맞추어 신자유주의적 자본주의 체제의 대안을 추구하는 라틴아메리카 신좌파 정부들의 민주화 과정에 관한 연구이다. 원제목이 길어 이 번역본은《21세기 사회주의: 라틴아메리카 신좌파 국가와 시민사회》라고 제목을 붙였다.

1998년 베네수엘라에서 우고 차베스 대통령 당선된 뒤로 라틴아메리카에서는 칠레(2000), 브라질(2003), 아르헨티나(2003), 우루과이(2005), 볼리비아(2006), 니카라과(2006), 에콰도르(2007), 파라과이(2008), 과테말라(2008), 엘살바도르(2009), 페루(2011)에서 좌파 내지 중도좌파 정부가 속속 들어섰다. 이러한 '분홍 물결'은 1980년대 이후 추진된 신자유주의적 지구화가 모순을 드러내면서 시민사회의 도전이 점점 거세어졌기 때문이다. 신좌파 정부의 등장으로 그동안 지배적이던 정당들의 영향력이 약화된 반면 시민사회가 정치사회에서 중요한 행위자로 떠올랐다.

라틴아메리카 신좌파 정부들이 등장한 배경과 성격은 저마다 상당한 차이가 있지만, 이들을 하나로 묶는 공통점은 신자유주의에 대해 매우 비판적인 담론을 구사했다는 점과 빈민들의 생활수준을 향상시키기 위해 적극적인 사회 프로그램을 약속했다는 것이다. 그보다 더 중요한 것은 시민사회운동이 신자유주의에 비판적인 담론을 생산했을 뿐 아니라 상징적 중요성이 큰 좌파 지도자들을 배출했다는 사실이다. 이에 대응하여 정부를 장악한 좌파 지도자들은, 정도의 차이는 있지만 시민사회와 공동 투쟁하는 과정에서 서로를 동맹자로 보는 새로운 관계를 만들어 내었다. 그 때문에 국가와 시민사회의 관계는 신좌파 정부의 등장과 향방에 실천적으로도 이론적으로도 핵심적인 요인으로 작용했다. 이 책이 국가와 시민사회의 관계에 초점을 맞추는 이유가 바로 여기에 있다.

이 책은 두 엮은이와 15명의 집필자가 참여한 공동 저작이다. 한 사람의 저자가 라틴아메리카 여러 나라의 민주화 과정에 대해 각 나라에 상세하면서도 전체적인 그림을 그리는 것은 불가능한 일일 것이다. 공동 작업에서는 서로 다른 관점과 대상을 조율하여 논의의 일관성을 유지하기가 쉽지 않은데, 이 책은 주제와 이론적 관점에서 상당한 통일성을 갖춘 점이 돋보인다. 그것은 여러 나라에 관한 사례 연구를 모으는 방식이 아니라 엮은이들이 처음부터 정해진 주제와 분명한 이론적 지침을 정하고 전 세계에 퍼져 있는 각 나라 전문가들에게 취지에 맞는 글을 의뢰하는 방식으로 책을 구성했기 때문일 것이다. 신좌파 정부가 집권한 라틴아메리카 여러 나라의 복잡한 경험들을 일관된 관점으로 조망할 수 있는 것이 이 책의 가장 큰 장점이라고 할 수 있겠다.

3부 11장으로 구성되어 있는 이 책의 전반적 내용에 관해서는 서장에서 각 장의 내용을 일목요연하게 소개하고 결론에서 각 장의 논의를 요약하고 있으므로 여기서는 내용 요약은 생략하고 이 책의 분석틀과 이론적 관점만 간단히 언급하고자 한다. 라틴아메리카의 민주화 과정을 설명하는 이 책의 분석틀은 국가와 시민사회의 관계가 변화되는 과정을 지구화된 세계경제 질서의 맥락 속에서 설명하는 것이다. 말하자면 각 나라의 민주화 과정을 이해하는 데 국가, 시민사회, 지구화가 핵심적인 변수이며 이 세 변수들이 변증법적 관계를 맺으며 상호작용하고 있다는 것이다.

우선 집필자들은 국가를 경제적 토대와 분리하여 중앙집권화된 통치 형태로 보는 주류 정치학의 관점 대신에 "특정한 자본축적 형태와 그에 조응하는 정치체제"로 보는 정치경제학적 관점에서 분석하고 있다. 사실 시민사회는 국가보다 더 논쟁적인 개념이다. 필자들은 시민사회에 관한 이론적 관점으로 자유주의, 신그람시주의, 시민사회 대 비시민사회 개념, 마르크스주의 등 네 가지를 열거한 다음, 낸시 프레이저의 '강한 공공성'(strong publics) 개념을 분석 도구로 채택한다. 시민사회와 국가를 분리하여 시민사회에 "단순한 여론 형성과 감시자 역할"을 부여하는 '약한 공공성'이라는 자유주의적 개념과 달리, '강한 공공성' 개념은 시민사회를 "해방의 영역 또는 이데올로기적 투쟁의 영역"으로 본다. 라틴아메리카 신좌파 정부 아래에서 시민사회가 어느 정도까지 '강한 공공성'의 등장으로 귀결되었는지가 이 책의 중요한 평가 기준이다.

끝으로 집필자들은 국가-시민사회 관계의 성격을 파악하기 위해 지구화의 맥락을 놓쳐서는 안 된다고 강조한다. 라틴아메리카 신좌파 정부들은 하나같이 신자유주의적 지구화에 수사적으로 매우 비판적이며 탈신자유주의 패러다임을 모색하고 있다. 필자들은 20세기 초 세계경제 상황이 라틴아메리카 정부들에 양날의 칼이 되고 있다고 분석한다. 중국을 중심으로 한 세계경제의 호황은 '채굴 경제'에 의존하는 라틴아메리카 경제에 유리한 요인으로 작용했지만, 다른 한편으로 이 지역 경제가 생산 기반을 전환하는 데 실패한 요인이 되기도 했다. 나아가 이 책의 2부에서는 채굴 경제가 초래하는 국가와 시민사회의 갈등 양상을 집중적으로 분석하고 있다.

이 책은 번역 과정에서 경상대학교 대학원 정치경제학과의 '마르크스주의 사회운동론' 강의 교재로 두 차례 사용되었다. 처음 한 번은 원서를 교재로 초역을 하면서 공부했고, 또 한 번은 초역된 번역본을 같이 읽으면서 수정 작업을 했다. 일반 독자들이 읽기에 쉽지 않은 논문 형식의 글인데다가 15명 집필자들의 문체가 서로 달라 번역이 쉽지 않았다. 대학원 수업에 참여한 학생들의 협력이 이 번역본의 가독성을 높이는 데 기여했다. 특히 이정희 씨는 이 책 1부를 초역하는 수고를 아끼지 않았다. 그를 비롯한 수강 학생들에게 고마움을 표한다. 삼천리 송병섭 대표는 어려운 출판계 사정에도 불구하고 잘 팔릴 것 같지 않은 이책 출간을 밀어붙였을 뿐 아니라, 만만찮은 번역 원고의 미세한 부분까지 지적해 주었다. 끝으로 이 번역서는 2015년도 경상대학교 경영행정대학원 최고관리자과정 연구장학재단의 출판 보조금 지원으로 출판되었음을 밝힌다.

이 책이 나온 시기(2012년)는 라틴아메리카에서 신좌파 정부들이 정점에 있을 때였는데 현재는 '분홍 물결'이 퇴조하고 있는 것 같다. 이 책이 나온 직후에 착수한 번역이 늦어지는 바람에 출간 시기를 놓친 게 아닌가 하는 생각이 들기도 한다. 하지만 라틴아메리카의 역사적 경험을 찬찬히 들여다보는 것도 촛불시민항쟁 이후 우리 나라의 국가-시민사회 관계를 성찰하는 데 타산지석이 되리라 믿는다.

2017년 4월
함취당에서 정진상

참고문헌

Abers, R. N. (2000) *Inventing Local Democracy. Grassroots Politics in Brazil*, Colorado: Lynne Rienner.

Acha, O. (2004) "Sociedad civil y sociedad política durante el primer peronismo," *Desarrollo Economico*, 44 (174): 199-230.

Aguilera, C. (2007) "Participación ciudadana en el gobierno de Bachelet: consejos asesores presidenciales" *América Latina Hoy* 46 : 119-143.

Aguilera, C. (2009) "Las comisiones asesoras presidenciales del Gobierno de Michelle Bachelet," Working Paper, Governability Programme, FLACSO-Chile, Santiago : FLACSO.

ALBA (2004) *Declaración Conjunta*, La Habana, 14 December 2004.

ALBA (2008) *Conceptualización de Proyecto y Empresa Grannacional en el Marco del ALBA*, Caracas, 26 January 2008.

ALBA-TCP (2009) *Manifesto General de la Primera Cumbre de Consejos de Movimientos Sociales del ALBA-TCP*, 16 October 2009.

Alexander, W. (2009) "Introduction: Enduring Contradictions of the Neoliberal State in Chile," in W. Alexander (ed.) *Lost in the Long Transition: Struggles for Social Justice in Neoliberal Chile*, Lanham, Maryland: Lexington Books, pp. 1-38.

Alianza País (2006) *Plan de Gobierno de Alianza País 2007-2011* (documento no publicado).

Alianza País (2007) *Plan de Gobierno de Alianza País 2007-2011*, Quito.

Almany, C. and B. Leandro (2006) *Análisis y propuestas para la participación ciudadana en el Mercosur*, Montevideo, Friedrich Ebert Stiftung.

Altamira, J, (2002) *El Argentinazo. El presente como historia*, Buenos Aires: Rumbos.

Alvarez, S. E., E. Dagnino and A. Escobar, Arturo (1998), "Introduction: the cultural and the political in Latin American social movements," in S. E. Alvarez, E. Dagnino and A. Escobar (eds), *Culture of Politics-Politics of Cultures: Revisioning Latin American Social Movements*, Boulder: Westview Press, pp. 1-29.

Amnesty International (2009) *Honduras: Human Rights crisis threatens as repression increases*. http://www.amnesty.org/en/library/info/AMR37/004/2009/en. (last accessed, 27 August 2009).

Amsden, A. H. (2007) *Escape from Empire: The Developing World's Journey through Heaven and Hell*, Massachusetts: The MIT Press.

Anderson, L. E. and L. C. Dodd (2009) "Nicaragua: Progress Amid Regress?" *Journal of Democracy*, 20(3), 153-167.

Anderson, P. (2010) "Lula's Brazil," *London Review of Books* 33 (7), 3-12.

Angell, A. (2010) "Chile: The Right in Power," Open Democracy, 2 February. Accessed online on 10 August 2011 at http://www.opendemocracy.net/alan-angell/chile-right-in-power.

Aponte-García, M. (2011) "Intra-Regional Trade and Grandnational Enterprises in the Bolivarian Alliance," *International Journal of Cuban Studies*, 3(2)/3(3): 181-197.

Arellano-Yanguas, J. (2011) "Aggravating the Resource Curse: Decentralisation, Mining and Conflict in Peru," *Journal of Development Studies*, 47: 617-638.

Arévalo, S. and M. del Rosario (2010) *El derecho a la consulta de los pueblos indígenas en el Perú*, Lima: DAR.

Argueta, O. (2010) "Private Security in Guatemala: The Pathway to its Proliferation," GIGA Working Paper, 144, September, 2010, http://www.giga-hamburg.de/dl/download.php?d=/content/publikationen/pdf/wp144_argueta. pdf. (last accessed, 3 October, 2011).

Assies, W. (2004) "Bolivia: A Gasified Democracy," *European Review of Latin American and Caribbean Studies* 76, April: 25-43.

Avritzer, L. (2002) *Democracy and the Public Space in Latin America*, Princeton: Princeton University Press.

Avritzer, L. (2005) "Modes of Democratic Deliberation: Participatory Budgeting in Brazil," in B. d. S. Santos (ed.) *Democratizing Democracy. Beyond the Liberal Democratic Cannon*, London: Verso, pp. 377-404.

Avritzer, L. (2006), "New Public Spheres in Brazil: Local Democracy and Deliberative Politics," *International Journal of Urban and Regional Research* 30 (3), 623-637.

Avritzer, L. (2008) "Democratization and Citizenship in Latin America: The Emergence of Institutional Forms of Participation," *Latin American Research Review* 43 (2), 282-289.

Avritzer, L. (2009) *Participatory institutions in democratic Brazil*, Baltimore: Johns Hopkins University Press.

Avritzer, L. and B. Wampler (2004), "Públicos participativos: sociedade civil e novas instituições no Brasil democrático," in V. S. P. Coelho and M. Nobre (eds) *Participação e deliberação. Teoria democrática e experiências institucionais no Brasil contemporâneo*, São Paulo: Ed. 34, pp. 210-238.

Avritzer, L. and Santos, B.d.S. (2003) "Towards Widening the Democratic Canon," *Eurozine*, retrieved 15/09/2004, from http://www.eurozine.com/articles/2003-11-03-santos-en.html.

Avritzer, L. and Z. Navarro (eds) (2003) *A Inovação Democrática no Brasil: O Orçamento Participativo*, São Paulo: Cortez.

Azzellini, D. (2010) *Partizipation, Arbeiterkontrolle und die Commune. Bewegungen und soziale Transformation am Beispiel Venezuela*. Hamburg: VSA.

Baierle, S. (1992), *Um novo Princípio Ético-Político: Prática Social e Sujeito nos Movimentos Populares Urbanos em Porto Alegre nos Anos 80*. Tese de Mestrado, Campinas: Universidade Estadual de Campinas.

Baierle, S. (2002), "The Porto Alegre Thermidor? Brazil's 'Participatory Budget' at the Crossroads," in L. Panitch and C. Leys (eds) *Socialist Register 2003. Fighting Identities: Race, Religion and Ethno-Nationalism*, London: Merlin Press, pp. 305-328.

Baierle, S. (2002a), "¿PP al termidor?," in J. Verle and L. Brunet (eds) *Construyendo un Nuevo Mundo. Evaluación de la Experiencia del Presupuesto Participativo en Porto Alegre-Brasil*, Porto Alegre: Guayí, pp. 128-152.

Baierle, S. (2005a) *Urban Struggles in Porto Alegre: Between Political Revolution and Transformism*, Porto Alegre: Cidade/ Ibase-Mapas.

Baierle, S. (2005b) "The Case of Porto Alegre: The Politics and Background," in D. Roussopoulos and C. G. Benello (eds) *Participatory Democracy. Prospects for Democratizing Democracy*, Montréal: Black Rose Books, pp. 270-286.

Baiocchi, G. (2005) *Militants and Citizens. The Politics of Participatory Demoracy in Porto Alegre*, Stanford: Stanford University Press.

Barbeito and Glodberg (2003) *Social Policy and economic regime in Argentina: crisis and retrenchment of social protection*, Geneva: UNRISD.

Barrett, P., Chavez, D., and Rodríguez-Garavito, C. (eds) (2008) *The New Latin American Left: Utopia Reborn*, London: Pluto.

Bascopé Sanjinés, I. (2010) *Lecciones Aprendidas sobre Consulta Previa*, La Paz: CEJIS.

BCN (2011a) *Informe Anual 2010*, Managua: BCN.

BCN (2011b) *Informe de Cooperación Oficial Externa 2010*, Managua: BCN.

BCN [Banco Central de Nicaragua] (2010) *Memoria Anual*, Managua: BCN.

Bebbington, A. (2009) "The New Extraction: Rewriting the Political Ecology of the Andes?," *NACLA Report on the Americas* September/October: 12-20.

Bebbington, A. (ed.) (2007) *Minería, Movimientos Sociales y Respuestas: una ecología política de transformaciones territoriales*, Lima: IEP Instituto de Estudios Peruanos.

Bebbington, A. and D. Humphreys-Bebbington (2010) "An Andean Avatar: Post-neoliberal and neoliberal strategies for promoting extractive industries," BWPI Working Paper, Manchester: University of Manchester, No. 117.

Bebbington, A. and J. Bury (2009): "Institutional challenges for mining and sustainability in Peru," *PNAS*, Washington DC., Vol. 106, No. 41, pp. 17296-17301.

Bebbington, A. and M. Williams (2008) "Water and Mining Conflicts in Peru," *Mountain Research and Development* 28 (3/4): 190-195.

Beccaria, L., Esquivel, V. and Maurizio, R. (2007) *Crisis y recuperación. Efectos sobre el mercado de trabajo y la distribucíon del ingreso*, Buenos Aires: Universidad Nacional de General Sarmiento.

Becker, J. (2003) "Contra la corriente: política municipal alternativa en el Cono Sur," *Sociedade em Debate* 9 (3), 225-265.

Becker, M. (2011) *¡Pachakutik! Indigenous Movements and Electoral Politics in Ecuador*, Lanham: Rowman and Littlefield.

Benavente, A. and J. Jaraquemada (2002) "América Latina: Rebeldía social y crisis política," in *La Tercera*, Santiago, Chile, 16 April 2002, p. 7.

Benello, C.G. and Roussopoulos, D. (1972) "Introduction," in C.G. Benello and D. Roussopoulos (eds) *The Case for Participatory Democracy: Some Prospects for a Radical Society*, New York: Viking Compass.

Bergquist, C. (1986) *Labour in Latin America. Comparative Essays on Chile, Argentina, Venezuela and Colombia*, Stanford: Stanford University Press.

Biekart, K. (1999) *The Politics of Civil Society Building: European Private Aid Agencies and Democratic Transitions in Central America*, Utrecht: International Books.

Biekart, K. (2005) "Seven theses on Latin American social movements and political change: A tribute to André Gunder Frank (1929-2005)," *European Review of Latin American and Caribbean Studies* 79: 85-94.

Birdsall, N. and M. Szekely (2003) "Bootstraps, not Band-Aids: Poverty, Equity and Social Policy," in P. Kucynski and J. Williamson (eds) *After the Washington Consensus: Restarting Growth and Reform in Latin America*, Washington DC: Institute for

International Economics.

Bittar, J. (ed.) (1992) *O modo petista de governar. Caderno Especial de Teoria & Debate*, São Paulo: Diretório Regional de São Paulo do Partido dos Trabalhadores.

Bizzozero, L. (2003) "Los cambios de gobierno en Argentina y Brasil y la conformación de una agenda del Mercosur ¿Hacia una nueva cartografía sudamericana/interamericana?," *Nueva Sociedad*, 186, July- August: 128-142.

Bonnet, A. (2002) "Que se vayan todos. Crisis, insurrección, caída de la convertibilidad," *Cuadernos del Sur*, Vol. 33.

Booth, D. (2005) *Missing Links in the Politics of Development: Learning from the PRSP Experiment*, 256, London: Overseas Development Institute.

Booth, D., A. Grigsby and C. Torranzo (2006) *Politics and Poverty Reduction Strategies: Lessons from Latin American HIPCs*, London: Overseas Development Institute.

Boron, A. A. (2008) "Promises and challenges: The Latin American Left at the start of the twenty-first century," in P. Barrett, D. Chavez, and C. Rodríguez-Garavito (eds), *The New Latin American Left: Utopia Reborn*, London: Pluto, pp. 232-255.

Boulding, C. and B. Wampler (2010), "Voice, Votes, and Resources: Evaluating the Effect of Participatory Democracy on Well-being," *World Development* 38 (1), 125-135.

Bradshaw, S., B. Linneker and R. Zuniga (2002) "Social Roles and Spatial Relations of NGOs and Civil Society: Participation and Effectiveness in Central America Post Hurricane Mitch," http://www.ssri.hawaii.edu/research/GDWwebsite/pdf/Bradshaw%20et%20al..pdf [accessed June 2011].

Branford, S. (2009) "Brazil: has the dream ended? in G. Lievesley and S. Ludlam (eds) *Reclaiming Latin America: Experiments in Radical Social Democracy*, London: Zed Books, pp 153-170.

Bresnahan, R. (2003) "Introduction: Chile since 1990. The Contradictions of Neoliberal Democratisation," *Latin American Perspectives*, 30 (5): 3-15.

Briceño Ruiz, J. (2011) *Acteurs et modèles d'intégration : le cas du Mercosur.* Doctoral Thesis presented at the Institut D'Etudes Politiques d'Aix-en-Provence, France, 16 December 2011.

Brown, D. (2004) "Participation in poverty reduction strategies: democracy strengthened or democracy undermined?," in S. Hickey and G. Mohan (eds) *Participation, from tyranny to transformation?* London: Zed Books.

Brunner, J. J. and C. Peña (eds) (2011) *El conflicto de las universidades: entre lo público y lo privado*, Santiago: Ediciones Universidad Diego Portales.

Callon, M., P. Lascoumes and Y. Barthe (2001) *Agir dans un monde incertain. Essai sur la démocratie technique*, Paris : Seuil.

Cammack, P. (2004) "What the World Bank means by Poverty Reduction and Why it Matters," *New Political Economy*, 9(2), 189-211.

Campodónico, H. (2008) *Renta petrolera y minera en países seleccionados de América Latina*, Santiago: CEPAL.

Cannon, B. and M. Hume, (2011) "Central America, civil society and the 'pink tide': democratisation or de-democratisation," *Democratisation*, forthcoming.

Carothers, T. and W. Barndt (1999) "Civil Society," *Foreign Policy* 117: 18-29.

Carrión, J. and P. Zárate (2011) *Political Culture of Democracy in Peru: Democratic Consolidation in the Americas in Hard Times*, Tennessee/Lima: Vanderbilt University/ IEP.

Castañeda, J. and M. A. Morales (eds) (2008): *Leftovers: Tales of the two Latin American lefts*, London: Routledge.

Castañeda, J., (2006). "Latin America's Left Turn," *Foreign Affairs* 85(3): 28-43.

Castiglioni, R. (2010) "Chile y el giro electoral : la verguenza de haber sido y el dolor de ya no ser," *Revista de Ciencia Politica*, 30 (2): 231-248.

CEADL (2010) *Observatorio Boliviano de Recursos Naturales*, Octubre-Noviembre 2010, at www.ceadl.org.bo.

Centano, M.A. (1993) "The New Leviathan: The Dynamics and Limits of Technocracy," *Theory and Society*, 22 (3) (June): 307-335.

Centro de Estudios Públicos (CEP) (2006) *Estudio Nacional de Opinión Pública*, June- July 2006; Special Issue: Education. Available from: http://www.cepchile.cl/ dms/lang_1/doc_3807.html. Accesed 10 October 2011.

CEPAL (2010) *Panorama de la inserción internacional de América Latina y el Caribe 2009-2010: Crisis originada en el Centro y recuperación impulsada por las economías emergentes*, Santiago: CEPAL.

CEPAL (2010a) *Panorama Social de América Latina 2010*, http://www.eclac.org/cgi-bin/ getProd.asp?xml=/publicaciones/xml/9/41799/P41799.xml&xsl=/dds/tpl/p9f. xsl&base=/tpl-i/top-bottom.xslt.

CEPAL (2010b) *Statistical Yearbook for Latin America and the Caribbean, 2010*, http://www. eclac.org/cgi-bin/getProd.asp?xml=/publicaciones/xml/7/42167/P42167.

xml&xsl=/deype/tpl-i/p9f.xsl&base=/tpl-i/top-bottom.xsl.

Cerdas-Cruz, R. (1993) *El desencanto democrático: Crisis de partidos y transición democrática en Centro América y Panamá*, San José, Costa Rica: Red Editorial Iberoamericana Centroamérica.

Chudnovsky, D. (2007) *The Elusive Quest for Growth in Argentina*, Routledge: London.

Cidade, Centro de Assessoria e Estudos Urbanos (2003) *Fazendo Política: Perfil das Conselheiras e Conselheiros do Orçamento Participativo 2002/2003*, Porto Alegre: Cidade.

Cidade, Centro de Assessoria e Estudos Urbanos (2006) *De Olho no Orçamento*, 10 (20).

Clark, A. K. and M. Becker (2007) *Highland Indians and the State in Modern Ecuador*, Pittsburgh: Pittsburgh University Press.

Close, D. (2004) "Undoing Democracy in Nicaragua," in D. Close and K. Deonandan (eds) *Undoing Democracy: The Politics of Electoral Caudillismo*, Lanham, Maryland: Lexington Books.

Close, D. (2009) "Nicaragua: The return of Daniel Ortega," in G. Lievesley and S. Ludlam (eds), *Reclaiming Latin America: Experiments in Radical Social Democracy*, London and New York: Zed Books, pp. 109-123.

CNIC (Consejo Nacional de Innovación para La Competitividad) (2010) *Evaluation Report on National Innovation Strategy for Competitiveness*, Chile: International Evaluation Panel. Santiago de Chile, March.

Coba, T. (2010) "Ecuador Troops Rescue President From Rebel Cops," the Associated Press, 1 October 2010.

Collier, R. B. and D. Collier (2002) *Shaping the Political Arena. Critical Junctures, the Labour Movement, and Regime Dynamics in Latin America*, Notre Dame: University of Notre Dame Press.

Comisión Chileno del Cobre (COCHILCO) (2009) *Anuario: Estadísticas del Cobre y Otros Minerales, 1989-2008*, Santiago de Chile: COCHILCO.

Conaghan, C. (1988) *Restructuring Domination: Industrialists and the State in Ecuador*, Pittsburgh: University of Pittsburgh Press.

Conaghan, C. (2008) "Ecuador: Correa's plebiscitary democracy," in L. Diamond, M. Plattner, and D. Abente (eds) *Latin America's Struggle for Democracy*, Baltimore: The Johns Hopkins University Press, pp. 199-217.

Conaghan, C. and C. de la Torre (2008) "The Permanent Campaign of Rafael Correa: Making Ecuador's Plebiscitary Presidency," *International Journal of Press/*

Politics 13 (3): 267-284.

Conaghan, C. M. (2008) "Ecuador: Correa's Plebiscitary Presidency," *Journal of Democracy* 19 (2): 46-60.

Consenso de Buenos Aires [Buenos Aires Consensus] (2003) 16 October, available on line: http://www.resdal.org/ultimos-documentos/consenso-bsas.html (accessed 24 October 2011).

Constitución Política del Estado de Bolivia 2009.

Constitución Política del Estado de Perú 1993.

Contrarevolución, Quito: Ministerio de Coordinación de la Política y Gobiernos

Cook, M. L. (2007) *The Politics of Labour Reform in Latin America: Between Flexibility and Rights*, Pennsylvania: Pennsylvania State University Press.

Cooke, B. and U. Kothari (eds) (2001) *Participation. The new tyranny?* London: Zed Books.

Cordero, J. A. (2009) "Honduras: Recent Economic Performance," http://www.cepr.net/documents/publications/honduras-2009-11.pdf. (last accessed, 19, September, 2011).

Corrales, J. and M. Penfold (2011) *Dragon in the Tropics. Hugo Chavez and the Political Economy of Revolution in Venezuela*, Washington, DC: Brookings Institution Press.

Correa, R. (2009a) *Ecuador: de Banana Republic a la No República*, Bogotá: Random House Mondadori.

Correa, R. (2009b) "Informe a la Nación en el Inicio del Tercer Año de Revolución Ciudadana," *Quito*, 19 enero 2009, Plaza de la independencia.

Correa, R. (2009c) "Intervención Presidencial en el Acto de Entrega de Armas en el Comando provincial de Manabi," *Portoviejo*, 12, March.

Correa, R. (2009d) "Intervención Presidencial en el Centésimo Octogésimo Séptimo Aniversario de la Batalla del Pichincha," *Quito*, 24 mayo de 2009.

Correa, R. (2009e) "Discurso de Posesión del Presidente de la República, Economista, Rafael Correa," *Quito*, 10 August.

Correa, R. (2009f) "Experiencia de un Cristiano de Izquierda en un Mundo secular," Oxford.

Correa, R. (2010) "Un intento de conspiración perfectamente coordinado," in *Ecuador: El Fracaso de un Golpe de Estado*, Caracas: Ministerio del Poder Popular Para la Comunicación y la Información.

Correa, R. (2010a) "Un intento de cospiración perfectamente coordinado," in

Ministerio del Poder Popular para la Comunicación e Información, Ecuador: El Fracaso de un Golpe,

Correa, R. (2010b) "Discurso en el Congreso de la Confederación Latino-americana de Correa," *Quito*, 10 agosto 2009.

Cox, R. W. (1999). "Civil Society at the turn of the millennium: prospects for an alternative world order," *Review of International Studies* 25: 3-28.

Cox, R.W. (1981) "Social Forces, States and World Orders: Beyond International Relations Theory," *Millennium: Journal of International Studies*, 10(2): 126-55.

Cox, R.W. (1996) *Approaches to World Order*, Cambridge: Cambridge University Press.

Crabtree, J. (2008) "Introduction: A Story of Unresolved Tensions," in J. Crabtree and L. Whitehead (eds) *Unresolved Tensions: Bolivia Past and Present*, Pittsburgh: University of Pittsburgh Press.

Craig, D. and D. Porter (2003) "Poverty Reduction Strategy Papers: A New Convergence," *World Development*, 31(1), 53-69.

Cuesta, J. (2003) "Informe Pais 2003: Aprendiendo sobre la marcha: la Experiencia de la estratgeia de reduccion de la pobreza en Honduras," *Evaluación y Monitoreo de las Estrategias de Reducción de la Pobreza (ERP) en América Latina*, available: http://www.iss.nl/Media/Website/Files/PRSP-pdfs/2003-Honduras-Informe-Pais.pdf [accessed December 2008].

Cutler, A.C. (1997) "Artifice, Ideology and Paradox: the Public/Private Distinction in International Law," *Review of International Political Economy*, 4(2): 261-285.

D'Elia, Y. (2006) *Las Misiones Sociales en Venezuela*, Caracas: ILDIS.

Damill, M., R. Frenkel, and R. Maurizio (2007) *Macroeconomic Policy Changes in Argentina at the Turn of the Century*, Buenos Aires: CEDES.

Dangl, B. (2010) *Dancing with dynamite: social movements and states in Latin America*, Oakland, Edinburgh, Baltimore: AK Press.

De Jong, N., R. del Cid, K. Biekart and G. Djikstra (2007) "Informe País 2006 Honduras: ¿Qué pasó con la ERP?," *Evaluación y Monitoreo de las Estrategias de Reducción de la Pobreza (ERP) en América Latina*, available: http://www.iss.nl/content/download/7756/76096/version/1/file/2006+Honduras+-+Informe+Pa%C3%ADs.pdf [accessed December 2008].

De la Maza, G. (2004) "Politicas publicas y sociedad civil en Chile : el caso de las politicas sociales (1990-2004)," *Revista Politica*, Spring, 43: 105-148

De la Maza, G. (2009) "Participation and Mestizaje of State-Civil Society in

Chile," in H. Cleuren and P. Silva (eds) (2009) *Widening Democracy: Citizens and Participatory Schemes in Brazil and Chile*, Leiden and Boston: CEDLA Latin American Studies, Brill, pp.249-271.

De la Torre, C. (2010) *Populist Seduction in Latin America*, (2ndedition),Athens:OhioUn iversityPress.

Deacon, B., I. Ortiz and S. Zelenev (2007) "Regional Social Policy," DESA Working Paper No. 37 ST/ESA/2007/DWP/37, June 2007, New York: United Nations Department of Economic and Social Affairs.

Declaración de Principios del Mercosur social (2007), Montevideo, Secretaría Permanente del MERCOSUR Social, available on line: http://www.mercosur-social.org/documentos/declaraciones/declaracion_de_principios_esp.pdf (accessed 24 October 2011).

Defensoría del Pueblo (2011) *Reporte de Conflictos Sociales* N° 88, Lima: Defensoría del Pueblo.

Di Tella, G. (1983) *Argentina Under Perón: 1973-1976: The Nation's Experience with a Labour-Based Government*, Hong Kong: Macmillan Press.

Diamond L. (1994). "Toward Democratic Consolidation?," *Journal of Democracy*, 5 (3):.4-17.

Diamond, L. (1999) *Developing Democracy: Towards Consolidation*, Baltimore and London: The John Hopkins University Press.

Diamond, L., J. Hartlyn, J. Linz and S. M. Lipset (eds) (1999) *Democracy in Developing Countries: Latin America*, 2ndedition,BoulderCO:LynneRienner.

Díaz, N. (2008) "El FMLN en 15 años de posguerra en El Salvador," in B. Stolowicz (ed.) *Gobiernos de izquierda en América Latina: un balance político*, Bogota: Aurora, 2008, pp. 227-253.

Dieterich, H. (2005) *Hugo Chávez y el Socialismo del Siglo XXI*, Barquisimeto: Movimiento por la Democrácia Participativa.

Dijkstra, G. (2005) "The PRSP Approach and the Illusion of Improved Aid Effectiveness: Lessons from Bolivia, Honduras and Nicaragua," *Development Policy Review*, 23(4)

Dinerstein, A. (2002) "The Battle of Buenos Aires," *Historical materialism*, 10 (4), 5-38.

Dirección del Trabajo (2009) *Compendio de Series Estadísticas 1990-2008*, Dirección Nacional del Trabajo, Santiago de Chile: Dirección del Trabajo.

Domedel A. and M. Peña y Lillo (2008) *El Mayo de los Pinguinos*, Santiago: Ediciones Radio Universidad de Chile.

Dosh, P. and N. Kligerman (2009) "Correa vs. Social Movements: Showdown in Ecuador," *NACLA Report on the Americas* 42 No. 5 (September/October): 21-24.

Downs, E. S. (2011) *Inside China, Inc: China Developments Bank's Cross-Border Energy Deals*, Washington, DC: The Brookings Institution.

DPLF (2010) *El derecho a la consulta de los pueblos indígenas en Perú*, Washington: Seattle University School of Law.

DPLF (2011) *El derecho a la consulta previa, libre e informada de los pueblos indígenas. La situación de Bolivia, Colombia, Ecuador y Perú*, Washington: DPLF/OXFAM.

Drake, P. and I. Jaksic (eds) (1999) *El modelo chileno. Democracia y desarrollo en los noventa*, Santiago: Lom Editores.

Dye, D. R. and D. Close (2004) "Patrimonialism and Economic Policy in the Aleman Administration," in D. Close and K. Deonandan (eds) *Undoing Democracy: the Politics of Electoral Caudillismo*, Lanham, Maryland: Lexington Books.

Eberlei, W. (2007) "Accountability in Poverty Reduction Strategies: The Role of Empowerment and Participation," *Social Development Papers*, (104)available: http://siteresources.worldbank.org/EXTSOCIALDEVELOPMENT/Resour ces/244362-1164107274725/3182370-1164201144397/Accountability_in_ Poverty_Reduction_Strategies.pdf [accessed December 2008].

El Comercio (Quito), "Las condiciones en que trabaja la tropa fueron un detonante de la insurrección," 10 October 2010.

El Faro (2010) "CICIG determinó que asesinato de diputados fue por drogas," 15 November 2010, available at: http://www.elfaro.net/es/201011/noticias/2911/ (last accessed 8 February 2011).

El Mostrador (2010). "Sindicatos mineros: 'Estamos vendiendo cobre con sangre,'" 9 August 2010, accessed online on 8 August 2011 at http://www. elmostrador.cl/noticias/pais/2010/08/09/sindicatos-mineros-estamos- vendiendo-cobre-con-sangre/.

El Mostrador (2011) "Trabajadores de CODELCO inician paro de 24 horas en protesta a eventual privatización de la minera," 11 July 2011, accessed on 12 July at http://elmo.st/pzdEHz.

Ellner, S. (2010) "Hugo Chávez's First Decade in Office: Breakthroughs and Shortcomings," *Latin American Perspectives*, 37(1): 77-96.

Ellner, S. (2010) "Venezuela: The Challenge to a 'Model Democracy'," in J. Knippers Black (ed.) *Latin America: Its Problems and Its Promise: A Multidisciplinary Approach*, Boulder, CO: Westview Press.

Espinoza, V. (2009) "Citizens involvement and social policies in Chile: Patronage or participation?," in H. Cleuren and P. Silva (eds) (2009) *Widening Democracy: Citizens and Participatory Schemes in Brazil and Chile*, Leiden and Boston: CEDLA Latin American Studies, Brill pp.273-294.

Etchemendy, S. and R. B. Collier (2007) "Down But Not Out: Union Resurgence and Segmented Neocorporatism in Argentina (2003-2007)," *Politics and Society* 35(3): 363-401.

Evans, P. (1995) *Embedded Autonomy: States and Industrial Transformation*, New Jersey: Princeton University Press.

Eyben, R. (2003) "Donors as political actors: fighting the Thirty Years War in Bolivia," IDS Working Paper, 183

Ezzati R. (2011) "La patria, un patrimonio que es regalo y tarea," in *Documentos de la Iglesia*, http://documentos.iglesia.cl/conf/documentos_sini.ficha. php?mod=documentos_sini&id=4130&sw_volver=yes&descripcion= (accessed 10 Octobre 2011).

Farje, J. (2011) "Chile: Public or Private Education?," *Latin American Bureau*, 10 August 2011.

Fedozzi, L. (2000) *O Poder da Aldeia. Gênese e História do Orçamento Participativo de Porto Alegre*, Porto Alegre: Tomo Editorial.

Fedozzi, L. (2001) *Orçamento Participativo. Reflexões sobre a experiência de Porto Alegre*, Porto Alegre: Tomo Editorial.

Fedozzi, L., A. Furtado, C.E.G. Macedo, C. Parenza, and V.D.S. Bassani (2009) *Observando o Orçamento Participativo de Porto Alegre, perfil social e associative, avaliação, formação de uma cultura política democratic e possíveis inovações*, Porto Alegre: PMPoA, Prefeitura Municipal de Porto Alegre. ⟨http://lproweb.procempa.com.br/ pmpa/prefpoa/observatorio/usu_doc/livreto_virtual_para_pdf_portugues_ ultimo.pdf⟩.

Feinberg, R. (2008): "Policy Issues: Competitiveness and Democracy," *Latin American Politics and Society* 50 (1): 153-168.

Femia, J. (2001) "Civil Society and the Marxist Tradition," in S. Kaviraj and S. Khilnani (eds) *Civil Society: History and Possibilities*, Cambridge: Cambridge

University Press.

Fernández Jilberto, A. E. and B. Hogenboom, B. (2008b) "Latin American conglomerates in the neoliberal era: the politics of economic concentration in Chile and Mexico," in A. E. Fernández Jilberto and B. Hogenboom (eds), *Big Business and Economic Development: Conglomerates and Economic Groups in Developing Countries and Transition Economies under Globalisation*, London & New York: Routledge.

Fernández Jilberto, A. E. and B. Hogenboom, B. (2008a) "The new expansion of conglomerates and economic groups: an introduction to global neoliberalisation and local power shifts," in A. E. Fernández Jilberto and B. Hogenboom (eds), *Big Business and Economic Development: Conglomerates and Economic Groups in Developing Countries and Transition Economies under Globalisation*, London & New York: Routledge.

Fernández Jilberto, A. E. and B. Hogenboom, B. (eds) (2010) *Latin America Facing China: South-South Relations beyond the Washington Consensus*, New York: Berghahn Books.

Filomena, C. L. (2006) *O agonismo nas relações sociais do partido, dos espaços públicos da sociedade civil e do sistema administrativo estatal: a experiência da Administração Popular em Porto Alegre.* Relatório Técnico para a obtenção do grau de mestre, Porto Alegre: PUCRS, Faculdade de Filosofia e Ciências Humanas.

Finer, M. and M. Orta-Martínez (2010) "A second hydrocarbon boom threatens the Peruvian Amazon: trends, projections, and policy implications," *Environmental Research Letters*, Bristol: IOP Publishing Ltd., No. 5.

Finer, M. et. al. (2008) "Oil and Gas Projects in the Western Amazon: Threats to Wilderness, Biodiversity, and Indigenous Peoples," *PLoS ONE* 3 (8).

Fischer, N. B. and J. Moll (eds) (2000) *Por uma nova esfera pública: A experiência do orçamento participativo*, Petrópolis: Vozes.

Frank, V. (2002) "The Labour Movement in Democratic Chile, 1990-2000," Working Paper 298. Notre Dame: Helen Kellogg Institute of International Studies, University of Notre Dame.

Frank, V. K. (2004) "Politics without Policy: The Failure of Social Concertation in Democratic Chile, 1990-2000," in P. Winn (ed.) *Victims of the Chilean Miracle: Workers and Neoliberalism in the Pinochet Era, 1973-2002*, Durham and London: Duke University Press, pp. 125-163.

Fraser, N. (1993) "Rethinking the Public Sphere: A Contribution to the Critique of Actually Existing Democracy," in C. Calhoun (ed.) *Habermas and the Public Sphere*, Massachusetts: The MIT Press, pp. 109-143.

Freedman, E. (2009) "GANA's Birth Is ARENA's Loss," *Revista Envío* Number 341, December 2009 http://www.envio.org.ni/articulo/4115 (last accessed 31 January 2011)

Frente Amplio (2004) *Programa de Gobierno 2005-2010*, Montevideo: Frente Amplio.

Fuente Jeria, J. de la (2005) "Explotación petrolera en Tierras Bajas e Indígenas: Neoliberalismo, reforma estatal, medio ambiente y nueva Ley de Hidrocarburos," in Paz Patiño, Sarela (ed.) *Territorios Indígenas y Empresas Petroleras*, Cochabamba: CENDA.

Fulmer, A. (2010) "Consultation and its Discontents: Mining, Indigenous Communities and Rights in Perú and Guatemala," Toronto: Latin American Studies Association conference, October 2010.

Fung, A. and E. O. Wright (eds) (2003) *Deepening Democracy. Institutional Innovations in Empowered Participatory Governance*, London: Verso.

Galeano, E. (1973) *Open Veins of Latin America: Five Centuries of the Pillage of a Continent*, New York: Monthly Review Press.

Gamarra, E. (1998) "Facing the Twenty-first Century. Bolivia in the 1990s," in K. von Mettenheim and J. M. Malloy (eds) *Deepening democracy in Latin America*, Pittsburgh: University of Pittsburgh Press.

Gamboa, C. (2010) *Hidrocarburos y Amazonía peruana: Superposición de derechos u oportunidades para el desarrollo sostenible?* Lima: DAR.

Gana Perú (2010) *La Gran Transformación, Plan de Gobierno 2011-2016*, Lima.

Garreton, M. A. (2001) *Cambios sociales, actores y accion colectiva en América Latina*, Santiago: CEPAL-ECLAC Division de Desarrollo Social.

Garréton, M. A. (2003) *Incomplete Democracy: Political Democratisation in Chile and Latin America*, Chapel Hill: University of North Carolina Press.

Garretón, M. A., M. Cavarozzi, P. Cleaves, G. Gereffi, and J. Hartlyn (2003) *Latin America in the 21th Century: Toward a new Sociopolitical Matrix*, Miami: North-South Center Press.

Garretón, M.A. (2009) "Problemas heredados y nuevos problemas de la democracia chilena. ¿Hacia un nuevo ciclo?," in G. de la Fuente,, S. Contreras, P. Hidalgo and J. Sau (eds) (2009) *Economía, Instituciones y Política en Chile*, Serie estudios, vol. iv, División de Estudios, Ministerio Secretaria General de la Presidencia, Santiago: Lom Ediciones.

Garvey, N. and P. Newell (2005) "Corporate accountability to the poor? Assessing the effectiveness of community-based strategies," *Development in Practice* 15 (3/4): 389-404.

Genro, T. (ed.) (1997) *Desafíos do governo local: o modo petista de governar*, São Paulo: Editora Fundação Perseu Abramo.

Gerchunoff, P. and Aguirre, H. (2004) *La política economía de Kirchner en la Argentina: varios estilos, una sola agenda*, DT No. 35/200, Madrid: Real Instituto Elcano.

Gill, S. (2008) *Power and Resistance in the New World Order* (2nded.), New York: Palgrave Macmillan.

Giordani, J.A. (2009) *La Transición Venezolana al Socialismo*, Caracas: Vadell Hermanos.

Gobierno de Chile (2006) *Informe Final, Consejo Asesor Presidencial para la Calidad de la Educación*, 11 diciembre 2006, Santiago. Available from: http://www.consejoeducacion.cl/articulos/Informefinal.pdf (accessed 10 October 2011).

Gobierno de Chile (2008) *Los Desafíos de la educación superior chilena. Informe del Consejo Asesor Presidencial para la Educación Superior*, Marzo del 2008. Santiago. Available from: http://www.ubiobio.cl/web/descargas/InformeCAPfinal.pdf (accessed 10 October 2011).

Gobierno de Chile (2011a) *Construyendo una sociedad de seguridades, oportunidades y valores*, Mensaje Presidencial, 21 de mayo del 2011. Available from: http://www.gob.cl/media/2011/05/Mensaje-Presidencial-21-de-Mayo-2011.pdf (accessed 10 October 2011).

Gobierno de Chile (2011b) *GANE, Gran Acuerdo Nacional por la Educación*, Mensaje Presidencial, 5 julio del 2011. Available from: http://www.gob.cl/noticias/2011/07/05/cadena-nacional-de-radio-y-television-presidente-pinera-anuncio-gran-acuerdo-nacional-por-la-educaci.htm (accessed 10 October 2011).

Gobierno de Chile (2005) *Programa de Gobierno Michelle Bachelet 2006-2010*, Santiago. Available from: http://www.bcn.cl/elecciones/pdf/programa-MB.pdf (accessed 10 October 2011).

Golinger, E. (2010) "Detrás del golpe en Ecuador: la derecha al ataque contra ALBA," 1 October 2010, voltairenet.org/article167135.html.

Gómez Leyton, J. C. (2006) "La rebelión de las y los estudiantes secundarios en Chile. Protesta social y política en una sociedad neoliberal triunfante," in *Biblioteca Virtual FLACSO, Observatorio Social América Latina*, año VII , nro. 20. Available from : http://bibliotecavirtual.clacso.org.ar/ar/libros/osal/osal20/11Leyton.pdf (accessed 10 October 2011).

González, F. (2008) *Dual Transitions from Authoritarian Rule: Institutionalized Regimes in Chile and Mexico, 1970-2000*, Baltimore: Johns Hopkins University Press.

Gould, J. and J. Ojanen (2003) *"Merging in the Circle' The Politics of Tanzania"s Poverty Reduction Strategy*, 2/2003, Helsinki: Institute of Development Studies, University of Helsinki.

Gramsci, A. (1971) *Selections from the Prison Notebooks*. Edited and translated by Q. Hoare and G. N. Smith, London: Lawrence & Wishart.

Gray Molina, G. (2003) "The Offspring of 1952: Poverty, Exclusion and the Promise of Popular Participation," in M.S. Grindle and P. Domingo (eds) *Proclaiming Revolution: Bolivia in Comparative Perspective*, Cambridge MA: Harvard University Press.

Gregory, D., Johnston, R., Pratt, G., Watts, M.J., Whatmore, S. (eds) (2009) *The Dictionary of Human Geography* (5thed.), Oxford: Wiley-Blackwell.

Gret, M. and Y. Sintomer (2002) *Porto Alegre. A esperança de uma outra democracia*, São Paulo: Loyola.

Grigsby, W. (2005) "Nicaragua: Why so little social mobilization?," *Envio*, No 288(July)

Grindle, M. S. (2003) "1952 and All That: The Bolivian Revolution in Comparative Perspective," in M. S. Grindle and P. Domingo (eds) *Proclaiming Revolution: Bolivia in Comparative Perspective*, Cambridge MA: Harvard University Press.

Grugel, J. (2002): *Democratization: A Critical Introduction*, Basingstoke: Palgrave.

Grugel, J. (2009) "'Basta de Realidades, Queremos Promesas': Democracy After the Washington Consensus," in J. Grugel and P. Riggirozzi (eds) *Governance After Neoliberalism in Latin America*, Palgrave Macmillan: New York, pp. 25-49.

Grugel, J. and P. Riggirozzi (2007) "The return of the state in Argentina," *International Affairs* 83 (1): 87-107.

Grugel, J. and P. Riggirozzi (2009) "The End of Embrace? Neoliberalism and Alternatives to Neoliberalism in Latin America," in J. Grugel and P. Riggirozzi (eds) *Governance after Neoliberalism in Latin America*, Basingstoke: Palgrave Macmillan, pp. 1-24.

Grugel, J. and P. Riggirozzi (2011) "Post Neoliberalism: Rebuilding and Reclaiming the State in Latin America," Paper presented to "Situating State Governance in the Global Political Economy: Perspectives on Neoliberalism and Neostructuralism in Latin America," Panel at the Society of Latin American Studies 47thAnnualConference, University of St Andrews, Scotland, UK, 8-10 April, 2011.

Gudynas, E. (2010) "Si eres tan progresista ¿por qué destruyes la naturaleza? Neoextractivismo, izquierda y alternativas," *Ecuador Debate* 79, Abril: 61-82.

Guimaraes, J. and N. Avendaño (2003) "Informe Pais 2003: ¿Estrategia sin Dueño? La Estrategia de Reducción de la Pobreza en Nicaragua," *Evaluación y Monitoreo de las Estrategias de Reducción de la Pobreza (ERP) en América Latina,* available: http://www.iss.nl/content/download/3853/37278/version/1/file/Nicaragua_ MAIN_2003fin2.pdf [accessed December 2008].

Habermas, J. (1990) *Strukturwandel der Öffentlichkeit. Untersuchungen zu einer Kategorie der bürgerlichen Gesellschaft. Mit einem Vorwort zur Neuauflage 1990,* Frankfurt: Suhrkamp.

Habermas, J. (1992) *Faktizität und Geltung. Beiträge zur Diskurstheorie des Rechts und des demokratischen Rechtsstaats,* Frankfurt: Suhrkamp.

Harris, R. L. (2003) "Popular resistance to globalization and neoliberalism in Latin America," *Journal of Developing Societies* 19 (2-3): 365-426.

Harvey, D. (2006) *Limits to Capital,* London: Verso.

Held, D. (2006) *Models of Democracy* (3rded.), Stanford CA: Stanford University Press.

Hickey, S. and G. Mohan (eds) (2004) *Participation: From Tyranny to Transformation? Exploring New Approaches to Participation,* London: Zed Books.

Hilmer, J.D. (2010) "The State of Participatory Democratic Theory," *New Political Science,* 32(1): 43-63.

Hoetmer, R. (2009) "Observaciones de un veedor. Reflexiones sobre la consulta vecinal de Ayabaca, Pacaipampa y Carmen de la Frontera y las posibilidades de construir democracias reales en el Perú," LASA Congress Paper.

Holt-Giménez, E. (2008) *Territorial Restructuring and the Gorunding of Agrarian reform: Indigenous Communities, Gold Mining and the World Bank,* Amsterdam: Transnational Institute.

Howell, J. and J. Pearce (2001) *Civil Society and Development: A Critical Exploration,* Boulder CO: Lynne Rienner.

Huneeus, C. (2000) "Technocrats and Politicians in an Authoritarian Regime.

The 'ODEPLAN Boys' and the 'Gremialists' in Pinochet's Chile," *Journal of Latin American Studies* 32 (2): 461-501.

Hunt, S. (2004a) "Honduras PRSP Update April 2004," *Trócaire PRSP Updates*, available: http://www.trocaire.org/uploads/pdfs/policy/honduras_ updateapr04.pdf [accessed March 2009].

Hunt, S. (2004b) "Participatory Regional Poverty Diagnoses, Strategies, Plans, Programmes and Projects for the Reduction of Poverty in Honduras. REPORT: The Strategic Impact of the Regional Strategies for Combating Poverty," available: http://www.trocaire.org/sites/trocaire/files/pdfs/policy/ dfid_overviewreportfinal.pdf [accessed March 2009].

Hunt, S. (2005) "Honduras PRSP Update November 2005," *Trócaire PRSP Updates*, available: http://www.trocaire.org/sites/trocaire/files/pdfs/policy/ hondurasupdate1105.pdf [accessed March 2009].

Hunt, S. (2006) *Honduras PRSP Update*, July 2006, Tegucigalpa: Trócaire.

Hunt, S. and Y. Rodriguez (2004) "Nicaragua PRSP Update August 2004," *Trócaire PRSP Updates*, available: http://www.trocaire.org/sites/trocaire/files/pdfs/ policy/nicaraguaupdateaugust2004.pdf [accessed March 2009].

Hunter, W. (2010) *The Transformation of the Workers' Party in Brazil, 1989-2009*, Cambridge: Cambridge University Press.

IEO (2003) *Evaluation of the Poverty Reduction Strategy Paper (PRSP) Process and Arrangements under the Poverty Reduction and Growth Facility (PRGF): Summary Findings*, Independent Evaluations Office of the International Monetary Fund [online], available: http://www.imf.org/External/NP/ieo/2004/prsprgf/eng/index.htm [accessed November 2008].

International Labor Organisation Convention No. 169 concerning Indigenous and Tribal Peoples in Independent Countries (adoption 27 June 1989; date of coming into force: 1991).

James, D. (1988) *Resistance and Integration: Peronism and the Argentine Working Class: 1946-1976*, Cambridge: Cambridge University Press.

Jenkins, R. (2011) "El 'efecto China' en los precios de los productores básicos y en el valor de las exportaciones de América Latina," *Revista CEPAL* 103, Abril: 77-93.

Jessop, B. (2007) *State Power*, Cambridge: Polity Press.

Joignant, A. (2011) "The Politics of Technopols: Resources, Political Competence and Collective Leadership," *Journal of Latin American Studies* 43 (3): 515-546.

Joignant, A. and A. Menéndez Carrión (eds), (1999) *La Caja de Pandora: el retorno de la transición chilena*, Santiago de Chile: Editorial Planeta.

Kaldor, M. (2003) "Civil Society and Accountability," *Journal of Human Development*, 4(1), 5-27.

Kampwirth, K. (2008) "Abortion, Antifeminism, and the Return of Daniel Ortega: In Nicaragua, Leftist Politics?," *Latin American Perspectives*, 168: 122-136.

Keane, J. (2004) *Violence and Democracy*, Cambridge: Cambridge University Press.

Kingstone, P. (2011) *The Political Economy of Latin America: Reflections on Neoliberalism and Development*, London: Routledge.

Kirby, P. (2003) *Introduction to Latin America: Twenty-First Century Challenges*, London: Sage.

Kirby, P. (2006) *Vulnerability and Violence: The Impact of Globalisation*, London: Pluto Press.

Komives, K. and G. Dijkstra, G. (2007) "Regional Report 2006: Accountability for Poverty Reduction," *Monitoring and Evaluation of Poverty Reduction Strategies in Latin America*, available: http://www.iss.nl/content/download/8656/83315/file/2006%20Regional%20Report.pdf [accessed November 2008].

Komives, K., J. C. Aguilar and C. Larrea (2003) "Informe Pais 2003: La Estrategia Boliviana de Reducción de Pobreza: ¿'La Nueva Brillante Idea'?" *Evaluación y Monitoreo de las Estrategias de Reducción de la Pobreza (ERP) en América Latina*, available: http://www.iss.nl/content/download/3843/37248/version/1/file/Bolivia_Informe_Final_2003.pdf [accessed December 2008].

Kurtenbach, S. (2007) "Why Is Liberal Peace-building So Difficult? Some Lessons from Central America," GIGA Working Paper, Hamburg. GIGA Hamburg. http://www.giga-hamburg.de/dl/download.php?d=/content/publikationen/pdf/wp59_kurtenbach.pdf. (last accessed 7 October 2010).

Kurtz, M. (2001) "State developmentalism without a Developmental State: The public foundations of the 'Free Market Miracle' in Chile," *Latin American Politics and Society*, 43 (2): 1-25.

Kuyek, J. (2006) "Legitimating plunder: Canadian mining companies and corporate social responsibility," in L. North, T. D. Clark and V. Patroni (eds) *Community Rights and Corporate Responsibility: Canadian Mining and Oil Companies in Latin America*, Toronto: Between the Lines.

La Tercera, (2009) "Las 22 Familias más poderosas de Honduras hicieron sentir su peso tras el golpe," *La Tercera*, Sunday, 12 July 2009, p.13.

La Tribuna (2010) "Mayoria de nicaraguenses decepcionados con Ortega," *La Tribuna* Thursday, 15 July 2010. http://www.latribuna.hn/2010/07/15/mayoria-de-nicaraguenses-decepcionados-de-ortega/. (Accessed: 19 September, 2011).

Lahera, E. y C. Toloza (eds) (1998) *Chile en los noventa*, Santiago: Editorial Dolmen.

Lanz Rodriguez, C. (2006) "Tesis Sobre el Socialismo Revolucionario," Paper presented at the III Conferencia Internacional La obra de Carlos Marx y los desafíos del siglo XXI, La Habana, 3-6 May 2006.

Laplante, L. and S. Spears (2008) "Out of the Conflict Zone: The Case for Community Consent Processes in the Extractive Sector," *Yale Hum. Rts. & Dev. LJ* 11: 69-116.

Lazarus, J. (2008) "Participation in Poverty Reduction Strategy Papers: reviewing the past, assessing the present and predicting the future," *Third World Quarterly*, 29(6), 1205-1221.

Leiva, F. I. (2008) *Latin American Neostructuralism. The contradictions of Post-Neoliberal Development*, Minneapolis: University of Minnesota Press.

León, J. (1994) *De Campesinos a Ciudadanos Diferentes*, *Quito*: CEDIME-Abya-Yala.

Leubolt, B. (2006) *Staat als Gemeinwesen. Das Partizipative Budget in Rio Grande do Sul und Porto Alegre*, Vienna/Münster: Lit-Verlag.

Leubolt, B., A. Novy and J. Becker (2008) "Changing Patterns of Participation in Porto Alegre," *International Social Science Journal* 59 (193-194), 435-448.

Ley de Aseguramiento de la Calidad de la Educación y de su fiscalización, Nro. 20529, 27 de agosto 2011. Santiago. Available from: http://www.cned.cl/public/Secciones/SeccionSNAC/normativa/LEY-20529_27-AGO-2011.pdf (accessed 10 October 2011).

Ley General de Educación, Nro. 20370, 12 septiembre 2009. Santiago. Available from: http://www.leychile.cl/Navegar?idNorma=1014974 (accessed 10 October 2011).

Ley N° 26 del Regimen Electoral de Bolivia (30 June 2010). [Electoral Law Bolivia].

Ley Orgánica Constitucional de la Enseñanza LOCE, Nro. 18962, 10 marzo 1990. Available from: http://www.leychile.cl/Navegar?idNorma=30330 (accessed 10

October 2011).

Lievesley, G. (2009) "Is Latin America moving leftwards? Problems and prospects," in G. Lievesley and S. Ludlam (eds) *Reclaiming Latin America: Experiments in Radical Social Democracy*, London: Zed Books, pp. 21-36.

Lievesley, G. and S. Ludlam (eds) (2009) *Reclaiming Latin America: Experiments in radical social democracy*, London: Zed Books.

Linz, J. and A. Stepan (eds) (1996) *Problems of democratic transition and consolidation*, Baltimore: Johns Hopkins University Press.

Lucero, J. A. and M. E. García (2007) "In the Shadows of Success. Indigenous Politics in Peru and Ecuador," in A. K. Clark and M. Becker (eds) *Highland Indians and the State in Modern Ecuador*, Pittsburgh: Pittsburgh University Press.

Luyo Lucero, M. (2007) *Impacto social y medioambiental de la actuación de Repsol YPF en Perú*, Informe de Investigación de Oxfam, Intermón Oxfam.

Macpherson, C.B. (1977) *The Life and Times of Liberal Democracy*, Oxford: Oxford University Press.

Magalhães, I., L. Barreto and V. Trevas (eds) (2002) *Governo e cidadania. Balanço e reflexões sobre o modo petista de governar*, São Paulo: Fundação Perseu Abramo.

Mahoney, J. (2001) *The Legacies of Liberalism: Path Dependence and Political Regimes in Central America*, Baltimore and London: The Johns Hopkins University Press.

Mainwaring, S. P., G. O'Donnell and J. S. Valenzuela (eds) (1992) *Issues in Democratic Consolidation: The New South American democracies in comparative perspective*, South Bend: University of Notre Dame Press.

Malloy, J. (1977) *Authoritarianism and Corporatism in Latin America*, Pittsburgh: Pittsburgh University Press.

Mardones Z, R. (2007) "Chile: todas íbamos a ser reinas," *Revista de ciencia política*, 27: 79-96.

Marquetti, A. (2003) "Participação e Redistribuição: o Orçamento Participativo em Porto Alegre," in L. Avritzer and Z. Navarro (eds) *A Inovação Democrática no Brasil: O Orçamento Participativo*, São Paulo: Cortez, pp. 129-156.

Marti i Puig, S. (2004) "The External Debt of Nicaragua and the Aleman Liberal Administration," in D. Close and K. Deonandan (eds) *Undoing Democracy: The Politics of Electoral Caudillismo*, Lanham, Maryland: Lexington Books.

Martínez Crespo, A. (2011) *Bolivia Post-Constituyente. Derechos Indígenas en el Estado Plurinacional (Memoria II Seminario)*, La Paz: Fundación Tierra.

Martínez Novo, C. (2009) "The Indigenous Movement and the Citizen's Revolution in Ecuador: Advances, Ambiguities, and Turn Backs," unpublished paper delivered for the Conference "Outlook for Indigenous Politics in the Andean Region," Center for Strategic International Studies. Washington DC.

Martínez Novo, C., and C. de la Torre (2010) "Racial Discrimination and Citizenship in Ecuador's Educational System," *Latin American and Caribberan Ethnic Studies* 5 (1): 1-26.

Martínez Uribe, A. (2009) "Octubre 15, 1979: ¿nuestro último golpe?" *Diario CoLatino*, 15 October 2009 available at: http://www.diariocolatino.com/es/20091015/opiniones/72517/ (last accessed, 11 August 2010).

Martins, J. R. V., C. Albuquerque and F. Gomensoro (2011) "MERCOSUL social e participativo: a ampliação da esfera pública regional," in G. Caetano (ed.) *Mercosur: 20 años*, Montevideo, CEFIR, GIS, FES, Somos Mercosur, pp. 137- 159.

Martins, A. (2010) "El chavismo en su cortocircuito," www.ipsenespanol.net/nota.asp?idnews=94522.

Marx, K. (1942[1871]) "The Civil War in France," in K. Marx, *Selected Works* (Vol. 2), London: Lawrence and Wishart, pp. 446-527.

Marx, K. (1967) "On the Jewish Question," in L. D. Easton and K. H. Guddat (eds) *Writings of the Young Marx on Philosophy and Society*, New York: Anchor.

Mascareño, A. (2009). "Acción y estructura en América Latina. De la matriz sociopolítica a la diferenciación funcional," *Persona y Sociedad*, XXIII (2): 65-89.

Massey, D. (2009) "Concepts of Space and Power in Theory and in Political Practice," *Doc. Anàl. Geogr.*, 55, 2009, http://ddd.uab.cat/pub/dag/02121573n55p15.pdf.

Mayen, A. (2010) "Who's behind the lawlessness?" *Revista Envío*, Number 352, November 2010. http://www.envio.org.ni/articulo/4270. (Accessed: 19 September 2011).

Meiksins Wood, E. (1990) "The Uses and Abuses of Civil Society," *Socialist Register*, www.socialistregister.com, 1990 (accessed 21 April 2010).

Meller, P. (2011) *Universitarios! El problema no es el lucro, es el Mercado*, Santiago: Uqbar Editores.

MINCI (2007a) *Socialismo del Siglo XXI: La Fuerza de los Pequeños*, Caracas: MINCI.

MINCI (2007b) *Misiones Bolivarianas*, Caracas: MINCI.

Ministerio de Coordinación de la Política y Gobiernos Autónomos Decentralizados (2010) *30 S La Contrarevolución, Quito*: Ministerio de Co ordinación de la Política y Gobiernos Autónomos Decentralizados.

Ministerio del Poder Popular para la Comunicación e Información (2010) "Un intento de conspiración perfectamente coordinado," *Ecuador: El Fracaso de un Golpe*, pp. 53-69.

Mokrani, L. (2010) "Reformas de última década en el sector de hidrocarburos en Bolivia: esquemas de apropiación y reproducción de la renta," *Umbrales* 20: 23-70.

Molenaers, N. and R. Renard (2005) "The World Bank, Participation and PRSP: The Bolivian Case Revisited," The *European Journal of Development Research*, 15(2), 133-161.

Molina, K. (2009) "ARENA busca dar estabilidad a 30 mil empleados por contrato," 13 May 2009., available at: http://www.elsalvador.com/mwedh/nota/nota_completa.asp?idCat=6351&idArt=3632526 (last accessed 31 January 2011).

Molyneux, M. (2008) "The 'Neoliberal Turn' and the New Social Policy in Latin America: How Neoliberal, How New?," *Development and Change*, 39(5), 775-797.

Morales, M. A. (2008) "Have Latin Americans turned left?," in J. G. Castañeda and M. A. Morales (eds) (2008) *Leftovers: Tales of the two Latin American lefts*, London: Routledge, pp. 19-41.

Moreno, I. (SJ) (2010) "Hay brújula, hay rumbo en el régimen de Pepe Lobo?," *Envio* Honduras 24, pp. 3-10. Envio.: www.eric-sj.org. (Accessed 12 July 2010)

Moreno, I. (SJ) (2010a) "What the coup left us," *Envio*, 348, July 2010. http://www.envio.org.ni/articulo/4214. (Accessed 19 September 2011).

Morrison, K. M. and M. M. Singer (2007) "Inequality and Deliberative Develop ment: Revisiting Bolivia's Experience with the PRSP," *Development Policy Review*, 25(6), 721-740.

Mouffe, C. (2005) *On the political*, London and New York: Routledge.

Muhr, T. (2008a) *Venezuela: Global Counter-Hegemony, Geographies of Regional Development, and Higher Education For All*, PhD Thesis, University of Bristol, http://www.bristol.ac.uk/education/people/person.html?personKey=6uBLaYkxRNHTb9WC7RIalGLHf01j2Q.

Muhr, T. (2008b) "Nicaragua Re-Visited: From Neoliberal 'Ungovernability' to the Bolivarian Alternative for the Peoples of Our America (ALBA),"

Globalisation, Societies and Education, 6(2): 147-61.

Muhr, T. (2010) "TINA Go Home! ALBA and Re-theorising Resistance to Global Capitalism," *Cosmos and History: The Journal of Natural and Social Philosophy*, 6(2): 27-54.

Muhr, T. (2011a) *Venezuela and the ALBA: Counter-Hegemony, Geographies of Integration and Development, and Higher Education For All*, Saarbrücken: VDM.

Muhr, T. (2011b) "Conceptualising the ALBA-TCP: Third Generation Regionalism and Political Economy," *International Journal of Cuban Studies*, 3(2)/3(3): 98-115.

Munck, R. (2003) *Contemporary Latin America*, Basingstoke: Palgrave Macmillan.

Murillo, R. (2008) "El Imperio y sus sociedades secretas (Retrato de la Pelelo cracia)," El 19, 1 (4) (11-17 September 2008), p.16. http://www.presidencia. gob.ni/documentos/periodico/edicion4.pdf. (Accessed 7 October 2010)

Naím, M. (1994) "Latin America: The Second Stage of Reform," *Journal of Democracy* 5 (4): 32-48.

Narayan, D. (2000) *Voices of the Poor. Can Anyone Hear Us?*, Oxford: Oxford University Press.

Navarro, Z. (2003) "O 'Orçamento Participativo' de Porto Alegre (1989-2002): um conciso comentário crítico," in L. Avritzer and Z. Navarro (eds) *Inovações democráticas no Brasil*, São Paulo: Cortez, pp. 89-128.

Navia P. (2009) "Top-Down and Bottom-Up Democracy in Chile under Bachelet," in H. Cleuren and P. Silva (eds) (2009) *Widening Democracy: Citizens and Participatory Schemes in Brazil and Chile*, Leiden and Boston: CEDLA Latin American Studies, Brill, pp. 315-337.

Navia, P. (2004) "Participación electoral en Chile 1988-2001," *Revista de Ciencia Política* 24 (1): 81-103.

Nef, J. and B. Reiter (2009) *The Democratic Challenge: Rethinking Democracy and Democratization*, Basingstoke: Palgrave Macmillan.

Nem Singh, J. (2010) "Reconstituting the Neostructuralist State: The Political Economy of Continuity and Change in Chilean Mining Policy," *Third World Quarterly*, 31 (8): 1413-1433.

Nem Singh, J. (2011) "State Strategies in Managing Globalisation: Market Opening and Institutional Change in Brazil and Chile," paper presented at workshop on "The Politics of Natural Resources in the Global South: Critical International Political Economy Perspectives," Danish Institute for International Studies, Copenhagen, Denmark, 3-4 November 2011.

Nickson, A. (2005) "Bolivia: Making Government Leadership in Donor Coordination Work," *Public Administration and Development*, 25(5), 399-407.

North, L., Clark, T. D. and Patroni, V. (eds) (2006) *Community Rights and Corporate Responsibility: Canadian Mining and Oil Companies in Latin America*, Toronto: Between the Lines.

Novy, A. and B. Leubolt (2005) "Participatory Budgeting in Porto Alegre: Social Innovation and the Dialectical Relationship of State and Civil Society," *Urban Studies* 42 (11), 2023-2036.

O'Donnell, G. (1994) "Delegative Democracy," *Journal of Democracy* 5(1), 94-109.

O'Donnell, G. and P. C. Schmitter (1986) *Transitions from Authoritarian Rule: Tentative Conclusions About Uncertain Democracies*, Baltimore: Johns Hopkins University Press.

O'Toole, G. (2011) *Politics Latin America*, Second Edition. Harlow, Essex: Pearson Education Limited.

Ocampo, J. A. (2005) "Beyond the Washington consensus: what do we mean?," *Journal of Post Keynesian Economics* 27(2): 293-314.

Offe, C. (1972) *Strukturprobleme des kapitalistischen Staates*, Frankfurt: Suhrkamp.

Organizaciónes del Campo (CLOC)—Vía campesina," Coliseo de la Universidad Central del Ecuador, *Quito*, 12 October 2010, p. 13.

Orjuela E., L. J. (2007) "La compleja y ambigua repolitización de América Latina," *Colombia Internacional*, 66 Jul-Dec 2007: 16-35.

Ospina , P. (2009) "Corporativismo, Estado y Revolución Ciudadana. El Ecuador de Rafael Correa," Unpublished Document.

Oxhorn, P. (1998) "The Social Foundation of Latin America's Recurrent Populism: Problems of Popular Sector Class formation and Collective Action," *Journal of Historical Sociology* 11 (2): 212-246.

Oxhorn, P. D. (1995) *Organizing Civil Society: The Popular Sectors and the Struggle for Democracy in Chile*, Pennsylvania: Pennsylvania State University Press.

Pacto de Unidad (2007) *Propuesta consensuada del Pacto de Unidad. Constitución Política del Estado Boliviano*, La Paz, Bolivia.

Palma, I. (2010) (21 February) "CUT hace balance negativo de gobiernos de la Concertación en temas sociales," Emol Chile (El Mercurio), accessed on 21 February 2010 online at http://www.emol.com/noticias/nacional/detalle/detallenoticias.asp?idnoticia=399719.

Panizza, F. (2005) "Unarmed Utopia Revisited: The Resurgence of Left of Centre

Politics in Latin America," *Political Studies* 53(4): 716-734.

Panizza, F. (2009) *Contemporary Latin America: Development and Democracy beyond the Washington Consensus*, London and New York: Zed Publications.

Páramo, P. (2010) "Honduras y la mala hora de América Latina," *Nueva Sociedad* 226 (marzo/abril): 115-24, http://www.nuso.org/upload/articulos/3688_1.pdf. (Last accessed: 2 November, 2011).

Paus, E. (2009) "The Rise of China: Implications for Latin American Development," *Development Policy Review* 27 (4): 419-56.

Paz y Miño Cepeda, J. (2010) "Reponsables históricos," *El Telégrafo* (Guayaquil),

Pearce, J. (2004) "Debate: Collective Action of Public Participation? Contemporary or Contradictory Democratisation Strategies in Latin America?," *Bulletin of Latin American Research* 4: 483-504.

Pearce, J. (2010) "Perverse state formation and securitized democracy in Latin America," *Democratization* 17 (2): 286-306.

Pearson, R. (2003) "Argentina"s barter network: new currency for new times?," *Bulletin of Latin American Research* 22 (2), 2003, 214-30.

Pereira, M. (2006) *Ser y parecer: Balance de la Iniciativa Somos Mercosur*, Montevideo, FESUR.

Petras, J. (2006) "Centre-Left Regimes in Latin America: History Repeating Itself as Farce?," *Journal of Peasant Studies* 33(2): 278-303.

Petras, J. and M. Zeitlin (1967) "Miners and Agrarian Radicalism," *American Sociological Review*, 32 (4): 578-586.

Petras, J. and Veltmeyer, H. (2009) *What's Left in Latin America? Regime Change in New Times*, Surrey: Ashgate.

Philip, G. and F. Panizza (2011) *The Triumph of Politics: The Return of the Left in Venezuela, Bolivia and Ecuador*, Cambridge: Polity

Pinto López, V. (2010) *Perú: Informe Alternativo 2010. Sobre el Cumplimiento del Convenio 169 de la OIT*, Lima: Sonimágenes.

PISA (Programme for International Student Assessment) (2009) *Results: What Students Know and Can do?* Executive summary, OECD, 2010. Available from: http://www.oecd.org/dataoecd/54/12/46643496.pdf (accessed 10 October 2011).

PNUD (Programa de las Naciones Unidas para el Desarrollo) (2010) *Informe sobre desarrollo humano para América Central, 2009-2010: Abrir espacios para la seguridad ciudadana*

• *y el desarrollo humano*, PNUD: http://hdr.undp.org/en/reports/regionalreports/ latinamericathecaribbean/name,19660,en.html. (accessed 9 Sepetmber 2010).

Ponce, J. and A. Acosta (2010) "La pobreza en la revolución ciudadana o ¿pobreza de revolución?," Ecuador Debate, 81(December): 7-20.

Porto Alegre," Municipal Government (2006) Governança Solidária Local. Porto Alegre Cidade-Rede: Documento-de-Referência, Porto Alegre.

Poulantzas, N. (2000[1978]) *State, Power, Socialism*, new edition with an Introduction by Stuart Hall, London: Verso.

Presidencia Pro-Tempore Brasileira (2008) *MERCOSUL social e participativo*, Brasilia, Presidencia Pro-Tempore Brasileira.

Programa de las Naciones Unidas para el Desarrollo (PNUD) (2004) *La Demo- cracia en América Latina. Hacia una Democracia de Ciudadanas y Ciudadano*, Buenos Aires: PNUD.

Putnam, R. D. (1993) *Making Democracy Work: Civic Traditions in Modern Italy*, Princeton: Princeton University Press.

Quintero R. y S. Erika (2010) "Ecuador: la alianza de la derecha y el cor- porativismo en el 'putch' del 30 de sepiembre del 2010," in Ministerio de Coordinación de la Política y Gobiernos Autónomos Decentralizados, ed. *30 S La Contrarevolución*, Quito: Ministerio de Coordinación de la Política y Goviernos Autónomos Decentralizados, pp. 75-95.

Racovschik, M. A. (2009) *La participación de la sociedad civil en el marco del nuevo modelo de desarrollo nacional y regional*, Buenos Aires, Centro Argentino de Estudios Internacionales www.caei.com.ar Programa Política Exterior Argentina, available on line www.caei.com.ar (accessed 30 October 2009).

Radhuber, I. (2010) "Redisenando el Estado: un análisis a partir de la política hidrocarburífera en Bolivia," *Umbrales* 20: 105-126.

Ramirez Gallegos, F. (2006) "Mucho más que dos izquierdas," Nueva Sociedad 205. ⟨www.nuso.org⟩ accessed 4 September, 2009.

Ramírez, R. (2009) "Ministro Rafael Ramírez VI Cumbre de PETROCARIBE," Consejo Ministerial, http://www.pdvsa.com/index.php?tpl=interface.sp/ design/biblioteca/readdoc.tpl.html&newsid_obj_id=7732&newsid_temas=110.

RBV (2007) *Líneas Generales del Plan de Desarrollo Económico y Social de la Nación 2007-2013*, Caracas: RBV.

RBV (2009) "Ley Orgánica de los Consejos Comunales," *Gaceta Oficial de la República*

Bolivariana de Venezuela, No. 39.335, 28 December 2009.

RBV (2010a) "Ley Orgánica del Consejo Federal de Gobierno," *Gaceta Oficial de la República Bolivariana de Venezuela*, No. 5.963 Extraordinario, 22 February 2010.

RBV (2010b) "Reglamento de la Ley Orgánica del Consejo Federal de Gobierno," *Gaceta Oficial de la República Bolivariana de Venezuela*, No. 39.382, 9 March 2010.

RBV (2010c) "Ley Orgánica del Poder Popular," *Gaceta Oficial de la República Bolivariana de Venezuela*, No. 6.011 Extraordinario, 21 December 2010.

RBV (2010d) "Ley Orgánica del Sistema Económico Comunal," *Gaceta Oficial de la República Bolivariana de Venezuela*, No. 6.011 Extraordinario, 21 December 2010.

RBV [República Bolivariana de Venezuela] (2001) *Líneas Generales del Plan de Desarrollo Económico y Social de la Nación 2001-2007*, Caracas: RBV.

República de Bolivia (2009) *Constitución Política de Estado*, La Paz: Asamblea Constituyente.

República de Ecuador (2008) *Constitución del Ecuador*, Quito: Asamblea Constituyente.

República de Nicaragua (2007) "Decreto 114-2007," *La Gaceta*, no. 236, 7 December 2007, Article 1.

Ribeiro, A. C. T. and G. de Grazia (2003) *Experiências de Orçamento Participativo no Brasil. Período de 1997 a 2000*, Petrópolis: Editora Vozes.

Roberts, K. (2006) "Populism, Political Conflict, and Grass-Roots Organization in Latin Amercia," Comparative Politics, 38(2): 17-48.

Rock, D. (2002) "Racking Argentina," *New Left Review* 17: 55-86.

Rodriguez-Garavito, C. (2011) "Ethnicity. gov: Global Governance, Indigenous Peoples, and the Right to Prior Consultation in Social Minefields," *Indiana Journal of Global Legal Studies* 18: 263-305.

Rodríguez-Garavito, C., P. Barrett and D. Chavez (2008) "Utopia Reborn? Introduction to the Study of the New Latin American Left," in P. Barrett, D. Chavez and C. Rodríguez-Garavito (eds) *The Latin American Left: Utopia Reborn*, London: Pluto Press, pp 1-41.

Rojas Bolaños, M. (2010) "Centroamérica: anomalías o realidades?," *Nueva Sociedad*, No 226 (marzo-abril 2010) available at: http://www.nuso.org/upload/articulos/3687_1.pdf (last accessed 11 August 2010).

Romão, W. de M. (2010a) "Entre a sociedade civil e a sociedade política: Participatory institutions in democratic Brazil," *Novos Estudos* (87), 199-206.

Romão, W. de M. (2010b) *Nas franjas da sociedade política: estudo sobre o orçamento participativo.* Tese de Doutorado, São Paulo: Universidade de São Paulo.

Romero, S. (2010) "Standoff in Ecuador Ends With Leader's Rescue," *New York Times*, 30 September 2010.

Ruckert, A. (2007) "Producing neoliberal hegemony? A neo-Gramscian analysis of the PRSP in Nicaragua," *Studies in Political Economy*, 79(Spring), 91-118.

Sader, E. (2011) *The New Mole: Paths of the Latin American Left*, London: Verso.

Sanchez, O. (2005) "Argentina's Landmark 2003 Presidential Election: Renewal and Continuity," *Bulletin of Latin American Research*, 24(4), 454-475.

Santizo, J. (2006) *Latin America's Political Economy of the Possible: Beyond Good-Revolutionaries and Free-Marketeers*, London: MIT Press.

Santos, B. de S. (2005) "Participatory Budgeting in Porto Alegre: Toward a Redistributive Democracy," in B. d. S. Santos (ed.) *Democratizing Democracy. Beyond the Liberal Democratic Cannon*, London: Verso, pp. 307-376.

Santos, B. de. S. and Rodríguez-Garavito, C.A. (2005) "Law, Politics, and the Subaltern in Counter-Hegemonic Globalization," in B. de. S. Santos and Rodríguez-Garavito (eds) *Law and Globalization from Below*, Cambridge: Cambridge University Press, pp. 1-26.

Schilling-Vacaflor, A. (2011) "Bolivia's New Constitution: Towards Participatory Democracy and Political Pluralism?," *European Review of Latin American and Caribbean Studies* 90: 3-22.

Schneider, A. and M. Baquero (2006) "Get What You Want, Give What You Can: Embedded Public Finance in Porto Alegre," IDS Working Paper 266, Brighton.

Schneider, B. R. (2004) *Business Politics and the State in Twentieth Century Latin America*, Cambridge: Cambridge University Press.

Scott, J. (1998) *Seeing Like a State. How Certain Schemes to Improve the Human Condition Have Failed*, New Haven and London: Yale University Press.

Secretaria-Geral da Presidência da República Comissão Parlamentar Conjunta do Mercosul and Ministério das Relações Exteriores (2005) *Encontro com o Mercosul*, Brasilia, Secretaria-Geral da Presidência da República Comissão Parlamentar Conjunta do Mercosul and Ministério das Relações Exteriores.

Sen, A. (1999) *Development as Freedom*, Oxford: Oxford University Press.

SENPLADES (2009a) *Plan Nacional para el Buen Vivir 2009-2013. Construyendo un Estado Plurinacional e Intercultural.*

SENPLADES (2009b) *Recuperación del Estado Nacional para alcanzar el Buen Vivir. Memoria Bienal 2007-2009.*

Seppanen, M. (2003) "Transforming the Concessional State? The Politics of Honduras' Poverty Reduction Strategy," Institute of Development Studies, University of Helsinki, Policy Paper, 3/2003

Silva, E. (1996) *The State and Capital in Chile: Business Elites, Technocrats, and Market Economics*, Boulder, Colorado: Westview Press.

Silva, E. (2009) *Challenging Neoliberalism in Latin America*, Cambridge: Cambridge University Press.

Silva, P. (2004) "Doing Politics in a Depoliticised Society: Social Change and Political Deactivation in Chile," *Bulletin of Latin American Research*, 23 (1): 63-78.

Silva, P. (2008) *In the Name of Reason: Technocrats and Politicians in Chile*, Pennsylvania: Pennsylvania University Press.

Simonsen, E. (2010) "Gobierno impulsara profunda reforma al sistema universitario," in *La Tercera*, 20 June 2010, Santiago, pp.26-7

Sintomer, Y., C. Herzberg and A. Röcke (2008) "Participatory Budgeting in Europe: Potentials and Challenges," *International Journal of Urban and Regional Research* 32 (1), 164-178.

Smith, W. and R. Korzeniewicz (2005) "Transnational Civil Society Actors and Regional Governance in the Americas: Elite Projects and Collective Action from Below," in L. Fawcett and M. Serrano (eds) *Regionalism and Governance in the Americas: Forms of a Continental Drift*, Basingstoke, Palgrave Macmillan, pp. 135-137.

Soares, P. R. R. (2006) "Metamorfoses da metrópole contemporânea: Considerações sobre Porto Alegre," *GEOUSP - Espaço e Tempo* (20), 129-143.

Soederberg, S. (2005) "The Rise of Neoliberalism in Mexico: from a Developmental to a Competition State," in S. Soederberg, G. Menz and P. G. Cerny (eds) *Internalizing Globalization: The Rise of Neoliberalism and the Decline of National Varieties of Capitalism*, Basingstoke: Palgrave, pp.167-82.

Soederberg, S., G. Menz and P. G. Cerny (eds) (2005) *Internalizing Globalization: The Rise of Neoliberalism and the Decline of National Varieties of Capitalism*, Basingstoke: Palgrave Macmillan.

Solidariedade, Organização Não-Governamental (2003) *Caminhando para um Mundo Novo. Orçamento Participativo de Porto Alegre visto pela comunidade*, Petrópolis: Editora

Vozes.

Solis, D. (2010) "Discurso de inauguración de la nueva casa del ministerio coordinador de la política y de informe de los 6 meses de gestión," accessed at http://www.mcpolitica.gob.ec

Sørensen, G. (2004) *The Transformation of the State: Beyond the Myth of Retreat*, Basingstoke: Palgrave Macmillan.

Stahler-Sholk, R. (2001) "Revolution," in N. J. Smelser and P. B. Baltes (eds) *International Encyclopedia of the Social and Behavioral Sciences*, Vol. 20, New York: Elsevier.

Stepan, A. (1978) *The State and Society. Peru in Comparative Perspective*, Princeton: Princeton University Press.

Stewart, F. and M. Wang (2003) "Do PRSPs empower poor countries and disempower the World Bank, or is it the other way round?," QEH Working Paper Series, (108)available: http://www.qeh.ox.ac.uk/dissemination/wpDetail?jor_id=265 [accessed December 2008].

Stokes, S. C. (2001) *Mandates and Democracy: Neoliberalism by Surprise in Latin America*, Cambridge: Cambridge University Press.

Stolowicz, B. (ed.) (2008) *Gobiernos de izquierda en América Latina: un balance político*, Bogota: Aurora.

Svampa, M. (2008) "The End of Kirchnerism," *New Left Review* 53: 79-95.

Swyngedouw, E. (2005) "Governance Innovation and the Citizen: The Janus Face of Governance-beyond-the-state," *Urban Studies* 42 (11), 1991-2006.

Tarrow, S. (1994) *Power in Movement. Social Movements and Contentious Politics*, Cambridge, Cambridge University Press.

Taylor, M. (2006) *From Pinochet to the 'Third Way': Neoliberalism and Social Transformation in Chile*, London and Ann Arbor, Michigan: Pluto Press.

Tedesco, L. (2002) "Argentina's Turmoil: The Politics of Informality and the Roots of Economic Meltdown," *Cambridge Review of International Affairs* 15(3): 469-481.

Teichman, J. A. (2001) *Politics of Freeing Markets in Latin America: Chile, Argentina and Mexico*, Chapel Hill: University of North Carolina Press.

Tendler, J. (2004) "Why Social Policy is Condemned to a Residual Category of Safety Nets and What to Do About it," in T. Mkandawire (ed.) *Social Policy in a Development Context: Introduction*, Palgrave Macmillan: Basingstoke.

Tilly, C. (2007) *Democracy*, Cambridge: Cambridge University Press.

Tilly, C. and S. Tarrow (2007) *Contentious Politics*, Cambridge: Cambridge University Press.

Toro, S. (2007) "¿La inscripción electoral de los jóvenes en Chile: Factores de incidencia y aproximaciones al debate?," in A. Fontaine et al. (eds) *Modernización del Régimen Electoral Chileno*, Santiago: PNUD, pp. 101-154.

Torres Calderón, M. (2009) "El poder de los señores mediáticos en Honduras," in Victor Meza et al., *Honduras: Poderes Fácticos y sistema político*, Tegucigalpa: CEDOH.

Torres-Rivas, E. (2007) *La piel de Centroamérica: Una visión epidérmica de setenta y cinco anos de su historia*, San José, Costa Rica: FLACSO.

Torres-Rivas, E. (2010) "Las democracias malas de Centroamerica," *Nueva Sociedad*, 226 (March-April), 52-66.

Trócaire (2006) "Strengthening Participation for Policy Influence: Lessons Learned from Trócaire's PRS Project, 2002-2006," available: http://trocaire.org/policyandadvocacy/prsp.php [accessed March 2009].

Tuaza, L. A. (2010) "Las relaciones del gobierno de Correa y las bases indígenas: políticas públicas en el medio rural," Unpublished document.

Tussie, D. and Heidrich, P. (2007) "Post-Neoliberalism and the New Left in the Americas: The Pathways of Economic and Trade Policies," unpublished paper delivered at the ISA Conference, Chicago, February.

UNCTAD (2007) *World Investment Report 2007-Transnational Corporations, Extractive Industries and Development*, New York & Geneva: United Nations.

UNDP (2002) *Human Development Report 2002. Deepening democracy in a fragmented world*, Oxford: Oxford University Press.

UNESCO Institute for Statistics (2010) *Global Education Digest 2010*, Montreal: UIS.

United Nations Declaration on the Rights of Indigenous Peoples (UNDRIP) (adoption 13 September 2007).

United Nations Declaration on the Rights of Indigenous Peoples (UNDRIP) (promulgation 6 September 2011) [Consultation Law Peru].

Urquidi, V. L. (2005) *Otro siglo perdido: Las políticas de desarrollo en América Latina (1930-2005)*, Ciudad de Mexico: Fondo de Cultura Economica

Utzig, J. E. (1996) "Notas sobre o governo do PT em Porto Alegre," *Novos Estudos* (45), 209-222.

Valdés, J. G. (1995) *Pinochet"s Economists: The Chicago School of Economics in Chile*,

Cambridge and New York: Cambridge University Press.

Van Cott, D. L. (2005) *From Movements to Parties in Latin America. The Evolution of Ethnic Politics*, Cambridge: Cambridge University Press.

Varsky, H. (2006): "Somos Mercosur," in Ministerio de Desarrollo Social, Consejo Nacional de Coordinación de Políticas Sociales, Presidencia de la Nación, *La dimensión social del Mercosur, Reunión de Ministros y Autoridades de Desarrollo Social del Mercosur y Estado Asociados, julio de 2006*, Buenos Aires, Ministerio de Desarrollo Social, Consejo Nacional de Coordinación de Políticas Sociales, Presidencia de la Nación.

Vázquez, M. and R. Geneyro (2007) *El Mercosur por dentro*, Bogotá: Plataforma Interamericana de Derechos Humanos, Democracia y Desarrollo.

Vázquez, M. V. and J. Briceno Ruiz (2009) "O Mercosul na epoca de Lula e Kirchner: Um balanço, seis anos depois," *Nueva Sociedad*, special edition in Portuguese, December 2009: 33–48.

Vergara, A. (2008) *Copper Workers, International Business and Domestic Politics in Cold War Chile*, Pennsylvania: Pennsylvania State University Press.

Vergara, P. (1985) *Auge y caída del neoliberalismo en Chile*, Santiago: FLACSO.

Vial, F. (2009) "Cómo se gestó el bono de $14 milliones: Asesores de sindicato de minera Escondida ganaron $112 milliones por la negociación colectiva," *El Mercurio Sección Economía y Negocios*, 22 October: B7.

Villarzu, J. R. (2005) "CODELCO y El Modelo de Alianza Estratégica," Powerpoint presentation, 21 October, accessed online (Executive President of CODELCO).

Vos, R. and M. Cabezas (2004) "Regional Report 2004: Illusions and Disillusions with pro-poor growth," *Evaluation and Monitoring of Poverty Reduction Strategies in Latin America*, available: http://www.iss.nl/content/download/9244/87787/file/2004%20Regional%20Report.pdf [accessed December 2008].

Vos, R., M. Cabezas and M. V. Aviles (2003) "2003 Regional Report: Can Poverty be Reduced? Experience with Poverty Reduction Strategies in Latin America," *Evaluation and Monitoring of Poverty Reduction Strategies in Latin America*, available: http://www.iss.nl/content/download/9251/87821/file/2003%20Regional%20Report.pdf [accessed November 2008].

Walker, T.W. (1985) "Introduction: Revolution in General, Nicaragua to 1984," in T.W. Walker (ed.) *Nicaragua: The First Five Years*, New York: Praeger.

Wampler, B. and L. Avritzer (2005) "The Spread of Participatory Budgeting in Brazil: From Radical Democracy to Participatory Good Government," *Journal of Latin American Urban Studies* 7, 37-52.

Webber, J.R. (2010) "Indigenous Liberation and Class Struggle in Ecuador: A Conversation With Luis Macas," *Upside Down World*, 17 July 2010.

Weisbrot, M. and Sandoval, L. (2008a) "Update: The Venezuelan Economy in the Chávez Years," February, Center for Economic and Policy Research, Washington, D.C., at www.cepr.net.

Weisbrot, M. and Sandoval, L. (2008b) "The distribution of Bolivia's most important natural resources and the autonomy conflicts," *Monthly Review*, August.

Weyland, K. (1997) "'Growth with Equity' in Chile's New Democracy?" *Latin American Research Review* 32 (1): 37-67.

Weyland, K., R. L. Madrid and W. Hunter (eds) (2010) *Leftist Governments in Latin America: Successes and Shortcomings*, Cambridge: Cambridge University Press.

Whitehead, L. (2001) "The Viability of Democracy," in J. Crabtree and L. Whitehead (eds) *Towards Democratic Viability: the Bolivian Experience*, Basingstoke: Palgrave.

Whitehead, L. (2002): *Democratization: Theory and Experience*, Oxford: Oxford University Press.

Williamson, J. (2000) "What should the World Bank think about the Washington Consensus?" *World Bank Research Observer*, 15(2) available: http://www.iie.com/publications/papers/paper.cfm?ResearchID=351 [accessed January 2010].

Williamson, J., (1990) "What Washington Means by Policy Reform," www.iie.com/publications/papers/williamson1102-2.htm, accessed 8 March, 2004.

Winn, P. (ed.) (2004) *Victims of the Chilean Miracle: Workers and Neoliberalism in the Pinochet Era, 1973-2002*, Durham and London: Duke University Press.

Wolf, S. (2009) "Subverting democracy: elite rule and the limits to political participation in post-war El Salvador," 41 (3): 429-465.

Wolff, J. (2012, forthcoming) "The New Constitutions and the Transformation of Democracy in Bolivia and Ecuador," in D. Nolte and A. Schilling-Vacaflor, Almut (eds) *New Constitutionalism in Latin America: Promises and Practices*, Alderslot: Ashgate.

Woll, B. (2006) *Civil Society Participation, the New Mantra in Foreign Development Assistance:*

Evidence from Bolivia, Zurich: World Society Foundation.

Wood, E. (2001) "Challenges to Political Democracy in El Salvador," Paper prepared for the 2001 conference of the Latin American Studies Association, Washington D.C., 5-8 September 2001.

Wylde, C. (2010) "Continuity or Change?: Néstor Kirchner and Argentine Economic Policy 2003-2007," *Documento de Trabajo* No. 44, Area de Relaciones Internacionales, FLACSO/Argentina.

Wylde, C. (2011) "State, Society, and Markets in Argentina: The Political Economy of Neodesarrollismo under Néstor Kirchner, 2003-2007," *Bulletin of Latin American Research* [DOI: 10.1111/j.1470-9856.2011.00527.x: forthcoming in print version]

Yashar, D. J. (2005) *Contesting Citizenship in Latin America. The Rise of Indigenous Movements and the Postliberal Challenge*, Cambridge: Cambridge University Press.

Yeates, N. (2005): *Globalization and Social Policy in a Development Context: Regional Responses*, United Nations Research Institute for Social Development, Social Policy and Development Programme Paper Number 18, April 2005, Geneva: UNRISD

찾아보기